课程思政

21世纪经济与管理精编教材
金融学系列

固定收益证券

Fixed Income Securities

王德河　李新　徐新扩　赵大萍◎编著

北京大学出版社
PEKING UNIVERSITY PRESS

图书在版编目(CIP)数据

固定收益证券 / 王德河等编著. —北京：北京大学出版社, 2023.1
21世纪经济与管理精编教材. 金融学系列
ISBN 978 – 7 – 301 – 33497 – 3

Ⅰ. ①固⋯ Ⅱ. ①王⋯ Ⅲ. ①固定收益证券 – 高等学校 – 教材 Ⅳ. ①F830.91

中国版本图书馆 CIP 数据核字(2022)第 193173 号

书　　　名	固定收益证券 GUDING SHOUYI ZHENGQUAN
著作责任者	王德河　李　新　徐新扩　赵大萍　编著
责 任 编 辑	裴　蕾
标 准 书 号	ISBN 978 – 7 – 301 – 33497 – 3
出 版 发 行	北京大学出版社
地　　　址	北京市海淀区成府路 205 号　100871
网　　　址	http://www.pup.cn
电 子 信 箱	em@pup.cn
新 浪 微 博	@北京大学出版社　@北京大学出版社经管图书
电　　　话	邮购部 010 – 62752015　发行部 010 – 62750672　编辑部 010 – 62750667
印 刷 者	三河市北燕印装有限公司
经 销 者	新华书店
	720 毫米 × 1020 毫米　16 开本　　18.5 印张　　390 千字
	2023 年 1 月第 1 版　2023 年 1 月第 1 次印刷
定　　　价	55.00 元

未经许可，不得以任何方式复制或抄袭本书之部分或全部内容。
版权所有，侵权必究
举报电话：010 – 62752024　电子信箱：fd@pup.pku.edu.cn
图书如有印装质量问题，请与出版部联系，电话：010 – 62756370

序

波澜壮阔的改革开放改变了中国,也影响了世界。在四十多年改革开放的伟大历程中,金融作为实体经济的血脉,实现了从大一统的计划金融体制到现代金融体系的"凤凰涅槃",初步形成了与国际先进标准接轨、与我国经济社会实际契合的中国特色社会主义金融发展路径。

经过四十多年的努力,我们不断改革完善金融服务实体经济的理论体系和实践路径。持续优化完善传统信贷市场,为实体企业改革发展持续注入金融活水;建立健全以股票、债券等金融工具为代表的资本市场,畅通实体企业直接融资渠道,增强其可持续发展能力;推动低效产能有序退出市场、临时困难但前景良好的企业平稳渡过难关、优质企业科学稳健发展,鼎力支持我国企业从无到有、从小到大、从弱到强,逐步从低端加工制造向高附加值迈进。

经过四十多年的努力,我们基本构建了居民家庭金融服务模式。不仅借鉴西方现代金融实践,支持家庭部门熨平收入波动,实现跨期消费效用最大化;而且充分利用我国银行业分支机构延伸到乡、镇,互联网全面覆盖到村落等良好基础设施,逐步实现基础金融服务不出村,促使我国普惠金融走在了世界前列;同时,积极构建与精准扶贫相配套的金融服务体系,发挥金融在扶贫攻坚中优化资源配置的杠杆作用,为人民对美好生活的向往提供金融动力。

经过四十多年的努力,我们探索了从国民经济循环流转大局增强金融和财政合力的有效方式。在改革开放过程中,我们不断优化财政支持与金融服务的配套机制,运用金融工具缓解财政资金使用碎片化问题和解决财政资金跨期配置问题,增进财政政策促进经济结构调整和金融政策促进经济总量优化的协调性,持续提升国民经济宏观调控能力和水平,既避免金融阻碍发展,又防止过度集聚金融风险。

2008年,美国次贷危机引发的全球金融海啸引发了人们对金融理论和金融实践的深刻反思。金融理论是否滞后于金融实践,缺乏对金融实践的有效指引?金融实践是否已过度复杂化,致使金融风险难以识别、度量和分散?近年来,随着互联网、大数据、人工智能、区块链等技术的出现,科技发展在极大提高金融业服务水平的同时,也给传统金融业带来了冲击。金融业态正在发生重大变化,金融风险出现新的特征。在新的背景下,如何处理金融改革、发展、创新与风险监管的关系,如何守住不发生系统性金融风险的底线,已经成为世界性重大课题。在这个伟大的时代,对上述方面进行理论创新和实践探索的任务非常艰巨,使命非常光荣。为完成这一伟大历史使命,需要建设好一流金融学科和金融专业,大规模培养高素质金融人才,形成能力素质和知识结构与时代要求相匹配的金融人才队伍。北京正在建设"全国政治中心、文化中心、国际交往中心、科技创新中心",加强金融学科建设和金融人才培养正当其时。

欣闻首都经济贸易大学金融学成功入选北京市一流专业,正在组织出版"北京市一流专业建设系列成果",这为打造高素质金融人才培养基地迈出了重要步伐,将对我国金融学科和金融专业的建设起到积极的推动作用,为促进我国金融高质量发展并建成现代金融体系做出应有贡献,为实现中华民族伟大复兴的中国梦提供有益助力。

尚福林

前　言

作为学校的老牌重点学科,首都经济贸易大学金融学专业先后获得北京市重点学科、北京市品牌专业、北京市首批"一流本科专业"建设点、国家级"一流本科专业"建设点等荣誉。党的二十大报告指出,培养造就大批德才兼备的高素质人才,是国家和民族长远发展大计。为了配合新时代高等学校"双一流"建设的目标,更好地促进金融学专业的发展,为国家培养更多更高水平的金融专业人才,首都经济贸易大学金融学院确立了若干重要核心课程,成立课程组组织课程的规划、建设,打造重点课程、精品课程。"固定收益证券"便是其中之一。笔者作为"固定收益证券"课程的负责人,与课程组同仁一起研究课程核心概念、核心理论、经典应用案例、整体架构,制定课程大纲,编写课程教材,录制课程视频等,有条不紊地进行课程建设的各项工作。本教材便是笔者与"固定收益证券"课程组部分同仁开展教材建设的成果。

"固定收益证券"之所以被确定为金融学类各专业(包括金融学、金融工程学、投资学)的核心课程之一,是因为固定收益证券是金融市场最重要的金融工具之一。固定收益证券以及由此衍生出来的资产支撑类金融工具、利率类衍生金融工具等金融产品都是金融市场上应用最广泛、市场规模最大、对投融资活动影响最深远的金融工具之一。尤为重要的是固定收益证券对整个金融市场产品起着定价基准的作用,是任何从事金融工作的专业人士,甚至任何希望理解金融产品的价格、收益、风险等问题的人士都绕不开的问题。也就是说,固定收益证券的存在既为市场中各种不同的经济体提供了期限不一、风格各异、非常灵活的投融资工具,也为市场绝大多数金融产品提供了定价的参考标准。比如,一般的国债作为无风险金融工具提供了不同期限投资所要求的最低收益标准,而其他各种风险债券则通过市场的竞争机制以不同溢价的形式提供了风险的价格,从而为其他金融工具的定价提供了参照。在普通债券基础上发展起来的可转换债券、期限可伸缩债券,以及各种资产支撑类债券则极大地拓展了投融资的渠道。以固定收益证券为标的的各种利率衍生品也是衍生金融工具市场中最重要、规模最大的品种,成为市场参与者管理风险、套利等活动的重要手段。这些都显示出固定收益证券在金融领域的重要性。这些内容在我们的教材中都会涉及,相信读者通过本教材的阅读或本课程的学习会有更深入的理解。

我们希望能为中国读者提供一本经得起时间检验的、知识体系完善、逻辑清晰、理论分析透彻、案例具有代表性和典型性的优秀教材。我们希望本教材能够被教师称赞为好用的教材，能够让更多的教师乐于选用；希望学习过本教材的学生，会由衷地认为本教材讲解系统、清晰，能够帮助他们更好地理解和掌握固定收益证券的知识。

本教材主要以作者多年来为学生授课的内容为基础，经过我们四位编著人员充分讨论协商形成编写大纲，然后分工完成。其中，第一章、第二章、第三章、第七章、第八章、第九章由王德河编写；第四章由徐新扩编写；第五章、第六章由赵大萍编写；第十章、第十一章由李新编写。几位作者教授本科生、研究生等不同层次学生的"固定收益证券"课程数年，对这一课程有着比较深入的理解，也积累了相当丰富的授课经验。在教学科研事务冗杂、工作头绪繁多的情况下，我们都尽了各自最大的努力，希望呈现给读者的这本教材能够达到我们的编写初衷。

本教材的编写得到了北京大学出版社裴蕾编辑的大力帮助，为此我们至为感谢。虽然我们为本教材的编著付出了努力，但是错漏之处在所难免，希望广大同仁、广大师生和读者不吝指正。我们自知学识有限，但是所期望者则甚高，难免受操豚蹄而祝篝车之诮。不过，"法乎其上，得乎其中。法乎其中，得乎其下"。我们愿意设立一个更高的目标，愿意虚心接受读者的意见，把《固定收益证券》这本教材编写得更好，把"固定收益证券"这门课程建设得更好。简单做一介绍，是为序。

王德河

2022 年 11 月

目　录

第一章　固定收益证券及其市场概述 …………………………………… 1

    第一节　固定收益证券的概念及范围 ………………………………… 1

    第二节　固定收益证券的风险 ………………………………………… 6

    第三节　债券市场 ……………………………………………………… 10

    第四节　债券的发行 …………………………………………………… 12

    第五节　债券的交易形式 ……………………………………………… 16

    第六节　外国固定收益证券种类 ……………………………………… 18

    本章小结 ………………………………………………………………… 22

    习题 ……………………………………………………………………… 23

第二章　债券的价值 …………………………………………………………… 24

    第一节　货币的利息及利率 …………………………………………… 24

    第二节　一些基本计算 ………………………………………………… 26

    第三节　债券理论价格的计算 ………………………………………… 32

    第四节　复杂情况下债券的理论价格 ………………………………… 36

    第五节　债券交易的报价和计算 ……………………………………… 40

    本章小结 ………………………………………………………………… 43

    习题 ……………………………………………………………………… 44

第三章　债券的收益率 ………………………………………………………… 46

    第一节　收益率及债券投资效益的衡量 ……………………………… 46

    第二节　债券组合的收益率及持有期收益率 ………………………… 53

    第三节　债券的总收益分析 …………………………………………… 56

    第四节　债券的总收益率 ……………………………………………… 59

  第五节 债券组合业绩的衡量 ··· 62
  本章小结 ··· 66
  习题 ··· 67

第四章 债券价格的利率敏感性分析 ································· 69

  第一节 债券价格波动的特点 ··· 69
  第二节 债券价格波动性的衡量 I——基点价值与价格变化的收益率 ··· 75
  第三节 债券价格波动性的衡量 II——久期 ······························ 78
  第四节 凸性 ··· 88
  第五节 债券久期和凸性的近似计算 ······································ 92
  第六节 在险价值与利率风险管理 ··· 94
  本章小结 ··· 94
  习题 ··· 95

第五章 利率的期限结构 ··· 96

  第一节 利率的风险结构与期限结构 ······································ 96
  第二节 即期利率与远期利率 ··· 98
  第三节 利率期限结构理论 ·· 100
  第四节 即期收益率曲线的构建 ··· 104
  第五节 利用收益率曲线正确计算债券价值 ······························ 109
  第六节 互换收益率曲线 ·· 111
  第七节 考虑利率非均衡变化下的久期 ······································ 112
  本章小结 ··· 115
  习题 ··· 116

第六章 利率模型 ··· 118

  第一节 均衡模型:单因素模型 ··· 118
  第二节 无套利模型 ··· 120
  第三节 二叉树模型及无套利定价分析方法 ······························ 124
  第四节 风险中性定价 ·· 127
  第五节 多期的无套利定价 ··· 130
  本章小结 ··· 132
  习题 ··· 133

第七章 嵌期权债券 ··· 135

  第一节 嵌期权债券概述 ·· 135

第二节	可赎回债券分析	136
第三节	嵌期权债券的定价模型	140
第四节	期权调整利差	146
第五节	基于期权调整利差的风险管理——有效久期和有效凸性	151

本章小结 …………………………………………………………………… 154
习题 ………………………………………………………………………… 155

第八章　资产证券化 …………………………………………………………… 157

第一节　资产证券化概述 …………………………………………………… 157
第二节　住房抵押贷款转付证券 …………………………………………… 163
第三节　住房抵押担保贷款证券 …………………………………………… 169
本章小结 …………………………………………………………………… 175
习题 ………………………………………………………………………… 176

第九章　利率衍生品 …………………………………………………………… 178

第一节　利率远期 …………………………………………………………… 178
第二节　利率期货 …………………………………………………………… 182
第三节　利率互换 …………………………………………………………… 193
第四节　利率期权 …………………………………………………………… 201
本章小结 …………………………………………………………………… 205
习题 ………………………………………………………………………… 206

第十章　债券投资组合管理 …………………………………………………… 207

第一节　债券投资管理基本步骤 …………………………………………… 207
第二节　消极的债券组合管理 ……………………………………………… 212
第三节　积极的债券组合管理 ……………………………………………… 226
本章小结 …………………………………………………………………… 233
习题 ………………………………………………………………………… 233

第十一章　中国债券市场的改革与发展 ……………………………………… 235

第一节　中国债券总体分析 ………………………………………………… 235
第二节　中国的利率债与信用债 …………………………………………… 255
第三节　中国债券市场重点问题 …………………………………………… 265
本章小结 …………………………………………………………………… 285
习题 ………………………………………………………………………… 286

第一章 固定收益证券及其市场概述

固定收益证券是直接金融市场的一大类金融工具。直接金融市场的金融工具可以以不同的方式和标准进行分类。一种分类方法是将其分为基础性金融工具和衍生金融工具。基础性金融工具包括以股票为代表的权益类非固定收益证券和以债券为代表的债权债务类固定收益证券。衍生金融工具是以基础性金融工具为标的资产的期货、期权、远期、互换等金融工具。随着金融工具的不断发展，这些金融工具之间的界限也变得越来越模糊。但是，基础性金融工具和基本类型的衍生金融工具始终是最重要的金融工具。这些金融工具的基本知识对于金融市场中的投资者和融资者都是不可或缺的。本章介绍与固定收益证券有关的基本概念、涵盖范围、基本特征、基本市场状况和交易规则及惯例等内容，帮助读者整体了解和认识固定收益证券。

第一节 固定收益证券的概念及范围

一、有价证券与固定收益证券

金融业在经济发展中的作用在于有效地促进资金的流动，调节经济体中资金或资源分布的不均衡，实现资金在资金盈余部门和资金短缺部门之间的有偿融通，使闲置资金流向资金短缺却有生产技术或生产能力的部门，从而使资金得到充分有效的利用。资金使用者通过生产经营活动创造出社会需要的产品，增加社会的财富和整体福利，在自身盈利的同时，还使资金出借者避免资金闲置，增加收入。在这种金融活动中，以商业银行为主的一类金融机构通过吸收存款聚集社会的闲置资金，然后发放贷款供市场上的经济主体使用。这种金融行为属于间接金融的范畴，是借助存贷款合同等形式来实现的。经济主体通过直接发行股票、债券等形式筹集资金，使资金使用者和资金提供者成为直接的对手，是直接金融。在现代经济中，直接金融要借助直接金融工具的买卖来实现。这些直接金融工具就是有价证券。

股票、债券都是有价证券。它们是按照法定程序发行、具有一定的票面金额、证明持有人有权按期取得一定收入，并可自由转让和买卖的所有权或债权证书。社会经济主体通过这种有价证券的发行或者买卖实现资金的流动。各种不同的有价证券构成了各种不同期限、不同权利义务关系、不同收益风险特征的资金流动的市场工具。由于它们构成对一定资产的索取权，或者构成某种债权，因此，这些有价证券成为可以获取未来收益的资产，也因而被称为金融资产。

股票和债券是直接金融市场上最基础的两种金融工具。股票代表的是持有人对发行股票的股份公司的所有权。由于这种所有关系，股票持有人有权分得公司的经营利润，并享有对公司的剩余索取权。而债券代表的是发行人和持有人之间的一种债权债务关系。债券发行人有义务按照债券条款列明的承诺定期向债券持有人分配利息，并在规定的期限内偿还本金。从持有人获取收入方面讲，持有普通股能否定期获取股利，一要视股份公司的经营效益而定，公司有盈利才会有分红，经营亏损则不会有分红；二要视公司的分红政策而定，公司即便在利润很高的年份也可以因其分红政策的不同，而有非常不同的分红比率。因此，一般说来，普通股未来获得的收益或现金流是很不确定的。从这一点上讲，普通股是典型的非固定收益证券。与普通股的情况正好相反，普通债券则规定了固定的票面利率、付息频率和到期时间，债券持有人每隔确定的时间就可以获得按票面利率计算的利息，还可以按票据事先规定的时间和方式收回支付的本金。因此，普通债券是典型的固定收益证券。实践中，人们就是根据证券未来获取收入是否稳定，而把证券分为固定收益证券和非固定收益证券的。之所以这么做，是因为两类证券在风险收益特征上有着很大的不同，投融资分析各有特色。

如前所述，假如没有违约风险，普通债券未来收益固定，是典型的固定收益证券。但是，当考虑市场利率的变化、通货膨胀或紧缩等因素时，即使典型的附息债券这种未来现金流在时间和数额上都固定的证券，其实际收益也并不十分确定，因为未来收到现金流的实际价值是不确定的。如果再考虑到违约的可能性，以及金融创新使得传统债券发展为多种不同类型的金融工具，很多债券的收益就更加不确定了。比如，一张10年期、面值为1000元、票面利率为8%、每半年付息一次的普通附息债券，在未来的10年里每半年可收到40元利息，第10年年末收到最后一期利息40元和本金1000元，这是典型的固定收益证券。如果规定发行5年后发行公司可以以面值赎回，这一债券就成了可赎回债券。如果在发行5年后，市场利率下降，发行公司就可能提前赎回债券，这时现金流的支付时间和数额就可能发生变化。与此相类似，债券的变化还有增加可提前回售性、可转换为公司股票、利率浮动性等创新举措，这些都使得债券的未来现金流变化增大。尽管如此，我们还是习惯于把所有这些债券都归于固定收益证券类进行研究和分析。不仅如此，以固定收益证券为标的证券的期权、期货等衍生金融工具也常常与这些固定收益证券放在一起研究。

二、固定收益证券的基本要素、特征和主要分类

(一) 基本要素和特征

由上面的叙述可以了解，我们目前所讲的固定收益证券的含义已经与最初"未来收益固定的证券"的含义有了较大的差异，其外延得到了很大的扩展。固定收益证券一般要具备一些基本要素，还具有区别于非固定收益证券的一些基本特征。固定收益证券需具备的基本要素总体讲来，有以下几点。

1. 偿还期

固定收益证券通常有到期日。到期日前证券的发行人要清偿证券的所有本息。不同证券的到期日的规定可能不同，比如，传统的附息债券有唯一固定的到期日，而有些债券则可能有提前到期的约定，还有的债券是可以展期的。最特殊的是没有确定到期日的固定收益证券。比如，英国曾发行永续债券，持有人可以定期领取按照票面利率和面值计算的利息，但其本金永不偿还。但是，多数固定收益证券还是有着明确的到期日规定的。

偿还期是固定收益证券的一个重要特征，这与权益证券形成鲜明的对比。普通股等权益证券是没有偿还期的，除非公司破产清算。而一个公司一旦破产清算，虽然名义上股东可以分得公司的剩余价值，但是，一个破产的公司，大多已经资不抵债，股东分得财产很可能只是名义上的。

偿还期与固定收益证券的收益支付、收益率、风险都有着密切的关系。本书将在后文详细介绍这方面的内容。

2. 面值

固定收益证券都有一定的面值。面值与利息等证券收益的支付有着密切的关系，人们可以根据证券事先确定的方式计算每份证券在确定的时间可以获得的相对稳定的现金流。对于普通附息债券，面值一般等于到期日的本金支付额。

3. 票面利率和支付频率

固定收益证券的发行人每隔一定时间要向证券持有人支付固定的现金流，现金流的大小取决于证券规定的票面利率和支付频率。例如，某债券面值为1000元、票面利率为8%、每年支付一次利息，那么该债券每年支付的利息就是80元。固定收益证券一般按单利计算年利率，但是利息的支付频率不同、利息支付的时间间隔不同，最终会导致实际收益水平也不同。比如，上文的例子中，如果每年支付两次利息（美国国债通常如此），则每半年持有人可以获得40元利息；如果每季度支付一次利息，则每隔一个季度持有人可以获得20元利息。

固定收益证券除上述基本要素，有些还嵌入了提前赎回权、提前回售权等其他要素。但是，最核心的还是上述三个要素——面值、票面利率和支付频率。这三个要素决定了固定收益证券的未来收益总体上讲是相对稳定的，因此对其市场价值最根本的

影响因素是市场利率水平。市场利率水平的高低及变动是固定收益证券市场价值高低和变动的主要驱动源。因此，固定收益证券是利率敏感性金融资产，也常被称为利率金融产品，而以固定收益证券为标的资产的衍生产品也被称为利率衍生品。

(二) 主要分类

固定收益证券主要可分为两类：优先股和债券。优先股是股票的一种，在权利义务的性质上与普通股一样体现对公司的所有权。优先股股东获得的股息也属于企业利润的分配。但是，对于普通股而言，其利润分配是按持股比例分红的。公司在有利润的年份分红，没有利润的年份则不分红；利润高的年份多分红，利润低的年份则少分红；甚至公司在有利润或者利润高的年份，根据公司的股利政策也可以不分红，或者少分红。优先股则不然。优先股一般规定有固定的分红率，除非特殊情况，如公司确实存在重大财务困难等，公司须按照事先规定的条款，定期按约定的分红率分红。而且优先股分红权以及对公司的剩余索取权都在普通股之前。当然，这些优先权的获得是以不享有公司的经营管理权等约束为条件的。这样一来，优先股的收益特征就很像永续债券。因此，优先股被归为固定收益证券的一种。

债券是另一类固定收益证券，是债务工具。债务工具所体现的是发行人与持有人之间的债权债务关系。债券的发行人是借款人或债务人，债券的持有人是贷款人或债权人。债券持有人所获得的收益包括本金和利息两部分。

在上述两大类固定收益证券基础上经创新发展起来的具备固定收益证券特征的金融产品，种类繁多，本书后面将陆续介绍。尽管债券只是固定收益证券的一部分，但是，毋庸置疑的是，债券是固定收益证券最主要的形式。掌握了债券的相关知识和分析方法，其他固定收益证券就容易掌握了。因此，本书后面的内容主要以债券作为分析对象。

三、债券及债务工具的基本条款

债券是债务工具的一种，是债的证明书。债是按照合同的约定或者依照法律的规定，在当事人之间产生的特定的权利义务关系。银行贷款合同、资金拆借合同都属于债务工具，但是，它们不具备良好的流动性，是固定收益资产，不是固定收益证券。债券是可以自由流通的受法律保护的有价证券，是标准化的金融工具。债券的发行、流通、收益支付、权利义务关系的了结都受特定法律程序、法律规范的约束。因此，债券有基本条款的要求。这些条款主要包括：

(一) 发行条款

发行条款包括发行人身份、处所、发行市场、计价货币、是否有担保及担保种类等。从发行人身份来看，债券的发行人主要有中央政府及部门、地方政府和公司。与之相对应,根据发行人的不同,债券被分为中央政府债券(国债)、中央部门债券(如美国的联邦机构债券)、地方政府债券(美国称市政债券),以及公司债券。发行人是债券信用评级的主要依据之一,另一个信用评级的依据则是债券的担保情况。按照发行市场、计价货币等的不同,债券可分为本土债券、国际债券、外国债券等。它们各自也有自己的风险收益特点和适用规范。

(二)到期条款

到期条款约定了债券的到期时间。在最后到期日之前,债务人须履行完债券约定的本息偿付义务。在债券投资分析中,与到期日紧密相关的另外一个概念是债券的剩余期限(Time to Maturity),指当前时刻到到期日的时间长度。剩余期限是影响债券价格的一个重要因素,本书后面将多次对这一问题进行分析。

(三)付息条款

付息条款规定了债券付息的相关事宜,包括票面利率、付息频率、计息日惯例,以及一系列与利息计算和支付有关的日期。

根据计息方式的不同,债券可分为贴现债券和附息债券两种。1 年以下的债券以及到期一次性偿还本息的零息债券常采用贴现债券的方式。这种债券到期一次性支付持有人票面所载金额,其发行价格低于债券的票面金额,二者的差额就是购买者所获得的利息。附息债券则载明票面金额以及票面利率、付息频率,以此计算和支付债券每次的利息。票面利率也称息票率(Coupon Rate)。中长期债券以附息债券居多。

附息债券又可分为固定利率债券和浮动利率债券。例如面值为 1000 元、票面利率为 8%、付息频率为每年付息一次的债券,每年利息收入固定为 80 元,这就是固定利率债券。浮动利率债券的票面利率不是固定不变的,而会依据事先确定的某一个变动的参照利率进行定期调整。例如在国际市场上,以美元、英镑等计价的浮动利率债券经常以伦敦银行间同业拆放利率(London Interbank Offered Rate,LIBOR)作为浮动基准,规定债券的每个计息期的利率等于在该期基准利率的基础上加减一定的点数。中国的人民币浮动利率债券常用的浮动基准,则有上海银行间同业拆放利率(Shanghai Interbank Offered Rate,SHIBOR)、中国银行间回购利率和人民币定期存款利率等。

假设在 2019 年 8 月 9 日某公司发行一只期限为两年、面值为 1000 元的浮动利率债券。债券每年付息两次,两年后一次性偿还本金。票面利率为 6 个月期 SHIBOR + 0.2%。债券投资者将在随后的 2 月 9 日、8 月 9 日领取利息。其 2020 年 2 月 9 日领取的利息的利率等于 2019 年 8 月 9 日的 6 个月期 SHIBOR + 0.2%;2020 年 8 月 9 日领取的利息的利率为 2020 年 2 月 9 日的 6 个月期 SHIBOR + 0.2%。浮动利率债券的票面利率就是这样确定的。

现实中,浮动利率规则可以更复杂。用公式表示为

$$\text{债券票面利率} = a + b \times \text{浮动基准} \qquad (1.1)$$

上文所举例子中，
$$a = 0.2\%, \quad b = 1$$

计息日惯例是与债券存续期内利息的累积计算方法相联系的。这与债券市场价格的报价惯例有关，后文将介绍相关内容。

（四）还本条款

大部分债券到期一次性还本，但是也可以设计成其他的还本方式。住房抵押贷款支持证券、汽车贷款支持证券等资产证券化产品就采取了与其原始资产同样的分期还本的方式。

（五）含权条款

有些债券还通过添加条款赋予发行人或持有人某些额外的权利，如发行人在到期前可以提前赎回的赎回条款（Call Provision）、持有人可以提前收回投资的回售条款（Put Provision），以及可以把债券转换成股票的转换条款（Convert Provision）等。这些条款属于债券的或有条款，不是必需的条款内容。

第二节　固定收益证券的风险

与所有的金融投资一样，固定收益证券投资也面临着各种各样的风险，比如，投资者要面对操作风险，具有不同边际税率的投资者面临税收风险，参与国际投资的投资者还要面临政治风险等。但是，正像所有其他金融资产一样，固定收益证券最主要的风险可以归结为市场风险和信用风险两大类。

一、市场风险

市场风险就是由市场价格或其他市场变量的变化所带来的风险。固定收益证券所面临的市场风险包括利率风险、通货膨胀风险、汇率风险、流动性风险、提前偿还风险等。

（一）利率风险

债券的利率风险是市场利率变化给投资者带来的风险。这包括两个方面：一方面是债券的市场价格通常与市场利率呈反方向变化。当市场利率上升时，债券的价格会下降；而当市场利率下降时，债券的价格会上升。利率对债券价格造成的影响直接涉及投资者所持有的债券组合的市场价值,这种风险也常被称为债券投资的价格风险。市场利率对债券价值另一方面的影响,是市场利率的变化会影响债券组合不断获得的现金流再投资的价值。当市场利率下降时,从债券投资中获得的利息、收回的本金等现金流就不得不以降低了的市场利率进行投资。这是市场利率变化给投资者带来的再投资方面的影响,常被称为债券投资的再投资风险。利率风险这两个方面的影响具有此消彼长的关系,且它们都受债券剩余期限的巨大影响,后面会有详细介绍。

(二) 通货膨胀风险

通货膨胀风险也称购买力风险。对于投资者而言,相对于名义收益的增加,更有意义的是实际购买力的增长。通货膨胀风险指由于存在通货膨胀,债券的名义收益不足以抵消通货膨胀对实际购买力的侵蚀而造成的风险。例如,某投资者购买1年期债券,债券的票面利率是10%、面值为100元,该年度的通货膨胀率为20%。实际上,投资者年末总收入110元的实际购买力小于年初100元的实际购买力,这使得债券的实际收益为负。在对抗通货膨胀风险方面,浮动利率债券更有优势。如果市场利率的变化包含了通货膨胀的变化,浮动利率债券在这方面的风险是最低的。

(三) 汇率风险

非本币计价的债券投资面临着汇率风险。比如,一个中国投资者购买了10年期美国的美元国债。由于美国国债每半年支付一次利息,中国投资者在随后的持有期里每次收到的美元利息及本金都面临着汇率风险。美元贬值,该投资者的收益就将减少;当然,美元升值,该投资者也会因美元汇率的变化而获利。

(四) 流动性风险

流动性就是证券的可交易性,或称证券变现的难易程度。流动性不足的证券在交易过程中更容易给证券持有人带来损失。因此,流动性强的证券更受市场欢迎,需求更大,价格也更高,相应地,投资者要求的收益率就会相对低一些。而流动性差的证券则要支付相对高一些的收益率。这就是证券投资中的流动性溢价问题。

债券的流动性风险主要取决于债券二级市场参与者的数量。债券如果在交易所交易,因交易所投资者众多,交易活跃,所以流动性风险一般较低。如果债券由某一自营商做市交易,则这种证券交易的活跃程度就与该做市商的实力和声誉有着很大的关系。如果做市商实力强大,服务网点多,覆盖面广,那么其经营的证券的流动性就强。流动性风险还与债券的发行规模有很大关系。比如,在美国,国债发行量大,发行周期的规律性强,投资者众多,其流动性就很强。当然,国债流动性强还与它的信用风险低有很大关系。相比之下,某些公司发行的债券由于发行量小且投资者人数少,流动性相应地也比较差。

做市商做市交易的债券的流动性常用做市商提供的买卖差价来度量。如果买卖差价小，则债券的流动性就强；如果买卖差价大，则债券的流动性就弱。

从对投资的影响来看，流动性重要与否，与投资者计划的投资期限有关。如果投资者计划的投资期限较长，债券的流动性就显得不那么重要了。

（五）提前偿还风险

债券契约中含提前赎回条款的可赎回债券，有可能在未到期时被提前赎回，因此有提前偿还风险。可赎回债券对投资者有三个方面的不利影响：第一，可赎回债券的未来现金流不确定，风险较大；第二，利率下降时发行人提前赎回，再投资风险加大；第三，可赎回债券削弱了市场利率下降时债券价格升高获利的潜力。当市场利率下降时，债券的价格会上升，但是，可赎回债券的价格不可能升到债券确定的赎回价格之上，因为那样债券就要被发行人赎回了。实际上，当市场利率下降，债券价格升高时，由于提前赎回风险的影响，可赎回债券价格上升的速度会比普通债券慢，且越接近赎回价格，价格上升的速度就越慢。

当然，承担了提前赎回的风险，同样会有相应的风险补偿。通常可赎回债券的价格会比同样条件下的不可赎回债券的价格低，相应地前者有着较高的收益率。但是，这种价格或收益率的差异是否足以弥补提前赎回的风险，还要看债券的具体赎回条款及市场状况。本书后面在讲到嵌入期权债券时会有较详细的说明。

在债券投资过程中，投资者有很多处理上述市场风险的方法和技术。投资者既可以在市场形势比较好的情况下，通过构建风险高一些的资产组合增加收益；也可以在市场形势不够理想或变化较难把握的情况下，通过对冲等方法控制或减少债券投资的风险。这也是我们后面章节涉及的一个重要内容。

二、信用风险

（一）信用风险和信用风险溢价

信用风险，即违约风险，是固定收益证券不能如约履行还本付息义务而违约的风险。固定收益证券并非只有违约才会导致投资者利益受损，仅仅是信用等级的下降也会导致债券市场价值的下降，而给投资者造成损失。信用等级下降是固定收益证券投资者经常面临的信用风险。固定收益证券种类繁多，不同证券的信用风险有很大的不同。

对于一个政治稳定的国家，中央政府发行的债券一般被认为是没有信用风险的。地方政府发行的债券因其偿还来源不同，信用风险也有所不同。例如，地方政府发行的以其税收担保的一般义务债，风险相对较低；但是地方政府发行的为地方基础建设等公共项目筹资、以项目建成后的收益作为偿还来源的债券就有较大的风险。

公司债券、资产支持债券等都有或大或小的信用风险。信用风险的高低与发行机构的实力、发行债券的担保情况直接相关。

一个债券如果有信用风险，就必须有风险补偿，这就是信用风险溢价。现实中，信用风险溢价通常用相应债券与同条件国债的收益率的差额来表示。不同的信用风险有不同的信用风险溢价，这常被称为债券的信用风险结构。

不同于市场风险有很多市场化的度量和控制方法，传统的做法上，债券的信用风险主要依靠信用评级来度量和控制。近年来，市场化的债券信用风险度量与控制技术也得到了飞速的发展，像用市场手段对冲债券投资市场风险的方法那样，各种对冲债券投资信用风险的市场方法，如各种有针对性的信用衍生品，被开发出来。但是，信用评级仍然是债券信用风险主要的参照标准和投资考量。

(二) 信用评级

债券信用风险的高低对投资者至关重要，而信息的不对称又造成债券投资者对信用风险认识的不完备。评定债券信用风险高低的需要催生了债券市场上的信用评级业务和专门的信用评级机构。

债券的信用评级指由独立的评级机构对债券的信用风险进行级别的评定，用级别表示债券违约风险的大小。债券的信用评级是针对公司发行的某种特定的债券进行的，而不是对发行债券的公司进行的。实力雄厚的公司发行的债券固然违约可能性低，但实力较弱的公司发行的债券如果有足额的资产作为抵押或者有可靠的担保，也不容易违约。

债券的信用评级增加了债券市场的信息透明度，减少了债券市场的信息不对称，既有利于投资者控制风险，也有利于债券发行人降低融资成本，增加债券发行成功的可能性。债券评级同时为政府监管部门提供了认证，有利于政府对债券市场的监管。

目前，国际信用评级行业呈现以美国评级机构为主导的基本格局。以穆迪、标准普尔和惠誉国际为代表的三大信用评级公司长期占据国际市场的重要位置。各评级公司使用的级别也大同小异，表1.1是三家公司的债券评级标准。

表1.1　穆迪等三家评级公司设定的债券信用级别

债券质量	穆迪	标准普尔	惠誉国际
最优	Aaa	AAA	AAA
高级	Aa	AA	AA
中高级	A	A	A
中下级	Baa	BBB	BBB
投机级	Ba, B, Caa, Ca, C	BB, B, CCC, CC, C	BB, B, CCC, CC, C
违约级	D	D	RD, D

债券的信用级别不是一成不变的，而是由评级公司随时监控和调整的。债券的信用级别的变化会导致债券价格的变化，从而给债券持有人带来投资价值的变化。这也是债券投资信用风险的一部分。控制债券投资的信用风险原来主要靠对信用等级的搭

配来实现，这种方式目前仍然是控制信用风险的重要手段。

第三节 债券市场

一、债券市场分类

通过在债券市场上的债券交易，发行债券的经济主体筹集到自己所需要的资金；投资者通过购买与自己投资期限、风险收益等要求相一致的债券，实现其各种不同的投资目的；而投资银行、证券交易所等各种金融机构通过提供各种债券流通服务，实现自己的经济目的。像其他各种市场一样，债券市场是一个有机的交易整体。不同发行主体发行的，具有各种期限、不同收益和风险特征的债券通过债券市场流入各种投资者的手中，并在市场上依据市场规则有序流通，从而发挥债券在经济发展中资金配置的重要作用。根据金融实践和理论研究的需要，可以按照不同的标准对债券市场进行分类。最常见的分类包括把债券市场分为短期债券市场与中长期债券市场、发行市场与流通市场、交易所市场与非交易所市场三种方式。

(一) 短期债券市场与中长期债券市场

短期债务工具一般指剩余期限在 1 年以内的债券、银行票据、商业票据等金融工具。这些短期债务工具交易的市场一般也被称为货币市场，以此与剩余期限在 1 年以上的金融工具交易市场相区分。在中国，银行间短期国债市场、银行间同业拆借市场和票据市场构成了中国货币市场的主体。中国其他的货币市场还包括国债回购市场、大额可转让存单市场以及期限在 1 年以内的债券市场。之所以按期限对金融市场进行这样的划分，是因为短期债务工具主要被各种金融机构用来进行流动性管理和调剂短期资金的余缺。短期债务工具的收益率直接与国家宏观经济政策相关，是国家进行金融调控的主要对象。各国的中央银行通过调整短期利率，或者通过在短期债券市场上进行公开市场业务，影响货币供给量或者资金成本，从而调节宏观经济的运行。而商业银行等各种金融机构也通过国债回购等各种短期债务工具的操作调节各自的头寸余缺，管理各自的营运资金。货币市场对于国家经济政策的变化、国际经济运行的走向更加敏感。

中长期债券市场与股票市场一起构成一个国家的基础资本市场。资本市场是筹资者筹集长期使用资金的场所，债券是债务工具，而股票是权益工具。中长期债券又常被分为中期债券与长期债券。在很多国家，剩余期限在 1 年以上、10 年以下的债券被视为中期债券；而剩余期限在 10 年以上的债券被视为长期债券。美国国债对于长期、中期和短期国债，有不同的称谓，分别为国库债（Treasury Bond，T-Bond）、国库票（Treasury Note，T-Note），以及国库券（Treasury Bill，T-Bill）。在风险收益特征以及投资特点上，中长期债券与短期债券有比较显著的区别，这也是人们常进行这样分类的另一个原因。

（二）发行市场与流通市场

证券发行市场也称证券一级市场或证券初级市场，是组织各种新证券发行业务的市场。证券发行市场是政府或企业发行各种证券以筹集资金的市场，是证券第一次面市的市场。债券发行市场自然指债券首次发行的市场，是债券发行活动中形成的交易市场。发行市场是债券交易流通的源头，适当的发行价格对随后的市场流通价格有着重大的影响。

证券流通市场也称证券二级市场或证券次级市场，是买卖已发行的证券的市场。对于债券之类的固定收益证券而言，流通市场为其持有人提供了变现的便利，而为希望购买具有特定期限、收益特征的固定收益证券的投资者提供了投资的市场。固定收益证券持有人想将未到期的固定收益证券提前变现时，通常只能在二级市场上寻找买主将证券销售出去。债券一经认购，即确立了一定期限的债权债务关系，而通过债券流通市场，投资者可以转让债权。如果没有二级市场，潜在的投资者因担心变现问题可能不会投资债券，债券发行活动就会受到影响，发行市场就会萎缩甚至停滞。因此，发行市场与流通市场是相互依赖、相辅相成的关系。

（三）交易所市场与非交易所市场

债券市场按照发行和流通方式的不同，又可分为交易所市场和非交易所市场，也称场内市场和场外市场。传统上，交易所市场是指有固定交易场所的交易市场。债券在交易所挂牌交易，买卖债券则要通过交易所的交易会员进行。每个交易所都有规定的交易、结算程序，交易通过集中竞价等方式完成。而场外交易则指分散在各地的交易者以直接议价的方式进行的交易，随后的结算也由交易双方独立完成。但是，随着现代通信和网络技术的发展，场内交易和场外交易的界限变得越来越模糊，电子化交易使得场内交易也无须投资者进入交易所了，而场外交易则被网络联结在一起，形成了统一性很强的市场。传统意义上，场内市场规范化程度比较高、信息集中透明、价格权威；而场外市场则具有交易灵活的特点，可以满足交易者的个性化需要。但是，现代科学技术和交易技术的发展，使得两个市场在趋同发展，场外市场的规范化程度越来越高，而内市场的灵活性也在不断增强。

中国债券市场的结构是"两个类型、四个场所"。"两个类型"是指债券市场有场内市场和场外市场两个市场类型。"四个场所"是指债券交易市场有四个。其中，场内市场包括上海证券交易所、深圳证券交易所，其市场参与者既有机构也有个人，属于批发和零售混合的场内市场；场外市场则包括银行间债券市场和商业银行国债柜台市场，前者的参与者主要是银行、政府机构，以及其他经批准的大型工商企业等经济机构，是债券批发市场，而后者主要是商业银行作为做市商通过银行网点与银行客户买卖国债的市场，参与者限定为个人，是债券零售市场。从市场规模看，银行间债券市场是中国最大的债券市场。

第四节 债券的发行

一、债券发行的方式

债券的发行，按照不同的划分标准，可分为不同的发行方式。根据债券发行过程中发行人和认购者之间有无证券公司、投资银行等承销机构的介入，债券发行可分为直接发行和间接发行；根据发行价格与债券面值大小的关系，债券发行可分为溢价发行、平价发行和折价发行三种方式；根据债券发行面向对象的划分，债券发行可分为私募发行和公募发行。

（一）私募发行

私募发行又称不公开发行或内部发行，是指面向少数特定投资者发行债券的方式，一般仅以与债券发行人有某种特定关系者为发行对象，主要是定向发行。私募发行的对象一般有两类：一类是个人投资者，如本发行机构的职员或经常使用本机构产品或服务的客户；另一类是机构投资者，如与发行人有密切业务来往的企业、公司、金融机构等。为缓解中小企业融资难问题，中国在 2012 年后准许中小企业有条件私募发行债券进行融资，而在此之前，中国债券一直实行公募发行。私募发行主要有如下特点：

（1）私募债券一般多由发行人直接发行，不通过证券公司等中介，不必在证券监督管理机构办理注册手续。这样可以节省发行时间，降低发行成本。

（2）发行额的多少与投资者有密切关系，发行额是预先确定好的。

（3）由于私募债券发行时免除发行注册，所以一般不允许流通转让，这使得私募债券的流动性比较差。但是，也有例外的情况，例如，日本允许私募债券在一定的条件下转让；中国在 2012 年为解决中小企业融资困难的问题，曾特别设计供其私募发行的债券，这些债券也可以在特定的渠道和范围转让。

（4）由于私募债券转让比较困难，流动性较差，债券投资者一般可以获得一些其他特殊优惠条件作为补偿，债券的收益率也较高。

（二）公募发行

公募发行又称公开发行，是指发行人通过金融机构向不特定的社会公众广泛地发售债券。在公募发行的情况下，所有合法的社会投资者都可以参加认购。也正是由于这个原因，出于对一般投资大众投资安全的考虑，各国对公募发行都有比较严格的要求，一般要求发行人有较高的信用等级，信息公开方面也有具体而严格的要求。与私募发行相比，公募发行一般表现出以下特点：

（1）发行范围广，面向大众投资者，发行难度大，需要承销者作为中介人协助发行。

（2）发行人要按规定向证券监督管理机构办理发行注册手续，必须在发行说明书中记载有关发行人的详细而真实的信息，以供投资者参考。

（3）公募发行可以筹集大量的资金，而且债券持有人比较分散，不易被少数大债权人控制，可以申请在交易所上市交易，因而流动性强。

（4）公募债券发行过程复杂，风险大、成本高，但是，其收益率一般比较低，没有私募债券的优惠条件。

一般说来，私募发行多采用直接销售方式，而公募发行则多采用通过证券公司、投资银行承销的间接发行方式。不论是私募发行还是公募发行，一些金融机构，如证券公司、投资银行、商业银行等在债券的发行中都起着重要的作用。在私募发行中，证券公司等金融机构可以帮助发行人设计债券、确定债券价格以及联系潜在的投资者，或者向投资者提供投资建议。公募发行债券时，证券公司、商业银行则作为承销商参与其中，在债券一级市场上协助发行债券。

二、债券发行过程中的承销

承销是证券公司、投资银行等金融机构借助自己在证券市场上的信誉、营业网点，在规定的有效发行期限内帮助发行人将债券销售出去的过程。根据金融机构在承销过程中所承担的风险和责任，承销分为代销和包销两种方式（招标发行属于这里的包销方式）。

（一）代销

代销是指债券发行人委托从事承销业务的金融机构（又被称为承销商或承销机构）代为向投资者销售债券。承销商按照规定的发行条件，在约定的期限内尽力推销。到销售截止日，计划发行的债券如果没有全部销售出去，未售出部分将退回发行人，承销商不承担全部售出计划发行债券的责任。承销商一般根据销售出去的债券的数量收取佣金。代销多是发行人实力比较强且对发行比较有把握的机构采用的发行方式，因为代销存在债券不能按计划发行，融资目的不能如期实现的风险。在中国国债的发行中，主要面向个人、企事业单位等的记账式国债和储蓄国债多采用银行柜台代销的方式。而大多数债券则采用承购包销的发行方式。代销发行费用要低一些。包销发行费用相对较高，但是，它转移了发行风险，可以保证融资目的的达成。

（二）包销

包销是指发行人与承销机构签订合同，由承销机构按一定价格买下全部债券，并按合同规定的时间将价款一次性付给发行人，然后承销机构按照略高的价格向公众投资者销售。中国国债发行在1991年引入承购包销的方式，当时主要应用于不可上市流通的凭证式国债（以凭证式国债收款凭证记录债权）的发行。这种方式是由各地的国债承销机构组成承销团，通过与财政部签订承销协议来决定发行条件、承销费用和承销商的义务，并由其负责在市场上转售，未能售出的余额均由承销团认购，因此是带有一定市场因素的国债发行方式。承购包销方式实质上是以承购包销协议确定承销人包销数额与承销条件的发行方式。之后，承购包销就逐渐成为中国国债发行的主要方式。中国的债券发行方式经历了一个市场化程度越来越高、发行方式越来越规范化、技术方法越来越与国际市场趋同的过程。在定价上越来越多地采用国际市场通用的公开竞价招标的方式。

（三）招标发行

招标发行属于包销的发行方式。从国际市场的角度来看，各国大多以拍卖的方式，通过公开竞标发行国债。中国于1996年和1998年分别在记账式国债和政策性金融债券的发行中引入招标发行的方式，目前记账式国债、政策性金融债券和央行票据都采用这种发行方式。在国债发行中，发行人向国债一级承销商招标发行，然后由一级承销商向市场其他参与者分销其所中标的债券。只有国债一级承销商才有权参加记账式国债的招标活动。其他投资者要想购买记账式国债，只能从中标的一级承销商那里分销一部分记账式国债。

中国的国债招标通过财政部国债发行招投标系统进行，金融债券和央行票据的招标发行通过中国人民银行债券发行系统进行。这两个系统都由中央国债登记结算有限责任公司进行维护，有中心端与客户端。投标人一般通过客户端远程投标。在债券发行招标中，招标的具体方式有竞争性招标和非竞争性招标两种。债券发行时预先确定当期竞争性招标与非竞争性招标的比例，分别接受两种招标模式的申报。竞争性招标由投标人将认购价格和数量提交给招标人，招标人据此开标。非竞争性招标部分不报认购价格，只报认购数量，开标时接受当期竞争性招标形成的加权平均价格，按投资者所报购买数量的比例分享中标额度。非竞争性招标有最高承购额的限制，不参与发行价格的形成过程。现实的债券招标发行中有各种不同的债券报价方式，此处不进行过多的介绍，只介绍其中最常用的两种报价方式：价格投标和利率投标。价格投标主要在贴现国债的发行中使用，而利率招标则主要在中长期附息债券的发行中使用。

招标人接收到投标信息后，按照价格优先的原则确立债券分配顺序，具体表现为：如果报价标的是价格，则按照从高到低的顺序向投标人分配债券；如果报价标的是利率，则按照所报利率从低到高的顺序向投标人分配债券。就中标的价格而言，有三种不同的价格执行方式，分别是多重价格招标、单一价格招标和混合式招标。

1. 多重价格招标

多重价格招标即美国式招标，招标人根据不同的竞标价格确定各个投标人的中标价格。投标标的为债券价格时，按照投标人所报买价自高向低的顺序中标，直至满足预定发行额为止。全场加权平均中标价格为当期国债发行价格。竞争性中标机构按各自中标价位的价格承销；非竞争性投标机构接受加权平均价格。投标标的为利率时，按照投标人所报利率自低到高的顺序中标，直至满足预定发行额为止。全场加权平均中标利率为当期国债票面利率。竞争性中标机构按各自中标标位折算的价格承销；非竞争性投标机构按面值承销。

2. 单一价格招标

单一价格招标也称荷兰式招标。投标标的为债券价格时，按照投标人所报买价自高向低的顺序中标，直至满足预定发行额为止。全场最低中标价格为当期国债发行价格。所有中标人均按这一发行价格承销。投标标的为利率时，按照投标人所报利率自低到高的顺序中标，直至满足预定发行额为止。全场最高中标利率为当期国债票面利率。所有中标机构均按面值承销。

3. 混合式招标

混合式招标是指在不同的投标价格区间分别采用单一价格招标和多重价格招标两种规则的招标方式。当投标标的为债券价格时，全场加权平均中标价格为当期国债发行价格，高于或等于发行价格的标位，按发行价格承销；低于发行价格一定范围以内的价位按照各自中标价位承销；低于发行价格一定范围以外的标位落标。当投标标的为利率时，全场加权平均中标利率为当期国债发行的票面利率，低于或等于发行价格的标位，按面值承销；高于票面利率一定范围以内的标位，按照各自中标标位的利率和票面利率折算的价格承销；高于票面利率一定范围以外的标位落标。

【例1.1】 价格招标

假设有总额为200亿元的贴现国债招标发行，报价标的为百元面值债券的价格。若有4个投标人：A、B、C、D，各自的出价和投中标情况如表1.2所示。

表1.2 4个投标人的出价和投中标情况

项 目	A	B	C	D
投标价（元）	90	85	80	75
投标额（亿元）	80	70	90	100
中标额（亿元）	80	70	50	0
单一价格招标中标价（元）	80	80	80	
多重价格招标中标价（元）	90	85	80	
混合式招标中标价（元）	85.75	85.00	80.00	

本例中，在投标人A出价90元、投标人B出价85元的情况下，国债已售出150亿元。投标人C出价80元，投标额为90亿元，只能中标50亿元。在三种不

同的价格招标方式下，各自的中标价格如表 1.2 所示。在混合式招标中，中标的加权平均价格为 85.75 元，为债券的发行价格。

【例 1.2】 利率招标

假设有总额为 250 亿元的 10 年期国债招标发行，报价标的为利率。若有 8 个投标人：A、B、C、D、E、F、G、H，各自的出价和投中标情况如表 1.3 所示。

表 1.3　8 个投标人的出价和投中标情况

项目	A	B	C	D	E	F	G	H
投标价（利率,%）	4.34	4.36	4.38	4.40	4.42	4.44	4.46	5.00
投标额（亿元）	42	28	36	84	60	40	54	24
中标额（亿元）	42	28	36	84	60			
单一价格招标中标价（利率,%）	4.34	4.34	4.34	4.34	4.34			
多重价格招标中标价（利率,%）	4.34	4.36	4.38	4.40	4.42			
混合式招标中标价（利率,%）	4.3400	4.3600	4.3800	4.3874	4.3874			

本例中，在投标人 E 出价 4.42% 的情况下，250 亿元国债已全部售出，由投标人 A、B、C、D、E 承销，其余投标人落标。在三种不同的价格招标方式下，各自的中标价格如表 1.3 所示。在混合式招标中，中标的加权平均利率为 4.3874%，为债券发行的票面利率。

按照财政部《2010 年记账式国债招标发行规则》，中国记账式国债招标方式有单一价格、多重价格、混合式三种。2016 年发行规则改为单一价格、混合式两种方式。

第五节　债券的交易形式

债券在二级市场上的交易有各种不同的形式，各自具有不同的职能，达成不同的交易目的。前面提到的场内交易、场外交易、做市商交易等属于具体的市场运作模式，此处不做阐述。这里主要关注现券交易、远期交易、回购交易几种现实中具有不同职能的交易形式。

一、现券交易

债券的现券交易也就是债券的即期交易,是指交易双方适时地以市场形成的价格或双方谈妥的价格转让债券所有权的交易行为,即一次性的买断行为。债券买卖双方对债券的成交价达成一致,在交易完成后立即办理债券的交割和资金的交收,或在很短时间内办理交割、交收。现券买卖是债券交易中最普遍的交易形式,无论是场内市场还是场外市场都在不断地进行着现券交易。通过现券交易,成交双方各自实现着自己投资、融资、债券变现、转换投资品种等不同的目的。

二、债券回购交易

债券回购交易是指债券交易双方在成交的同时约定,在未来某一时刻按照当时约定的价格再进行反向交易的行为。例如,甲方与乙方达成协议,甲方将其持有的面值为100万元的10年期国债以每百元面值98元的价格卖给乙方,同时双方约定一周以后,甲方再以每百元面值98.5元的价格从乙方买回同样面值的债券,这就是一个债券回购交易。债券回购交易实质上是一种以债券作为抵押品的短期融资行为。上例中,相当于甲方以所持有的国债为抵押从乙方得到一周期限的融资。到期买回债券的价格高于最初卖出价格的部分就是获得的一定期限融资支付的利息。利息的高低,也就是回购期限的利率(按惯例表示为名义年利率),被称为回购利率。

回购协议中先卖出后买入债券的一方被称为融资方,其对手方被称为融券方。回购交易也就是融资方与融券方按照约定的回购利率和期限,达成资金拆借协议,由融资方(债券持有人、资金需求方)以持有的债券为抵押,获取一定时期内的资金使用权,回购期满后归还借入的资金,并按照事先约定支付利息;融券方(资金供给方)则在回购期间内暂时放弃相应资金的使用权,同时获得融资方相应期限的债券抵押权,并于到期日收回融出资金并获得相应利息,归还对方抵押的债券的行为。由此来看,回购交易不过是一种有抵押的短期(一般回购期限都不长)资金拆借行为,目的不在于债券的买卖,而在于相对安全地实现资金的有偿借贷。既然如此,回购交易中作为担保品的债券有时就不必过手,而只要保证其担保作用能够得以发挥就可以了。

根据回购期内作为抵押的债券是否可以动用,债券回购交易分为封闭式回购和开放式回购。前者是指在回购期间回购双方都不能动用作为抵押的债券;后者是指在回购期内,抵押债券归融券方所有,融券方可以使用该笔债券,只要到期有足够的同种债券返还给融资方即可。为了交易安全,通常市场对可用于回购交易的债券有一些规定或要求,目前中国债券回购业务的券种只限于国债和金融债券。

三、债券期货交易

债券期货交易是以国债为标的资产的期货交易。期货市场是当今最重要的衍生品市场之一，而债券期货交易又是期货市场交易规模最大的期货交易，是国际资金成本高低的重要晴雨表。以债券等固定收益金融工具为标的资产的期货被称为利率期货，对于市场收益率曲线的形成具有重要的作用。中国金融期货交易所目前有 2 年期、5 年期、10 年期三个国债期货品种挂牌交易。

第六节　外国固定收益证券种类

在国际金融市场上，固定收益证券是证券市场上的一个大家族，其品种、交易规模、融通资金的数量都是最多最大的。从债券的角度观察，各国的债券种类主要有政府债券、政府机构债券、市政债券、公司债券、资产支持债券、国际债券等。美国有世界上最发达的债券市场，债券规模最大，种类也最丰富。根据美国证券业与金融市场协会的数据，2019 年第三季度美国固定收益证券市场余额超过 41 万亿美元，占全球固定收益证券市场余额的 39.4%，大约相当于全球第二大市场——欧洲市场余额的 1.9 倍。其中，规模最大的是国债，约占整个市场的 36.9%；其次是住房抵押贷款支持债券，约占市场份额的 22.9%；最后是公司债券、市政债券等。其他主要国家的债券在债券的种类、构成比例等方面基本上大同小异。本节以美国的情况为例介绍外国固定收益证券的种类，同时也会介绍其他主要国家的情况。中国债券市场的情况，本书会在专门章节予以介绍。

一、国债

发行和灵活运用国债是现代国家调整财政开支，调节宏观经济运行，调整社会和国民经济发展的重要手段，世界上大部分国家都很注重国债在国家经济运行和社会发展中的作用。各个国家的国债都以政府的信用做担保，因此在政局稳定的常态下，通常没有违约风险。所以，国债又被称为金边债券。各国发行的国债一般分为期限在 1 年以内的短期国债和期限在 1 年以上的中长期国债。

美国国债由美国财政部发行，主要包括无息票的短期国债和附息票的中长期国债。

美国的短期国债也称国库券，是无息票的折现债券，低于面值发行，到期按面值偿还，其中的差额就是投资者获得的利息。

美国国债的发行历史很长，各种国债都有其规律性的发行周期，通常按照确定的发行规则定期发行。美国国库券的到期时间分别有 4 周、8 周、13 周、26 周、52 周几种情况。除定期发行上述常规国库券，美国财政部也根据财政收支的情况，发行余额调剂性债券。顾名思义，余额调剂性债券是为了应对非正常性财政支出的需要，或者解决一时的财政流动性需求而发行的债券，美国人称之为现金管理券（Cash Management Bill)。这些债券的到期期限短的只有几天，长的可以到半年。

美国的中长期国债被分为国库票和国库债两种。前者的期限是1年以上、10年以下，偿还期限有2年、3年、5年、7年、10年五种；而后者则是10年以上的国债，偿还期限有20年和30年两种。两者都是附息债券，都是半年付息一次。

美国国债都采用竞标发行的方式发行。4周、8周、13周、26周期的国库券通常每周都有拍卖，52周期的国库券通常每隔四周有竞拍。2年、3年、5年、7年期的国库票每月有竞拍，而10年期国库票一般每个季度竞价发行。美国20年期和30年期国库债也每个季度进行竞价发行。

债券的承销商根据竞价的规则报出自己购买债券的数量和价格（或利率），财政部根据竞价规则确定债券发行条件。财政部用总额减去全部非竞争性投标人的认购数量，剩余的部分就是分配给竞争性投标人的数量。然后，按照我们前面已经介绍过的竞标方法确定各自中标的数量及价格。

1992年以前，美国国债采用多重价格竞价原则。1992年起，2年期和5年期国库票开始采用单一价格竞价原则，其他期限国债采用多重价格竞价原则。1998年起，美国国债全部实行单一价格竞价原则。

刚刚发行的国债被称为新发债券（On-the-run Issue 或 Current Issue）。而早前发行的债券被称为非新发债券（Off-the-run Issue）。之所以有这样的划分，是因为对于具有同样到期期限的债券，新发债券更为活跃，流动性更好，因而到期收益率会略低一些。因此，由新发债券衍生出来的资产剥离债券（Separate Trading Registered Interest and Principal Securities，STRIPS）的到期收益率曲线就成为基准到期收益率曲线。

美国财政部从1997年开始还发行一种抵御通货膨胀的债券——通货膨胀保护债券（Treasury Inflation-Protected Securities，TIPS）。这种债券的面值随着通货膨胀的变化而变化，而通货膨胀率则采用美国劳工统计局发布的城市消费者物价指数（Consumer Price Index for All Urban Consumers，CPI-U）。这种债券每半年按照固定的票面利率与调整的面值计算支付给持有人的利息，到期时持有人获得的面值是初始面值与通货膨胀调整面值之间的大者。

【例1.3】

票面利率为4%，CPI-U前半年为3%、后半年为4%，TIPS面值为1000美元。那么，半年后本金调整为

$$1000 \times (1 + 1.5\%) = 1015 \text{（美元）}$$

利息为

$$1015 \times 2\% = 20.3 \text{（美元）}$$

1 年后本金调整为

$$1015 \times (1 + 2\%) = 1035.3 \text{（美元）}$$

利息为

$$1035.3 \times 2\% = 20.706 \text{（美元）}$$

假设此债券到期时调整后的本金变为 987.5 美元，则利息为

$$987.5 \times 2\% = 19.75 \text{（美元）}$$

到期时收回本金 1000 美元。

由本例可知，TIPS 最后收回的本金是不能下调的。

二、美国联邦机构债券

在美国，除联邦财政之外，美国政府的其他机构以及由美国政府主办或资助的机构也会发行债券。美国政府国民抵押贷款协会"吉利美"（Government National Mortgage Association, Ginnie Mae）、学生贷款营销协会"萨利美"（Student Loan Marketing Association, Sallie Mae）等，均以美国政府信用为担保，由美国政府作为最后的债务清偿人。美国政府资助的机构，如联邦国民抵押贷款协会"房利美"（Federal National Mortgage Association, Fannie Mae）、联邦住房贷款银行公司"房地美"（Federal Home Loan Bank Corporation, Freddie Mac）等也会发行债券。这些企业得到美国政府的资助，但是政府并不提供全额担保，也不会作为最后的债券清偿人，因此具有一定的信用风险。

三、市政债券

市政债券（Municipal Securities）是地方政府为了筹措资金而发行的债券。市政债券通常享受税收优惠而免缴联邦所得税，也称免税债券。具体而言，市政债券免掉的是利息税，不是资本利得税，资本利得照样缴税。州所得税是否免缴，则依照各州的法律而定。通常认为市政债券的信用风险仅次于国债和联邦机构债券，属于低风险投资品种。

美国市政债券包括四类：税收支持债券、收益债券、特别债券和市政衍生债券。税收支持债券由地方政府信用支持，地方政府用全部或部分税收作为偿付资金，信用水平最高。收益债券是以地方政府特定投资项目的收益做担保发行的债券，偿付资金来自项目的收入。特别债券主要指地方政府发行的经过保险或保障的债券，债券的偿付具有一定的保险或不同形式的保障。市政衍生债券是分割市政债券的现金流而形成的，如联邦剥离债券，在现金流分割后可以形成多种层次的债券而满足投资者的不同需求。

四、公司债券

公司发行债券融资，是公司发展最常用的融资方式，通常比股票融资规模要大得多。市场经济条件下，使用债券融资是公司经营的重要技能。

美国公司债券市场规模很大。由于公司的经营风险大小不一，投资公司债券时，要特别关注信用风险。按偿债优先次序的不同，公司债券可分为优先债、一般性债务和次级债。进入清算阶段时，公司首先偿付优先债，之后偿付一般性债务，随后偿付次级债，最后分配股权。因此，在公司债券系列中，优先债的信用风险最低，次级债的信用风险较高。

在美国，公司债券根据债券偿还期的不同而被划分为商业票据（Commercial Paper）、中期票据（Medium-term Note）和长期债券（Bond）三种。商业票据属于无保证的期票，期限通常在270天以下。因其偿还期短，偿还资金主要来自再次发行商业票据的资金。因此，投资者购买公司发行的商业票据的一个重要风险是发行人可能无法成功再次发行。为了回避这种风险，投资者通常要求发行人有银行信贷的额外支持。中期票据的主要特点是发行人可以通过其代理商连续不断地向投资者出售债券，发行上有很大的灵活性。利率可以是固定利率，也可以是浮动利率；支付利息的货币可以是美元，也可以是其他国家货币。长期债券在期限、利率、回购条款上有很多划分，此处不展开介绍。

五、资产证券化产品

资产证券化产品包括早期的住房抵押贷款支持债券，以及后来发展起来的消费贷款支持债券、信用卡贷款支持债券等。资产证券化产品是固定收益证券市场的一大类别，本书后文将以专门章节介绍。

六、国际债券

国际债券顾名思义指跨国发行与交易的债券。国际债券又可分为外国债券与欧洲债券。

外国债券是一国公民在另一个国家发行并以发行国货币计价的债券。如中国政府或企业在美国市场发行、交易，并以美元计价的债券，就是美国市场的外国债券。有些国家的外国债券还有一些有趣的称谓，如上文所说的美国市场的外国债券被称为"扬基债券"；日本市场上的外国债券被称为"武士债券"；英国市场上的外国债券被称为"猛犬债券"；而中国市场上的外国债券则被称为"熊猫债券"。

欧洲债券则是一国公民在另一国发行而以第三国货币计价的债券，如日本企业在欧洲市场发行以美元计价的债券。欧洲债券起源于20世纪60年代，当时美国的金融管制非常严格，大量外国企业难以在美国发行债券，但又需要美元贷款；同时，一些机构（如石油输出国组织）拥有大量美元要进行投资，于是在欧洲市场上不受美国监管而发行以美元计价的债券。后来，人们就把类似的债券称为欧洲债券。欧洲美元也有类似的含义。

美国是当今最发达的国家之一，有当代最发达的市场。除了本国机构会在美国市场发行证券融资，其他国家的机构也纷纷到美国市场发行证券融资，后者发行的债券就是美国市场的国际债券。

本章小结

1. 固定收益证券是直接金融市场上的一大类金融工具，是以债券为代表，并在债券的基础上发展起来的承诺未来支付相对稳定的系列现金流的有价证券，包括各种债券、优先股股票、资产证券化产品以及包含赎回权、回售权等嵌入期权的债券等。更广义的定义还把固定收益证券的衍生品包含在内。

2. 投资固定收益证券的主要风险有信用风险和市场风险。信用风险，是固定收益证券不能如约履行还本付息义务而违约的风险。债券的信用风险主要依靠信用评级来度量和控制。固定收益证券所面临的市场风险包括利率风险、通货膨胀风险、汇率风险、流动性风险、提前偿还风险等。在债券投资过程中，投资者有很多处理市场风险的方法和技术。

3. 债务工具的基本要素包括发行条款、到期条款、付息条款、还本条款等，有些还有提前偿还等或有条款。

4. 按照不同的标准可以对债券市场进行不同的分类。最常见的分类包括把债券市场分为短期债券市场与中长期债券市场、发行市场与流通市场、交易所市场与非交易所市场三种分类方法。短期债券市场交易的是剩余期限在1年以内的债券、银行票据、商业票据等金融工具，也常被称为货币市场；中长期债券市场交易的是剩余期限在1年以上的债务工具，其与股票市场一起构成一个国家的基础资本市场。

5. 债券发行根据是否有证券公司等中介机构的承销可分为直接发行和间接发行；根据发行价格与债券面值大小的关系，有溢价发行、平价发行和折价发行三种方式；根据债券发行面向的对象划分，可分为私募发行和公募发行。

6. 招标发行是国债发行的主要形式。从国际市场的角度来看，各国大多以拍卖的方式，通过公开竞标发行国债。就中标的价格而言，有三种不同的价格执行方式，分别是多重价格招标（常称为美国式招标）、单一价格招标（常称为荷兰式招标）和混合式招标。

7. 债券在二级市场上的交易有各种不同的形式，包括现券交易、债券回购交易、债券期货交易等。一般说来，在固定收益证券的交易中，场外市场规模远大于场内市场规模。

8. 各国的债券种类主要有政府债券、政府机构债券、市政债券、公司债券、资产支持债券、国际债券等。债券的信用风险、税收待遇等与其发行主体密切相关。

习 题

1. 为什么说固定收益证券市场是金融市场的重要组成部分？
2. 固定收益证券投资面临哪些风险？
3. 债券的要素有哪些？
4. 债券市场有哪些分类方法？各有什么意义？
5. 试述债券私募发行与公募发行各自的特点。
6. 试述主要的债券评级方法和债券评级的作用。
7. 试述中国目前实行的国债招标发行的方法及特点。

第二章　债券的价值

投资者购买债券，是为了获取债券发行人承诺的未来定期支付的利息，并按约定收回本金。而债券的价格，是购买债券所支付的成本，也就是获得未来那些现金流的对价。由此可见，债券当前的价格自然取决于现在的一个单位的现金与未来不同时间一个单位的现金的价值比例以及承诺的未来现金流是否能如期兑现。前者是货币的时间价值，后者是债券的风险价值。

第一节　货币的利息及利率

一、利息

债券投资者通过购买债券的方式把自己的资金转让给债券的发行人，供其在一定时间内使用，而债券的发行人未来支付给投资者确定的利息作为补偿。因此，利息对于投资者是转让资金使用权获取的报酬，对于债券发行人则是取得一定时间内的资金使用权应该付出的成本。这种补偿来自两个方面：一是对投资者机会成本的补偿；二是对投资者承担风险的补偿。机会成本指投资者用货币购买了债券之后，一段时间内就丧失了把这些货币用在其他项目上生利的机会的成本。而风险则指转让货币的使用权所得到的未来获取利息、收回本金的承诺能否完全兑现是有风险的，因此，对这种风险也需要进行相应的补偿。如果没有风险，利息体现了现在的一个单位的现金与未来不同时间一个单位的现金的价值比例，这就是货币的时间价值。利息中超出货币时间价值的部分就是补偿投资者风险的部分，也就是债券的风险价值。

筹资者支付的利息来自何处呢？筹资者把筹集的资金作为资本投入经营，创造出超过其投入成本的价值，即经营利润。由于资本使用者创造利润使用了不属于自己的资金，就要把创造利润的一部分分给资金的提供者，这就是利息。因此，利息其实是利润的一部分。

二、利率

债务支付利息的高低用利率来衡量。简单说来,利率是单位时间内单位本金获得的利息。因此,计算利率的时候,首先要明确所使用的时间单位,以及单位时间内计息的次数,即计息频率。金融学上习惯的做法是以年为计算利率的时间单位。若每年计息一次,则计息期为1年,年计息频率为1;若每季度计息一次,则计息期为0.25年,年计息频率为4。因此,当我们看到银行等金融机构挂牌的各种金融产品的利率报价时,如3个月期的存款利率为2%、100天期限的理财产品利率为4%等,我们要清楚这些指的都是该金融产品的名义年利率。每一个计息期的利率应该用名义年利率除以年计息频率得到,如上面提到的3个月期的存款利率为2%,暗含着其计息期为3个月,年计息频率为4,则其3个月期的利率为2%/4,即0.5%。除此之外,投资者投资一定期限所获的总利息的多少,还要视具体计算方法而定。

利息计算中有两种基本方法:单利(Simple Interest)与复利(Compound Interest)。

单利指对本金计算利息,而对已过计息期且未提取的利息不计利息。其计算公式如下:

$$C = P \cdot r \cdot n \tag{2.1}$$

$$S = P(1 + r \cdot n) \tag{2.2}$$

其中,C 为利息额,P 为本金,r 为年利率,n 为计息期数,S 为本利和。

例如,一笔为期5年、年利率为4%、每年计息一次的10万元存款,到期时可获得的利息为

$$100000 \times 4\% \times 5 = 20000(元)$$

中国银行的定期储蓄存款就是按单利计算利息的,一些债券也按单利计息。由上面的计算方法容易看出,使用单利计息,一定时间所获利息的多少不受单位时间内计息频率的影响。

复利指每过一个计息期,则将上期利息并入本金,一并在接下来的计息期计算利息的方法。使用复利计息时,仍假定每年计息一次,第一年按本金计息,第一年年末所得利息并入本金,第二年则按第一年年末的本利和计息,第二年年末的利息再并入本金在第三年计息,如此类推,直至信用契约期满。计算公式如下:

$$S = P(1 + r)^n \tag{2.3}$$

$$C = S - P \tag{2.4}$$

若将上述实例按复利计算,则

$$S = 100000 \times (1 + 4\%)^5 = 121665.29(元)$$

$$C = 121665.29 - 100000 = 21665.29(元)$$

改革开放前，中国对复利有一定的偏见，习惯把复利与剥削联系在一起。其实，只要承认利息存在的必要性，就应该承认复利的合理性。因为，按期结出的利息属于贷出者所有，借入者使用的利息部分是与本金部分一样属于贷出者的资产，理应一样支付利息。因此，相对于单利，复利更符合利息的经济学本意。

第二节 一些基本计算

一、终值与现值

一笔资金当前的价值被称为现值，按照一定的利率计算出来的未来的价值被称为终值。如果所用的利率是单利，则终值被称为单利终值；如果用复利计算，则终值被称为复利终值。

为论述的方便，先假定年计息频率为1，重新定义相关变量如下：

PV：现值或资金的初始数量；

r：名义年利率；

n：计息年数；

FV：终值（就是上一节提到的S）；

则单利终值的计算公式为

$$FV = PV(1 + r \cdot n) \tag{2.5}$$

复利终值的计算公式为

$$FV = PV(1 + r)^n \tag{2.6}$$

由于金融以及现实的经济生活中经常用的是复利，后面我们若不特别指出，均在复利的意义上进行计算。

【例2.1】

面值为1000元的5年期国债，每年计息一次，年利率为8%，到期一次还本付息。那么这张债券5年后的终值应为1469.33元，即

$$FV = PV(1 + n)^n = 1000 \times (1 + 8\%)^5 = 1469.33(元)$$

式（2.6）是计算复利终值的一般公式。其中的$(1 + r)^n$有时被称为复利终值系数。可以看出，利率越高、复利计算的年数越多，最初投资的未来价值增长越快、未来价值越大。为便于计算，可编制复利终值系数表（见表2.1）备用。该表的第一行是名义年利率，第一列是计息年数，相应的$(1 + r)^n$值在其纵横相交处。

表2.1 复利终值系数

计息年数	1%	2%	3%	4%	5%	6%	7%	8%
1	1.0100	1.0200	1.0300	1.0400	1.0500	1.0600	1.0700	1.0800
2	1.0201	1.0404	1.0609	1.0816	1.1025	1.1236	1.1449	1.1664
3	1.0303	1.0612	1.0927	1.1249	1.1576	1.1910	1.2250	1.2597
4	1.0406	1.0824	1.1255	1.1699	1.2155	1.2625	1.3108	1.3605
5	1.0510	1.1041	1.1593	1.2167	1.2763	1.3382	1.4026	1.4693
6	1.0615	1.1262	1.1941	1.2653	1.3401	1.4185	1.5007	1.5869

通过表2.1可以查出，如果一项投资的年利率为6%，3年后1元将变为1.1910元。图2.1中的曲线描述了不同名义年利率与计息年数之间的这种关系。

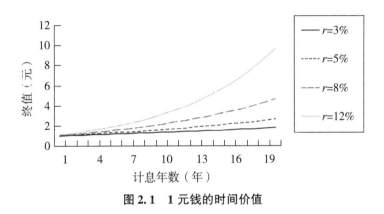

图2.1 1元钱的时间价值

现值可以通过终值计算的逆运算求出。债券的价格就是已知未来可以获得的现金流的当前价值。对于上面讲到的简单复利过程，现值的计算公式为

$$\text{PV} = \frac{\text{FV}}{(1+r)^n} \tag{2.7}$$

二、计息频率与连续复利

上面讨论的是年计息频率为1的情况。如果年计息频率不是1，而是2、4等其他情况，即每年计息2次或4次等情况，终值、现值的计算则要根据计息频率的变化做相应的调整。举例如下：

假设银行对某笔贷款报价为5.94%，每月复利1次，年初贷款100元，年末应归还的本利和为

$$\text{FV} = 100 \times (1 + \frac{5.94\%}{12})^{12} = 106.10 \text{（元）}$$

如果这笔贷款是每年计息1次，则年末应归还的本利和为

$$FV = 100 \times (1 + 5.94\%) = 105.94 \text{（元）}$$

可见，同样的报价下，计息频率越大，累计利息就越多。这也就是我们前面把金融机构对利率的报价称为名义利率的原因——利率相同，复利计息频率不同，一笔资金经过一段时间后实际带来的收益则不同。名义年利率也称年百分率（Annual Percentage Rate，APR）。这样一来，知道两笔资金适用的名义利率，比较它们实际收益率的高低，则必须把它们转化为同样的计息频率。通常，我们把各种不同计息频率的利率转化为与之等价的1年计息1次的利率进行比较。与某一名义年利率（年百分率）等价的1年计息1次的利率被称为该利率的有效年利率（Effective Annual Rate，记为EFF）。

【例2.2】

假设5年期以上住房按揭贷款的银行报价为基准年利率5.94%，此报价为年百分率。由于住房按揭贷款的计息频率为12，实际上是按月利率为4.95‰计算的，我们可以计算出其有效年利率。

年初投资1元，年末终值为

$$FV = \left(1 + \frac{5.94\%}{12}\right)^{12} = 1.06104$$

有效年利率为

$$EFF = 1.06104 - 1 = 0.06104$$

有效年利率的一般计算公式为

$$EFF(APR, m) = \left(1 + \frac{APR}{m}\right)^m - 1 \tag{2.8}$$

这里，APR是以年百分率表示的利率，m是计息频率。表2.2显示了复利条件下，不同计息频率对应于APR=6%的有效年利率。

表2.2 有效年利率

（APR=6%）

复利周期	计息频率	有效年利率（%）
年	1	6.00000
半年	2	6.09000
季度	4	6.13636
月	12	6.16778
周	52	6.17998
日	365	6.18313
连续	∞	6.18365

由表 2.2 可见，随着计息频率的增加，有效年利率变得越来越大，但是它不会无限增大，而会趋近于一个极限。令计息频率趋于无穷大，即成为连续计息，我们称其为连续复利。假设利率为 r，则一个单位资金在 1 年后的终值为

$$FV = \lim_{m \to \infty} \left(1 + \frac{r}{m}\right)^m = e^r$$

因此，连续复利时有下列终值计算公式：

$$FV = PV \cdot e^{nr} \tag{2.9}$$

与此相对应，已知终值求现值的公式为

$$PV = FV \cdot e^{-nr} \tag{2.10}$$

其中，n 为计息年数，r 为年百分率。

在连续复利的情况下，有效年利率为

$$EFF = e^r - 1 \tag{2.11}$$

比如，在例 2.2 中，如果利息按照 6% 计连续复利，那么有效年利率就是 $e^{0.06} - 1 = 0.0618365$，或每年 6.18365%。

三、附息债券价格、年金等的计算

对于票面利率、付息频率等已知的普通附息债券，其未来收到利息以及收回本金的数额、时间都是确定的，如果已知市场利率，那么用市场利率折现出每个现金流的现值，求和即得债券的理论价格。举例来说，假设我们要计算一个票面利率为 6% 的 5 年期美国长期国债的市场价格。假如当时 5 年期国债的市场利率为 6.5%，由于美国长期国债半年付息一次，上述利率也都是半年付息一次的利率。我们可以计算如下：

$$P = \sum_{i=0.5}^{5} \frac{100 \times 6\%/2}{(1 + 6.5\%/2)^{2i}} + \frac{100}{(1 + 6.5\%/2)^{2 \times 5}}$$

上式中，等号右边第一项是 10 次每隔半年支付一次的百元面值的利息的现值，第二项是最后收回的面值的现值。在相同的间隔时间内陆续收到或付出相同金额的款项，除普通附息债券的利息这种情况外，在很多其他金融产品财务计算中也会遇到，人们习惯上把这样的现金流称为年金。在每个时间段期末支付的年金为普通年金，而在每个时间段期初支付的年金为预付年金。

（一）普通年金终值的计算

设普通年金的每年支付额为 A，利率为 r，则 n 年后年金的终值为

$$FV = A + (1+r)A + \cdots + (1+r)^{n-1}A \tag{2.12}$$

这是一个各项比为 $1+r$ 的等比数列，因此，

$$FV = \frac{A[(1+r)^n - 1]}{r} \tag{2.13}$$

（二）偿债基金

偿债基金是为使年金终值达到既定金额，每年年末应支付的年金数额。

【例2.3】

设在 5 年后还清 100000 元债务，从现在起每年等额存入银行一笔款项。假设银行存款利率为 5%，每年应存入多少钱？

可以看到，偿债基金的问题其实是已知普通年金的终值求年金的问题。由式（2.13）可以得到

$$A = \frac{FV \cdot r}{(1+r)^5 - 1} = \frac{100000 \times 0.05}{1.05^5 - 1} = 18097.48(元)$$

会计折旧中有一种计算方法被称为偿债基金折旧法，其就是按照偿债基金的这种算法进行折旧的。最简单的折旧方法是线性折旧法，将设备原价按照使用年限求算术平均值，将其作为设备每年的折旧额。按偿债基金折旧法折旧无须每年提取这样的金额，每年仅提取一个较少的金额就可以了，因为前期提取的金额可以获取利息，期满时达到设备原值就可以了。

（三）普通年金现值的计算

对于现实中的分期付款消费，如分期付款购买汽车等，商家会给出一个分期付款的方案，包括可以分几期完成付款，每期付款的金额是多少，如果不分期付款产品的价款是多少。这时，消费者就要算一下哪种付款方法更划算，也就是比较产品的价格与分期支付的现金流的现值哪个更有利。这是一个年金现值的计算问题。

【例2.4】

某人采用分期付款的方式购买一辆汽车，分期付款 5 年，每年支付 40000 元。设银行 5 年期利率为 6%，计算这一购置的汽车价格为多少？

计算结果如下：

$$P = \frac{40000}{1+6\%} + \frac{40000}{(1+6\%)^2} + \frac{40000}{(1+6\%)^3} + \frac{40000}{(1+6\%)^4} + \frac{40000}{(1+6\%)^5} = 168495(元)$$

计算普通年金现值也是等比数列求和问题,其一般公式可以写为

$$PV = \sum_{i=1}^{n} \frac{A}{(1+r)^n} = \frac{A[1-(1+r)^{-n}]}{r} \tag{2.14}$$

(四)预付年金

预付年金是在每期期初支付的年金,又称即付年金或先付年金。

预付年金的终值计算公式为

$$FV = \sum_{i=1}^{n} A(1+r)^i = A\left[\frac{(1+r)^{n+1}-1}{r} - 1\right] \tag{2.15}$$

预付年金的现值计算公式为

$$PV = \sum_{i=0}^{n-1} A(1+r)^{-i} = A\left[1 + \frac{1-(1+r)^{-n+1}}{r}\right] \tag{2.16}$$

【例 2.5】

采用分期付款的方式购买设备一套,分期付款 5 年,每年年初支付 4000 元。设银行 5 年期利率为 6%,计算该设备一次性付款的价格为多少?

计算结果如下:

$$P = 4000 \times \left(1 + \frac{1-1.06^{-4}}{0.06}\right) = 17860 \text{(元)}$$

(五)永续年金

一个人领取养老基金的基本情况是,每月领取定额的资金,直到其去世。这样的无限期定额支付的年金,被称为永续年金。永续年金只有现值计算,没有终值计算的问题。令式(2.14)中的 n 趋于无穷大即可得到每期期末支付的永续年金现值。而令式(2.16)中的 n 趋于无穷大即可得到每期期初支付的永续年金。计算公式均为

$$PV = \frac{A}{r} \tag{2.17}$$

【例 2.6】

如果优先股每年分得股利 10 元,并假设适用的利率为 10%,对于一个准备买这种股票投资的人,其愿意出的股价是多少?

这样的优先股可以被视为永续年金,其价格为

$$P = \frac{10}{10\%} = 100 \text{（元）}$$

因此，不高于 100 元的股价是投资者愿意出的价格。

第三节 债券理论价格的计算

对于一种金融工具，已知其未来现金流支付的时间和数额，以及用于对这些现金流折现的适当的折现利率，就可以计算出其理论价格。因此，确定金融工具的价格涉及的问题，一是要确定金融工具在其存续期内支付的现金流；二是要确定用于对现金流进行折现的折现利率，也就是与金融工具的风险相当的适当的收益率。对于股票等金融工具，其未来支付的现金流有很大的不确定性，要用专门的技术预估未来的现金流。对于债券一类的固定收益证券，其未来的现金流相对稳定，特别是对于不含赎回条款、转换条款等影响未来利息等现金流变化的普通债券，其未来的现金流，包括利息支付与本金支付都是固定的。在假定债券不违约的情况下，普通债券省去了现金流估计一项。但是，对于国债、企业债等具有不同风险的不同种类债券，所适用的收益率是不同的，应首先采用一定的方法估计、计算出收益率，然后再折现求得债券价格。

一、普通附息债券理论价格的计算

以票面利率固定、每 6 个月支付一次利息的普通附息债券为例，一般普通债券的理论价格的计算可通过下列步骤完成：（1）确定用于现金流折现的债券的必要收益率；（2）计算所有利息的现值之和；（3）计算本金的现值；（4）加总两个现值得到债券的价格。

1. 确定债券的必要收益率

如前所述，债券收益率的高低取决于债券未来支付的包括利息和本金在内的现金流的时间价值和风险价值，前者体现为无风险利率，后者体现为风险溢价。考虑到影响债券风险的各种因素，某种债券的必要收益率可以表示为

$$Y_n = R_{f,n} + DP + LP + TA + CALLP + PUTP + COND \tag{2.18}$$

其中，Y_n 为 n 年期债券的必要收益率（到期收益率），$R_{f,n}$ 为 n 年期政府债券的收益率（到期收益率），DP 为信用风险报酬，LP 为流动性风险报酬，TA 为税收调整的利差，CALLP 为可提前偿还而产生的溢价（正利差），PUTP 为可提前兑付而产生的折价（负利差），COND 为可转换性而导致的折价。

式（2.18）等号右侧，第一项是同期限政府债券（国债）的收益率，也就是无风险的收益率；后面各项则是由债券的信用状况、流动性、税收待遇、提前偿付或转换性等因素导致的不同风险带来的风险溢价。比如，CALLP 与 PUTP 两项，前一项是附加可提前赎回条款的影响，后一项是附加可提前兑付条款的影响。如果债券附加发行人可提前赎回的条款，则对发行人有利，对持有人不利，投资者需要更高的收益率才会投资这样的债券。因此，如果有可赎回条款，相应风险溢价为正值。而可提前兑付条款的主动权在债券投资者手中，风险溢价是负的。其他各项可类似分析与理解。

式（2.18）说明，债券的必要收益率是通过比较市场上的可比债券的市场收益率得到的。一般以同期限无嵌入期权普通国债的收益率为基准，根据债券具体的信用状况、税收条件、有无提前条款等，经调整得来。因此，后面我们还将看到，不同期限国债的收益率是市场收益率的基准之一。另外，从这个公式我们也可以得出结论：如果发行人的信用状况、市场整体的利率水平等发生变化，债券的必要收益率就会发生变化。在现实中就经常出现在市场上流通的债券的收益率增大了或减少了，或者债券的市场价格发生了比较大的波动的情况，其原因就是影响债券收益率的因素发生了变化，比如，发行人的信用评级下调了，其发行债券的信用风险报酬就要增加，必要收益率则随之增加。

2. 计算所有利息的现值之和

对于普通附息债券，到期日之前的利息支付构成一笔年金，可以用年金现值计算公式计算其现值。

$$APV = \sum_{i=1}^{n} \frac{C}{(1+r)^i} = C \cdot \frac{1-(1+r)^{-n}}{r} \tag{2.19}$$

其中，APV 为一系列利息的现值总和，C 为利息，r 为贴现率（必要收益率），n 为利息支付次数。

【例 2.7】

某附息债券，面值为 1000 元，票面利率为 8%，每年付息两次，下一次利息支付正好在半年以后，剩余期限为 10 年，适当的贴现率是 10%，计算该债券所有利息的现值总和。

计算结果如下：

$$APV = \sum_{i=0.5}^{10} \frac{1000 \times 8\%/2}{(1+10\%/2)^{2i}} = 40 \times \frac{1-(1+5\%)^{-20}}{5\%} = 498.49（元）$$

3. 计算本金的现值

普通债券的本金在最后支付，因而其现值计算公式就是已知终值计算现值的公式。

继续上例的计算，

$$\text{本金的现值} = \frac{1000}{(1+10\%/2)^{20}} = 376.89 \text{（元）}$$

4. 加总两个现值得到债券的价格

上例中，债券的理论价格 = 498.49 + 376.89 = 875.38（元）

由此过程，我们得到普通付息债券的价格计算公式如下：

$$P = \sum_{t=1}^{n} \frac{C}{(1+r)^t} + \frac{F}{(1+r)^n} \tag{2.20}$$

其中，P 为债券的价值；C 为利息；F 是债券面值；n 为债券的计息期数；即距到期日的计息期数；r 为每期的适当贴现率；n 为现金流发生的期数。

现实中有些债券的利息支付以及本金偿还可能会有不同的安排，如本金分期偿还，而不是到期一次性偿还。在这些情况下，计算债券理论价格的道理是一样的，只要把相应的现金流逐个折现，然后加总就可以了。

二、债券价格与收益率的关系

债券的一个基本特征就是其价格与其必要收益率呈反向变化关系。因为债券的价格是其未来支付的现金流用必要收益率折现的现值，当必要收益率上升时，现金流的现值减少，价格也就随之下降，反之情况正好相反。表 2.3 是面值为 100 元、票面利率为 10%、每年付息一次、期限为 10 年的债券 A 在必要收益率从 4.5% 变化至 16.5% 的情况下价格的情况。

表 2.3 债券 A 的价格 – 收益率关系

收益率（%）	价格（元）	收益率（%）	价格（元）
4.5	143.52	11.0	94.11
5.0	138.61	11.5	91.35
5.5	133.92	12.0	88.70
6.0	129.44	12.5	86.16
6.5	125.16	13.0	83.72
7.0	121.07	13.5	81.38
7.5	117.16	14.0	79.14
8.0	113.42	14.5	76.98
8.5	109.84	0.15	74.91
9.0	106.42	15.5	72.91
9.5	103.14	16.0	71.00
10.0	100.00	16.5	69.16
10.5	96.99		

普通债券价格与收益率的关系如图 2.2 所示。

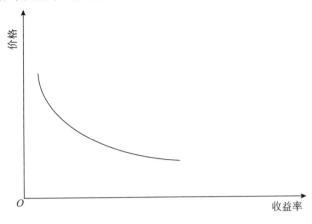

图 2.2 普通债券价格与收益率的关系

三、票面利率、必要收益率和债券价格之间的关系

前面已经看到，在其他条件一定的情况下，债券的价格与其必要收益率呈反向变化的关系。从前面的例子中我们看到，当必要收益率与票面利率相等时，债券的价格等于其面值；在必要收益率低于票面利率时，债券的价格高于其面值；在必要收益率高于票面利率时，债券的价格低于其面值。这是由于当市场整体利率发生变化的时候，投资者对特定债券的必要收益率的要求也会随之发生变化。由于债券的票面利率不变，因此购买债券后未来获得的现金流不会变化，只有通过债券买卖价格的变化来改变必要收益率。比如，市场利率上升导致投资者对特定债券要求的收益率上升时，只有通过降低债券的购买价格，使投资者在未来持有债券不增加现金流入的情况下降低购置成本，才能实现必要收益率的增加。反之，必要收益率下降，债券的市场价格就会上升。市场价格低于面值的债券，被称为折价债券；市场价格高于面值的债券，被称为溢价债券。票面利率、必要收益率（贴现率）以及价格的关系如下：

票面利率＜贴现率，价格＜面值：折价债券

票面利率＝贴现率，价格＝面值：平价债券

票面利率＞贴现率，价格＞面值：溢价债券

四、利率不变情况下债券价格与剩余时间的关系

如果购买债券后一直持有至债券到期，而债券的必要收益率没有变化，那么对于以面值出售的债券，其价格会保持其面值不变。对于溢价和折价出售的债券，随着到期日的临近，债券的市场价格将向面值收敛。图 2.3 是票面利率为 8%、面值为 100 元的 10 年期债券，当必要收益率是 6%、8% 和 10% 时，随着到期日的临近，其

价格的变化情况。

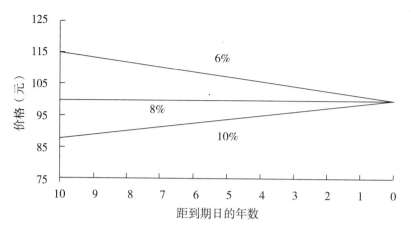

图 2.3　债券价格随到期时间的变化

第四节　复杂情况下债券的理论价格

一、零息债券的价格

零息债券是指在到期日前不支付任何利息，只在到期日支付一次现金流的债券。前面讲到的 1 年以内的短期债券多是零息债券，但是，零息债券不限于短期债券，有些长期债券也是零息债券。中国在 20 世纪发行的金融债券、企业债券很多是零息债券。零息债券可以是折现债券，其价格以贴现率的方式报出；也可以使用附加利率的方式报价。投资者购买零息债券的收益来自购买价格与到期日价格之间的价差。零息债券的价值仍然是预期现金流的现值，在这里，预期现金流只有到期日支付的一次现金流。

短期国债多数是贴现发行的，美国如此，中国也如此。贴现率不等于债券的收益率。例如，一只 3 个月期的国库券，如果报出的贴现率为 6%，则其出售价格为

$$100 - 100 \times 6\% / 4 = 98.5 \text{（元）}$$

而其收益率为

$$\frac{100 - 98.5}{98.5} \times 4 \approx 6.09\%$$

某些期限比较长的零息债券，也像附息债券那样以附加利率的方式报价。图 2.4 是中国在 1988 年曾经发行的一种零息债券，这种债券就是采用附加利率的方式报价的。

图 2.4 附加利率报价的零息债券

这个面值为 10 万元、年利率为 7.5% 的 5 年期债券，以附加利率的形式报价，且是单利，因此，到期时投资者获得的终值为

$$10 \times (1 + 5 \times 7.5\%) = 13.75 （万元）$$

已知零息债券的终值为 F，必要收益率为 r，零息债券的价格就是 F 用 r 折现的结果，即

$$P = \frac{F}{(1+r)^n} \qquad (2.21)$$

其中，F 为到期价值；r 为适当贴现率，即上面说的必要收益率；n 为距到期日的期数。

仍以上面这个基本建设债券为例，假设债券发行一年后的 1989 年 6 月 20 日，债券的必要收益率为 8%，用式（2.21）计算其期初市场价格为

$$P = \frac{13.75}{(1+8\%)^4} = 10.1067 （万元）$$

二、各种利息支付频率下的债券价格

前面的内容中已经涉及计息频率不同情况下现金流的现值、终值等计算问题。此处对债券有关这方面的问题再做一个简单的总结。如前所述，如无特别说明，债券的利率、收益率等都是指以年为单位的名义值。一年计息一次、两次的情况我们前面都已提到。先假设债券面值为 F，到期年限为 n 年，每年支付 m 次利息，以年度百分数表示的适当贴现率为 r，该债券的价格计算公式如下：

$$P = \sum_{t=1}^{m \cdot n} \frac{C/m}{[1+(r/m)]^t} + \frac{F}{[1+(r/m)]^{m \cdot n}} \qquad (2.22)$$

式（2.22）实际上就是把名义年利率转化为计息期利率，按各现金流到期的期数折现求现值，最后加总得到债券的价格。

【例 2.8】

假设附息债券，面值是 1000 元，票面利率为 8%，每季度付息 1 次，剩余期限为 10 年，适当的贴现率是 10%，求债券的理论价格。

$$P = \sum_{t=1}^{m \cdot n} \frac{C/m}{[1+(r/m)]^t} + \frac{F}{[1+(r/m)]^{m \cdot n}}$$

$$= \sum_{t=1}^{10 \times 4} \frac{1000 \times 8\%/4}{[1+10\%/4]^t} + \frac{1000}{[1+10\%/4]^{10 \times 4}}$$

$$= 874.49(\text{元})$$

三、在两个利息支付日之间债券价格的计算

前面的例子中，我们都假设债券的剩余期限的时间长度都是计息期的整数倍，用一个统一的收益率去折现所有的现金流。如果在两个计息期之间交易债券，其理论价格同样将各现金流按照其到期时间转换成的计息期数折现求和即可得到。或者我们写成下面的公式：

$$P = \sum_{t=1}^{n} \frac{C}{(1+r)^T (1+r)^{t-1}} + \frac{F}{(1+r)^T (1+r)^{n-1}} \qquad (2.23)$$

其中，P 是债券价格，C 是利息，n 是债券支付利息的次数，r 是每期贴现率，T 为价格清算日距下一次利息支付日的天数除以利息支付期的天数。

【例 2.9】

假设例 2.8 中的债券剩余期限还有 4 年零 2 个月，适当贴现率仍为 10%，计算其理论价格。

套用式（2.23）：

$$P = \sum_{t=1}^{n} \frac{C}{(1+r)^T (1+r)^{t-1}} + \frac{F}{(1+r)^T (1+r)^{n-1}}$$

$$= \sum_{t=1}^{4 \times 4+1} \frac{1000 \times 8\%/4}{(1+10\%/4)^{2/3}(1+10\%/4)^t} + \frac{1000}{(1+10\%/4)^{2/3}(1+10\%/4)^{4 \times 4}}$$

$$= 936.52(\text{元})$$

四、浮动利率债券价格的计算

浮动利率债券是债券的票面利率随事先约定的参考利率定期调整的债券，其票面利率一般采用参考利率加减一定利差的形式，每隔一定时间重新确定。比如，某企业发行 5 年期浮动利率债券，每半年支付一次利息。债券的票面利率为半年期国债利率加上 0.5% 的利差，每半年调整一次。假如计息期开始时半年期国债的利率为 5%，则第一个半年的计息利率就是 5.5%。假如面值为 1000 元，则持有者每张债券半年后收到 $1000 \times 5.5\%/2 = 27.5$ 元利息。假设半年后半年期国债的利率变为 5.5%，则第二个半年的计息利率就是 6%，一年以后，持有者收到的利息将是 $1000 \times 6\%/2 = 30$ 元。以此类推随后的利息变化。

金融市场的惯例就是我们举的这个简单的例子中所看到的，期初确定利率水平，期末支付利息。一般浮动利率债券的投资者每期收到的利息都是根据每个浮动期期初的市场参考利率确定的。因此，由于票面利率的浮动性，除紧接着的下一次付息日将要支付的利息已知外，未来各期的利息都是未知的。浮动利率的确定中，参考利率的选择主要考虑所在市场常用的且影响力比较大的利率，如国际金融市场上经常使用 LIBOR，中国常采用银行短期存贷款利率或者短期国债利率作为参考利率。固定利差则反映了浮动利率债券与参考利率债券所具有的以下几个方面的差异：(1) 信用风险差异、流动性差异和税收待遇差异；(2) 长期债务相对于短期债务的信用风险差异。如能够按照参考利率（如中国 1 年期存款利率）发行 1 年期债券的借款人发行 5 年期的浮动利率债券，显然要支付一个正的利差。

在债券的信用风险不变的情况下，在每个利息支付日，同时也是下一个计息期债券的票面利率的确定日，所确定的下一个计息期的票面利率等于其必要收益率，也就是折现未来的现金流计算其价值的折现率。因此，每个付息日的债券的价值就等于其面值。因此，浮动利率债券的理论价格的计算公式为

$$P(t) = \frac{K + F}{(1 + r)^n} \tag{2.24}$$

其中，$P(t)$ 是 t 时刻浮动利率债券的理论价格，F 为债券的面值，K 为距 t 最近的下一付息日将要支付的利息，n 为 t 时刻距下一次利息支付日之间的天数除以利息支付期的天数。

【例 2.10】

假设一个剩余期限为 9 年 11 个月、面值为 100 元的浮动利率债券，票面利率为 6 个月期 SHIBOR 加 0.5%，每 6 个月支付一次利息。上一次付息日的 6 个月期 SHIBOR 为 3.55%，今天 5 个月期 SHIBOR 为 3.46%，假设债券的信用风险始终没变，试求该债券的合理价格。

解：该债券的剩余期限为 9 年 11 个月，这意味着从上一次支付利息到今天过去了 1 个月的时间，下一次支付利息在 5 个月以后。从 1 个月前到 5 个月后为一个计息期，票面利率为 3.55% + 0.5% = 4.05%。因此 5 个月后支付的利息为

$$K = 100 \times 4.05\% / 2 = 2.025 \text{（元）}$$

从题中得知，债券的信用风险没有改变，因此其必要收益率与 SHIBOR 的利差保持不变。这样，从今天到下一次利息支付日其合理的贴现率应为 3.46% + 0.5% = 3.96%。因此，债券的理论价格为

$$P(t) = \frac{K + F}{(1 + r)^n} = \frac{2.025 + 100}{(3.96\% / 2)^{5/6}} = 100.37 \text{（元）}$$

运用式（2.24）计算浮动利率债券价格有一个重要的前提，就是要求在每个付息日的债券的市场价格等于债券的面值，这只有在每次确定的浮动票面利率等于债券的必要收益率时才成立。这就要求浮动利率与参考利率的利差固定不变，也就要求债券的信用风险与市场参考利率的关系没有变化。如果发行人的信用水平相对于参考利率发生了变化，这时利差就不等于债券事先确定的固定利差，从而债券的必要收益率与票面利率也就不同了，上述公式就不适用了。另外，浮动利率债券往往规定有利率的上下限，只有市场对债券要求的必要收益率不超过上限且不低于下限时，利息支付日的价值才等于其面值。这也是实践中要关注的。

与固定利率债券相比，由于浮动利率债券的票面利率随市场不断调整，因此市场利率的变化对其价值影响要小得多，浮动利率债券的价格始终在其面值附近波动，利率风险较小。

第五节　债券交易的报价和计算

一、债券市场报价

第四节所讲的是债券理论价格的计算，也就是买卖债券时合理公平的交收价格应该是多少。但是，在实际的债券交易过程中，还有一个细节问题需要处理。如果债券交易刚好发生在利息支付的时间，债券的出售者获得了他持有债券所有应该获得的现金流，把债券今后获得现金流的权利整体转移给了债券购买者，双方权责两清，按前面讲的债券的理论价格进行交付就可以了。但是，如果债券的交易发生在两次利息支付之间，虽然按前面方法计算出来的债券的理论价格仍然是债券合理的交付价格，但接下来第一次支付的利息却是一个完整的计息期累计的利息。比如，半年付息一次的

债券，如果在利息支付后3个月买卖，购买者持有3个月后就获得了本应该持有6个月才能获得的利息，而债券出售一方已持有的3个月则没有获得相应的利息。这时候，交易双方就经常纠结于除息价格与非除息价格的问题，现实中因除息也会产生债券价格不连续的问题。因此，在实际的市场交易中，债券报价采用已除去债券持有时间累计利息的方式，采用所谓的净价（Clean Price）报价法，而实际交收的价格称为全价（Dirty Price），等于报价加上应计利息。具体来看，债券报价应注意以下问题：

第一，债券报价通常既报出债券价格，也报出债券相应的到期收益率。关于到期收益率问题，我们在后面章节中会详细学习。

第二，债券报价时通常报出百元面值的价格。例如，如果每张债券的面值为1000元，市场报价为100.08元，则每张债券的市场价格为1000.80元。不同市场的最小报价单位各有规定，美国国债的最小报价单位为1/32美元，如112 - 06，意味着每百美元面值的国债价格为112又6/32美元，也就是112.1875美元；而美国公司债的最小报价单位为1/8美元。中国债券的最小报价单位为0.01元。

第三，债券报价时使用的是净价而非全价。净价是除去付息日前持有债券已累计的利息的价格。全价是实际交收的价款，也称现金价格（Cash Price）或发票价格（Invoice Price），代表买方获得债券支付的对价。

【例2.11】

估算到期日为2026年6月15日、票面利率为6%、交割日为2021年4月5日、必要收益率为5%的美国国债的理论市场报价。

解：第一步，计算债券的全价。根据美国长期国债每年两次付息的特征，以及债券到期日信息可知，2021年4月5日距上一次付息的2020年12月15日过去了111天，下一次付息在2021年6月15日。整个计息期共182天。交割日后至债券到期日还有11次付息。因此，

$$P = \frac{1}{(1 + 5\%/2)^{71/182}} \times \left(\sum_{i=0}^{10} \frac{6/2}{(1 + 5\%/2)^i} + \frac{100}{(1 + 5\%/2)^{10}} \right) = 104.52(元)$$

第二步，计算累计利息 c。

$$c = 100 \times \frac{0.06}{2} \times \frac{111}{182} = 1.83 \ (元)$$

第三步，计算净价，也就是债券的理论市场报价。

$$净价 = 全价 - 累计利息 = 104.52 - 1.83 = 103.69 \ (元)$$

如果债券的偿还期短于一个付息期，债券按照单利来计算价格，其中，半年付息一次的债券全价的公式为

$$P = \frac{100(1+C/2)}{1+r/2 \cdot n_1/n_2} \qquad (2.25)$$

其中，n_1 是交割日至下一个利息支付日的实际天数，n_2 是前后两个利息支付日之间的实际天数。

【例 2.12】

一个美国国债的票面利率为 6%，到期日为 2021 年 11 月 15 日，交割日为 2021 年 8 月 15 日，计算该债券在收益率为 2% 时的全价和净价。

解：全价计算如下：

$$P = \frac{100 \times (1+6\%/2)}{1+2\%/2 \times 92/184} = 102.49 \text{（美元）}$$

累计利息计算如下：

$$c = 100 \times \frac{0.06}{2} \times \frac{92}{184} = 1.50 \text{（美元）}$$

$$净价 = 102.49 - 1.50 = 100.99 \text{（美元）}$$

上面两个例子都是关于美国债券的，每年付息两次，如果是中国国债这种每年付息一次的债券，或者其他付息频率的债券，根据付息频率进行简单改动就可以了。

二、应计利息天数的计算惯例

前面我们用美国长期国债向读者展示了债券交易时价格的计算以及在两个利息支付日之间债券的全价、净价的计算规则，其中计算累计利息采用的是"实际天数/实际天数"的计算惯例。天数计算习惯表示为 X/Y 的形式，其中 X 为累计利息的天数，Y 为参考总天数，就是一个计息期的天数。实践中，对于不同类型的债券有不同的天数计算惯例，主要包括以下几种：

（1）实际天数/实际天数。美国中长期国债、加拿大国债、法国国债、澳大利亚国债等都采用这样的天数计算惯例。

（2）实际天数/365。中国长期国债、英国国债都采用这种天数计算惯例，一年按 365 天计算，累计利息的天数按实际的天数计算。

（3）实际天数/360。美国的短期国债和其他货币市场工具采用这样的计算惯例，一年按 360 天计算，累计利息的天数按实际的天数计算。

（4）30/360。美国的公司债券、政府机构债券、市政债券等采用的天数计算惯例是一个月按 30 天计算，一年按 360 天计算。

【例 2.13】

一种美国市政债券的票面利率为 5.5%，到期日为 2022 年 12 月 15 日，交割日为 2020 年 9 月 15 日，必要收益率为 4.30%，上一个付息日为 2020 年 6 月 15 日，下一个付息日为 2020 年 12 月 15 日。请计算该市政债券的净价。

解：第一步，利用 30/360 的规则，计算全价：

$$P = \frac{1}{(1+4.30\%/2)^{90/180}} \left(\sum_{i=0}^{4} \frac{5.5/2}{(1+4.30\%/2)^i} + \frac{100}{(1+4.30\%/2)^4} \right) = 103.915 \text{（美元）}$$

第二步，计算应计利息：

$$c = 100 \times \frac{0.055}{2} \times \frac{90}{180} = 1.375 \text{（美元）}$$

第三步，计算净价：

$$\text{净价} = 103.915 - 1.375 = 102.540 \text{（美元）}$$

本章小结

1. 利息对于投资者是转让资金使用权获取的报酬，对于筹资者则是获得一定时间内的资金使用权应该付出的成本。投资者的报酬来自两个方面：一是对投资者机会成本的补偿；二是对投资者承担风险的补偿。前者是货币的时间价值，后者是货币的风险价值。利率是单位时间内单位本金获得的利息，衡量资金增值的高低。利息计算有两种基本方法：单利与复利。

2. 一笔资金当前的价值被称为现值，按照一定的利率计算出来的未来的价值被称为资金的终值。终值和现值的计算互为逆运算。现实中常要进行年金现值、终值，以及各种不同付息结构的债券或项目现值、终值的计算等。在已知金融工具或一项投资的名义利率的情况下，还要知道单位时间内的付息频率，才能正确计算其现值或终值。

3. 确定金融工具的价格一是要确定金融工具在其存续期内支付的现金流；二是要确定用于对现金流进行折现的折现率，也就是与金融工具的风险相当的适当收益率。这两者确定之后，金融工具的理论价格就是金融工具承诺的现金流用相应折现率折现的价值的和。例如一般附息债券的价格计算公式为

$$P = \sum_{t=1}^{n} \frac{C}{(1+r)^t} + \frac{F}{(1+r)^n}$$

其中，P 是债券的价值；C 是利息；F 是债券面值；n 是债券的计息期数，即距到期日的计息期数；r 是每期的适当收益率；t 是现金流发生的期数。其他诸如零息债券理论

价格、浮动利率债券理论价格等的计算可比照处理。

4. 在债券市场上，债券报价通常既报出债券价格，也报出债券相应的到期收益率。债券报价时使用的是净价而非全价。净价是除去付息日前持有债券已累计的利息的价格。全价是实际交付的价款。如果债券的交易发生在两个利息支付日之间，全价等于市场报价加上累计利息。而累计利息的天数对于不同的金融工具有不同的计算惯例。

习 题

1. 一家公司发行到期一次性还本付息的债券，债券的面值为1000元，票面利率为6%，期限为6年，分别计算下列情况下的终值：

（1）按单利计算；

（2）按复利计算，每年复利一次；

（3）按复利计算，每季度复利一次；

（4）按每年6%的连续复利计算。

2. 假设一家公司6年后有一笔10万元的债务需要偿付。公司打算从现在开始每年年初存入等额的资金，存款利率为6%。计算每次存入的金额等于多少。

3. 假设10年期住房按揭贷款银行报价为基准年利率5.94%，此报价为年百分率，借款人每月等额偿还房贷。假设借款人从银行贷款30万元用于缴纳购房首付款，今后每月等额偿还至贷款期结束。计算借款人一共偿还的金额是多少。

4. 下表中每只债券的面值均为1000元，假设每半年付息一次，计算这些债券的价格。

债券	票面利率（%）	剩余期限（年）	必要收益率（%）
A	6	9	7
B	7	15	6
C	8	20	8
D	9	30	5.5

5. 假设一个剩余期限为5年9个月、面值为100元、票面利率为7%、每半年计息一次的债券，当前的必要收益率为5.5%。试求该债券的合理价格。

6. 假设一个剩余期限为6年11个月、面值为100元的浮动利率债券，票面利率为6个月期SHIBOR加0.5%，每半年支付一次利息。上一次付息日的6个月期SHIBOR为3.55%，今天5个月期SHIBOR为3.46%，假设债券的信用风险始终没变。试求该债券的合理价格。

7. 假设你是一个基金经理，正在审视下属送来的一张债券价格表（每只债券的面值均为100元），你认为有些地方出错了。在不计算每只债券价格的情况下，指出错误所在。债券价格表如下：

债券	票面利率（%）	剩余期限（年）	必要收益率（%）	价格（元）
A	0	2	7	101
B	7	15	6	100
C	8	20	8	100
D	9	30	5.5	110

8. 一种美国市政债券的票面利率为5%，到期日为2022年10月15日，交割日为2020年9月15日，必要收益率为4.30%，上一个付息日为2020年4月15日，下一个付息日为2020年10月15日。该债券市场报价为98-06。请分析该债券是高估了还是低估了。

9. 有人说："浮动利率债券的价格总等于其面值"，你是否同意？并说明理由。

第三章 债券的收益率

前面章节中我们已经多次用到收益率的概念,并且在第二章中谈到,债券的价格就是用其必要收益率折现的结果。我们用来对债券未来的现金流折现以求解债券价格的必要收益率,专业的称法为债券的到期收益率(Yield to Maturity,YTM)。到期收益率的大小可以在一定程度上表示债券收益的高低。投资债券、股票等金融资产就是为了获得必要的收益,投资的绩效最终要看单位投资在单位时间内所带来的增值,也就是要看收益率的高低。实践中表示投资绩效的收益率有各种不同的形式,有的收益率指标计算简单,但是不够精确;有的比较精确,但计算起来却比较复杂。它们各自满足投资者在不同条件或情景下对投资绩效评估的需求。

第一节 收益率及债券投资效益的衡量

债券收益率反映的是债券收益与其初始投资之间的关系,是衡量投资绩效的指标。实践中会用到多种形式的债券收益率,如当期收益率、到期收益率、赎回收益率、回售收益率等。

一、当期收益率

当期收益率(Current Yield,CY)的计算公式为

$$\mathrm{CY} = \frac{C}{P} \tag{3.1}$$

其中,CY 为当期收益率,C 为债券的年利息,P 为债券当前的价格。

【例 3.1】

一只到期期限为 6 年、票面利率为 6% 的债券,面值为 1000 元,每年付息一

次，当前价格为 1012 元，求该债券的当期收益率。

解：
$$CY = \frac{1000 \times 6\%}{1012} = 5.93\%$$

债券给持有者带来的收益来自三个方面：一是利息收入；二是债券持有期间获得的利息再投资带来的收入；三是债券买卖差价带来的收入，其被称为资本利得。用当期收益率衡量债券收益率的高低时，只考虑了当年的利息收入。因此，这一指标只反映短期的收益效应，只是简单的即期获得的利息与投资成本的比例，只能简单地表示购买债券时债券的大体收益率。当然，这种评估在现实的投资实践中也有存在的必要，因为它与短期内资金的流动性关系密切。但是，这一指标显然不是评价一项证券投资绩效的恰当指标。在债券投资分析中，更常用的收益率指标是到期收益率。

二、到期收益率

到期收益率在衡量债券收益绩效的指标中最常使用。到期收益率就是使债券的未来现金流的现值等于其当前市场价格（初始投资）的贴现率，一般附息债券的计算公式如下：

$$P = \sum_{t=1}^{n} \frac{C}{(1+y)^t} + \frac{F}{(1+y)^n} \tag{3.2}$$

这里，P 是债券当前市场价格，C 是债券一年所获得的利息，F 是债券面值，n 是距离到期日的年数，y 是到期收益率。

【例 3.2】

仍然使用例 3.1 的数据，一只到期期限为 6 年、票面利率为 6% 的债券，面值为 1000 元，每年付息一次，当前价格为 1012 元，求该债券的到期收益率。

解：
$$1012 = \sum_{t=1}^{6} \frac{1000 \times 6\%}{(1+y)^t} + \frac{1000}{(1+y)^6}$$
$$y = 5.76\%$$

到期收益率的计算在计算技术不甚发达的过去，要经过不断的试错计算才能得出最后的结果，但是，现在的各种计算机软件都有相应的内嵌函数程序可供使用，调用函数，输入数据就可以得到结果。实际上，只要知道一个金融工具或者项目每年的现金流量和在 0 时点的价格，我们就能计算出其到期收益率。对于一个一般化的每期支付的现金流不同的债券，假设每年支付一次现金流，到期收益率计算公式

可以写为

$$P = \sum_{t=1}^{n} \frac{C_t}{(1+y)^t} + \frac{F}{(1+y)^n} \quad (3.3)$$

其中，P 是债券当前的市场价格，C_t 是债券第 t 年年末支付的现金流，F 是债券最后支付的本金，n 为距到期日的年数，y 是到期收益率。

【例3.3】

有一个投资项目，市场价格为7765元，未来4年每年年末可分别获得现金流2000元、2000元、3500元、4000元，求这个项目的到期收益率。

解：
$$7765 = \frac{2000}{1+y} + \frac{2000}{(1+y)^2} + \frac{3500}{(1+y)^3} + \frac{4000}{(1+y)^4}$$
$$y = 15.42\%$$

如果债券不是一年支付一次利息，而是一年支付两次利息，那么到期收益率的计算公式为

$$P = \sum_{t=1}^{n} \frac{C}{(1+y/2)^t} + \frac{F}{(1+y/2)^n} \quad (3.4)$$

其中，P 是债券当前的市场价格，C 是债券每半年所支付的利息，F 是债券面值，n 是距到期日的半年数，y 是到期收益率。很明显，这里的到期收益率与我们前面讲到的在不同计息频率下使用的名义年利率或年百分率的概念是一样的。我们习惯使用的是年百分率，其又被称为名义年到期收益率。在使用时要按单利计算方式算出实际计息期的到期收益率。年到期收益率等于年计息频率与每期到期收益率的乘积，其他的计息频率同样处理。比较不同名义到期收益率的高低，也可以按照前面讲到的利率比较的方式，把不同计息频率的到期收益率转化为等价的每年计息一次的到期收益率进行比较。转换后的收益率被称为年有效到期收益率。

三、零息债券的到期收益率

零息债券的到期收益率很容易计算，如果每年计息一次，零息债券的到期收益率计算公式为

$$P = \frac{F}{(1+y)^n} \quad (3.5)$$

其中，P 是债券当前的市场价格，F 是债券期末偿还价格，n 是距到期日的年数，y 是到期收益率。

如果每年计息两次,零息债券的到期收益率计算公式为

$$P = \frac{F}{(1+y/2)^{2n}} \tag{3.6}$$

其中,P 是债券当前的市场价格,F 是债券期末偿还价格,n 是距到期日的年数,y 是年到期收益率。

如果每月计息一次,零息债券的到期收益率计算公式则变为

$$P = \frac{F}{(1+y/12)^{12n}} \tag{3.7}$$

其中,P 是债券当前的市场价格,F 是债券期末偿还价格,n 是距到期日的年数,y 是年到期收益率。

【例3.4】

假设国债市场中有 A、B、C 三种债券,面值都是1000元。A 是 1 年期零息债券,每年计息两次,目前的市场价格为 934.58 元;B 为 2 年期的零息债券,每年计息一次,目前的市场价格为 857.34 元;C 为 2 年期附息债券,票面利率为 5%,每年计息一次,下一次付息在 1 年后,目前的市场价格为 946.93 元。请分别计算这三种债券的到期收益率。

解:分别列出三种债券到期收益率的求解公式如下:

$$934.58 = \frac{1000}{(1+y_A/2)^2}$$

$$857.34 = \frac{1000}{(1+y_B)^2}$$

$$946.93 = \frac{50}{(1+y_C)} + \frac{50}{(1+y_C)^2} + \frac{1000}{(1+y_C)^2}$$

得到

$$y_A = 6.88\%, \quad y_B = 8\%, \quad y_C = 7.97\%$$

四、到期收益率的特点和使用说明

(一) 到期收益率的假定

计算一般债券的到期收益率隐含如下假定:

(1) 投资者持有债券到期;

(2) 全部未来的现金流量如期实现,不存在违约风险;

（3）其间收到的利息以及分期偿还的本金在收到之时立刻再投资，再投资收益率等于到期收益率；

（4）不考虑提前到期条款，即不考虑债券因提前赎回或提前回售而改变现金流发生时间的情况。

然而，以上四个假定都不尽符合实际。假定（1）在短期债券的情况下还可能成立，对于中长期债券，尤其是10年、20年以上的长期债券就很不符合实际了。大多数投资者都无法一开始就保证自己会持有到期，而不中途转卖。因此，在评价债券的投资绩效时，债券的持有期收益率是比到期收益率更合理的评价指标。而对于那些有提前到期条款，很可能被提前结束的债券而言，时间持续到提前期的到期收益率可能更有意义。至于假定（2）、（3），一方面，除国债外，其他债券都存在风险，承诺的现金流都有一定的风险性，一般的处理方式是增加风险溢价，前面已有提及。另一方面，除了零息债券，持有期间有利息支付、本金分期偿还的债券都存在再投资的问题。通常情况下，再投资收益率很难恰好等于预先计算出来的到期收益率。

对于式（3.2）表示的一般债券到期收益率的计算公式：

$$P = \sum_{t=1}^{n} \frac{C_t}{(1+y)^t} + \frac{F}{(1+y)^n}$$

两边同时乘以$(1+y)^n$，得到

$$P(1+y)^n = C_1(1+y)^{n-1} + C_2(1+y)^{n-2} + \cdots + C_{n-1}(1+y)^1 + C_n + F$$

这明确地表明，到期收益率是假定各期现金流的再投资收益率不变的结果。这告诉我们，到期收益率可以被视为债券持有到期的年平均收益率。现实中持有附息债券最终获得开始计算的到期收益率的可能是微乎其微的，举例如下。

【例3.5】

一个期限为6年、票面利率为6%的债券，面值为1000元，每年付息一次，当前价格为1000元。假设不同期限的零息债券的到期收益率分别如下：1年期零息债券到期收益率为4%，2年期零息债券到期收益率为4.5%，3年期零息债券到期收益率为5%，4年期零息债券到期收益率为5%，5年期零息债券到期收益率为5.5%。我们来讨论该债券投资的收益状况。

由于该证券的价格等于其面值，显然，债券的到期收益率就是其票面利率，为6%。假设今后几年市场收益率状况没有变化。我们将看到，每过1年收到利息再投资的利率不会等于到期收益率6%。1年后投资者收到利息60元，他可以直接按5年期零息债券的到期收益率再投资5年，再投资的到期收益率变为5.5%。这是以原债券的到期期限为投资年限的稳妥的再投资方式。他也可以先按较短期零息债券的到期收益率投资较短的年限，之后再投资直到债券到期。这取决于他对市场收益率变化的预期。假定投资者选择收到利息即按相应的零息债券的到期收益率投资至债券到期。那么,1年后他将利息按照5年期零息债券的到期收益率再投资5年,再投资的到期收益率为5.5%;2年后他将利息按照4年期零息债券的到期收益率再投资4年,再投资的到期收益率为5%;其他利息再投资依次类推。这样,投资者6年之间实际的平均收益率计算如下:

$$1000(1+y)^6 = 60(1+5.5\%)^5 + 60(1+5\%)^4 + 60(1+5\%)^3 + 60(1+4.5\%)^2 + 60(1+4\%)^1 + 1000$$

$$y = 5.11\%$$

事实上,市场上的各种利率都在不断变化,不同期限的零息债券的到期收益率也会发生变化,再投资利率几乎不可能等于开始计算出的到期收益率。到期收益率与债券支付的现金流的时间、频率、金额等现金流结构都有很大的关系。因此,用到期收益率评估不同现金流结构的收益绩效显然是不准确的。但是,到期收益率是使各种现金流折现后恰好等于债券价格的折现率,债券的市场价格一定,到期收益率就一定。知道了价格也就知道了到期收益率,反之亦然。这样到期收益率也就成为债券价格的另一种表述形式,这也就是一般债券报价时会同时报出价格与其到期收益率的原因。另一方面,当债券的现金流结构差距不大的时候,到期收益率也是反映债券收益绩效的一个不错的指标,因此,在一般情况下,用到期收益率反映债券投资绩效也是一种常见方式。

(二) 到期收益率不是为债券定价的合理变量

前面我们一直用以到期收益率折现的方式计算债券的价格。但是,经过前面的讨论我们看到,到期收益率与债券的现金流结构有着很大的关系,即使到期期限相同、风险相同的债券,如果票面利率不同、本金的偿还方式不同,它们的到期收益率也不同。到期收益率并不能代表投资价值的高低。但是,到期收益率与债券的价格一一对应。因此,到期收益率可以被视为债券价格的一种表示方式,而不是为债券定价的合理变量。那么应该如何为债券合理定价呢?现实中,不同到期期限的现金流即使信用风险相同,它们的流动性风险等其他风险也不相同,对其要求的收益率高低就不同。对于具有不同现金流结构的债券,合理的定价方式应该是把债券支付的每一笔现金流视为一个零息债券,用与之相匹配的零息债券现金流的收益率折现,然后加总计算出债券的价格。各种零息债券的收益率也被称为不同期限的即期利率。信用风险相同、到期期限不同的即期利率随期限的变化被称为利率的期限结构。以普通附息债券为例,在已知信用风险相同的利率期限结构的情况下,定价过程如例3.6所示。

【例 3.6】

假设国债即期利率随时间变化情况如表 3.1 所示：

表 3.1 即期利率期限结构

到期时间（年）	1	2	3	4	5
利率（%）	5	6	6.5	7	7.3

某 5 年期普通附息国债，每年付息一次，票面利率为 6.5%，计算其百元面值的价格以及到期收益率。

解：

$$P = \sum_{t=1}^{5} \frac{C}{(1+y_t)^t} + \frac{F}{(1+y_5)^5}$$

$$= \frac{6.5}{1+5\%} + \frac{6.5}{(1+6\%)^2} + \frac{6.5}{(1+6.5\%)^3} + \frac{6.5}{(1+7\%)^4} + \frac{6.5}{(1+7.3\%)^5}$$

$$+ \frac{100}{(1+7.3\%)^5}$$

$$= 97.1927(元)$$

设债券的到期收益率为 y，则有

$$97.1927 = \sum_{t=1}^{5} \frac{6.5}{(1+y)^t} + \frac{100}{(1+y)^5}$$

$$y = 7.19\%$$

由例 3.6 可见，合理的做法是在已知利率期限结构的情况下，用与各个现金流匹配的收益率折现求解债券的价格，知道了债券的价格，也就知道了债券的到期收益率。而到期收益率就是在严格假设的前提下债券持有到期的年平均收益率。这个年平均收益率当然也可近似代表债券收益的高低。

五、赎回收益率

到期收益率假设债券持有到期，如果债券可以在到期日之前被发行人赎回，那么用赎回日代替到期日，用赎回价格代替面值，计算的收益率被称为赎回收益率（Yield to Call, YTC）。类似的还有回售收益率（Yield to Put, YTP）。赎回收益率的计算公式如下：

$$P = \sum_{i=1}^{n^*} \frac{C}{(1+\text{YTC})^i} + \frac{F^*}{(1+\text{YTC})^{n^*}} \qquad (3.8)$$

其中，P 是债券的市场价格，C 是利息，F^* 是赎回价格，YTC 是每期的赎回收益率，

n^* 是赎回日前的期数。

【例 3.7】

某债券 10 年后到期,半年付息一次,下一次付息在半年后。它的面值为 1000 元,票面利率为 6%,市场价格是 950 元。假设在第 5 年时该债券可赎回,赎回价格为 980 元,求解赎回收益率。

解:根据式(3.8)有

$$950 = \sum_{i=1}^{10} \frac{30}{(1+\text{YTC})^i} + \frac{980}{(1+\text{YTC})^{10}}$$

可求出半年期的赎回收益率为 3.43%。因此,债券的年赎回收益率为 2 × 3.43% = 6.86%。

第二节　债券组合的收益率及持有期收益率

一、债券组合的收益率

债券组合的收益率不是构成该组合的单个债券的收益率的加权平均值。计算债券组合的收益率的正确方法是,将债券组合视为一个单一的债券,使该债券组合所有现金流的现值之和等于该债券组合的市场价格的适当贴现率即该债券组合的到期收益率,其也被称为债券组合的内部回报率。

【例 3.8】

一个债券组合由三种都是每年付息一次的附息债券组成,具体组成情况如表 3.2 所示,求该债券组合的到期收益率。

表 3.2　一个债券组合的构成

债券名称	票面利率(%)	到期期限(年)	面值(元)	市场价格(元)	到期收益率(%)
A	7.50	6	1000	1050.68	6.45
B	6.20	5	20000	20000.00	6.20
C	5.50	4	10000	9830.00	5.99

解:该债券组合的总市场价格为

$$1050.68 + 20000.00 + 9830.00 = 30880.68 \text{（元）}$$

债券组合收益率的求解过程如表3.3所示。

表3.3 债券组合的到期收益率

年数	A 的现金流（元）	B 的现金流（元）	C 的现金流（元）	组合的总现金流（元）	总现金流的现值（元）
1	75	1240	550	1865	$1865/(1+y)$
2	75	1240	550	1865	$1865/(1+y)^2$
3	75	1240	550	1865	$1865/(1+y)^3$
4	75	1240	10550	11865	$11865/(1+y)^4$
5	75	21240		21315	$21315/(1+y)^5$
6	1075			1075	$1075/(1+y)^6$
总市场价格					30880.68

最后一列六个现金流的现值加起来等于最后的总市场价格，得到

$$y = 6.14\%$$

二、持有期收益率

前面我们看到，到期收益率作为评价债券收益率高低的指标有很大的局限性，不仅要求债券持有到期，而且即使真的持有到期，由于受到其间再投资利率等因素的影响，也很难与最后获得的实际收益率相一致。有鉴于此，投资绩效的评价，一般是在投资结束后，计算出债券的持有期收益率（Holding Period Return，HPR）作为最后的评价指标。持有期收益率是债券在一定持有期内的收益（包括利息收入和资本利得或损失）相对于债券期初购买成本的比率，是衡量债券事后实际收益率的指标。计算公式如下：

$$\text{持有期收益率} = \frac{\text{期末财富} - \text{期初财富}}{\text{期初财富}} \times 100\%$$

$$= \frac{\text{利息收入} + (\text{期末价格} - \text{期初价格})}{\text{期初价格}} \times 100\%$$

$$= \frac{\text{利息收入}}{\text{期初价格}} \times 100\% + \frac{\text{期末价格} - \text{期初价格}}{\text{期初价格}} \times 100\%$$

$$= \text{当期收益率} + \text{资本利得(损失)收益率}$$

（一）单期持有期收益率

如果投资者只持有债券一个计息期，其持有期收益率为

$$\text{HPR}_t = \frac{C + (P_t - P_{t-1})}{P_{t-1}} = i_C + g \tag{3.9}$$

其中，HPR_t 是单期持有期收益率，P_{t-1} 和 P_t 是期初和期末的债券价格，$i_C = \frac{C}{P_{t-1}}$ 是当期收益率，$g = \frac{P_t - P_{t-1}}{P_{t-1}}$ 是资本利得（损失）收益率。

【例 3.9】

假设某投资者在 2020 年 1 月 1 日购买了一张面值为 1000 元的债券，价格为 900 元，票面利率为 6%，每半年付息一次。债券的利息支付日为每年的 1 月 1 日与 7 月 1 日。该投资者将这张债券于 2020 年 7 月 1 日售出，价格是 915 元，求该投资者的持有期收益率。

解： $\text{HPR}_t = \dfrac{C + (P_t - P_{t-1})}{P_{t-1}} = \dfrac{1000 \times 6\%/2 + 915 - 900}{900} = 5\%$

由于持有期为半年，因而其年持有期收益率为 10%。

(二) 多期持有期收益率

如果持有债券多个付息期，我们就遇到与计算债券的到期收益率同样的问题，也就是其间获得的利息再投资收益的问题。此时计算最后的持有期收益率，我们用所获收益最后的终值总和计算平均每期的收益率，并将其作为债券的持有期收益率。

【例 3.10】

接上例，假设该投资者持有上述债券到 2022 年 1 月 1 日以 915 元的价格出售。在持有债券的两年里，其于 2020 年 7 月 1 日、2021 年 1 月 1 日、2021 年 7 月 1 日、2022 年 1 月 1 日各获得 30 元利息，且都以计息频率为 2、年利率为 5.5% 的收益率投资至 2022 年 1 月 1 日。计算其持有期收益率。

解： 出售债券时投资者的财富终值为

$$\text{FV} = 30 \times (1 + 5.5\%/2)^3 + 30 \times (1 + 5.5\%/2)^2 + 30 \times (1 + 5.5\%/2) + 30 + 915$$
$$= 1125.9 \text{（元）}$$

假设债券的持有期收益率为 HPR，则有

$$900 (1 + \text{HPR})^4 = 1125.9$$

$$\text{HPR} = \sqrt[4]{\frac{1125.9}{900}} - 1 = 5.76\%$$

因此，债券的年持有期收益率为 11.52%。

我们可以总结出多期持有期收益率计算公式如下：

$$\text{HPR} = \sqrt[n]{\frac{\text{FV}}{P}} - 1 \tag{3.10}$$

实际上，债券经过 n 期后的终值包括三部分：债券最后的出售价格、债券在持有期间支付的利息以及利息再投资产生的利息。上面例子中，为了处理简单，我们假设利息再投资的收益率相等。其实每次利息再投资的收益率都可能不同，每次都应按照当时的收益率进行再投资。当然，在现实中，事先我们是不知道每次得到的利息将能够以什么样的收益率再投资的。因此，持有期收益率只有到投资结束的时候才能最后确定。也出于这个原因，持有期收益率衡量的是债券的事后收益率。

第三节 债券的总收益分析

一、债券的收益来源

从前面的内容中我们已经了解，债券投资的收益来自以下三个方面：
（1）债券发行人定期支付的利息；
（2）当债券到期、被赎回或出售时的资本利得（或损失）；
（3）将收到的现金流再投资产生的利息收入。

上面第三个收益来源被称为再投资收益（Reinvestment Income）。对于只支付息票利息，在到期前不分期偿还本金的普通附息债券而言，其间的现金流只是息票利息支付，再投资收益也只是利息的利息（Interest-on-interest Component）。对于本金分期偿还的债券，再投资收益则包括对息票利息和提前偿还的本金进行再投资所得到的利息收入。

债券的任何收益率的衡量指标都应考虑上述三个方面。回看我们前面介绍的收益率指标，当期收益率只考虑了当期的息票利息支付，而没有考虑资本损益与其间的再投资收益。到期收益率则既考虑了利息，又考虑了资本损益，还考虑了利息的利息，但是，它在考虑利息的利息时却是在假定不仅持有债券到期，而且保持利息的再投资收益率不变的情况下计算的。如果其中的任何一个条件不具备，投资者实现的收益率就不同于到期收益率。赎回收益率是用赎回日作为到期日的到期收益率，但是，现实中债券未必在赎回日被赎回，而且它同样有着假定再投资收益率不变的缺陷。下面我们分析上述三个方面的因素对债券收益绩效的影响。

二、总收益中的债券利息与再投资收益

对于定期支付利息且最后偿付本金的普通附息债券,其间支付的利息再投资收益是债券潜在收益的重要来源。由于定期支付的息票利息是年金形式,可以用前面给出的年金计算公式做相应的计算。设 C 为债券每年支付的利息,r 为债券的再投资收益率,持有债券到期所获得的全部利息以及利息再投资获得的利息的终值的总和可以从下式中得出:

$$利息 + 利息的利息 = C\left[\frac{(1+r)^n - 1}{r}\right] \tag{3.11}$$

其中息票利息总和为 $n \cdot C$,利息再投资获得的利息为

$$利息的利息 = C\left[\frac{(1+r)^n - 1}{r}\right] - n \cdot C \tag{3.12}$$

【例 3.11】

投资者用 956.38 元购买一种 15 年后到期的债券,面值是 1000 元,票面利率为 8%,每年付息一次。假设债券被持有至到期日,再投资利率等于到期收益率,计算该债券的利息、利息的利息、资本损益与总收益。

解:首先计算该债券的到期收益率 y:

$$956.38 = \sum_{t=1}^{15} \frac{1000 \times 8\%}{(1+y)^t} + \frac{1000}{(1+y)^{15}}$$

$$y = 8.53\%$$

$$利息 + 利息的利息 = 80 \times \left[\frac{(1+8.53\%)^{15} - 1}{8.53\%}\right] = 2263.9 \text{(元)}$$

其中,

利息 = $15 \times 80 = 1200$ (元)

利息的利息 = $2263.9 - 1200 = 1063.9$ (元)

资本损益 = $1000 - 956.38 = 43.62$ (元)

投资总收益 = $2263.9 + 43.62 = 2307.52$ (元)

三、到期收益率与再投资风险

我们看例 3.11 中债券给投资者带来的收益构成:投资者通过债券投资总共获利 2307.52 元,其中利息为 1200 元,利息的利息为 1063.9 元,因价差获得收益 43.62 元。非常明显,投资者的收益主要来自利息收益以及利息再投资的收益。在这个例子

中，两者所占比例大体相当。利息再投资所获收益取决于债券到期期限的长短以及债券的付息频率，比如在这个例子中，如果半年付息一次，重新计算债券的利息收益，结果如下：

假定到期收益率为 y，则

$$956.38 = \sum_{t=0.5}^{15} \frac{1000 \times 8\%}{(1+y/2)^{2t}} + \frac{1000}{(1+y/2)^{30}}$$

$$y = 8.52\%$$

$$利息+利息的利息 = 40 \times \left[\frac{(1+4.26\%)^{30}-1}{4.26\%}\right] = 2343.4（元）$$

其中，利息仍为1200元，而利息再投资获得的利息达到1143.4元，超过了发行人支付的利息总额，因此付息频率越高，再投资对收益的影响越大。可以想见，债券的到期期限越长，同样的付息频率下，利息支付次数越多，再投资的影响也越大。另外，前面我们假定再投资利率等于开始计算的到期收益率。如果未来再投资的利率低于购买债券时的到期收益率，利息再投资的收益就会减少，这就是我们前面已经提到的再投资风险。

利息再投资收益的重要性以及再投资风险的大小取决于下列因素：债券的票面利率、计息频率和债券的期限。票面利率越高，则每次支付的利息越多；计息频率越高，则支付利息的次数越多。这两点都会增加再投资收益在总体收益中所占的比重，增加再投资的风险。债券期限增加，也会增加再投资在债券投资收益中的重要性，增加再投资的风险。对于期限很长的债券，利息再投资的收益甚至会占潜在收益的绝大多数，此时再投资风险就显得尤为突出。

对于本金分期偿付的债券，其再投资风险比一般附息债券还要高。因为除其间支付的利息存在再投资的问题外，提前偿付的本金也存在再投资问题。比如抵押贷款支持债券，其现金流是每月等额支付的，投资者不仅要将定期支付的利息进行再投资，还要将定期偿还的本金进行再投资。当然，这种债券的付息频率也大大增加，这就进一步增加了再投资的风险。分期偿付债券增加再投资风险的原因还有一个，就是借款者可能提前还款，因而导致这种债券会提前到期而不能持续到开始规划的到期日。

通过上面的分析，我们可以更深入地理解到期收益率。如前所述，到期收益率是在假设持有债券到期，且再投资利率总是等于到期收益率的情况下，事先计算的一种每期的平均收益率。既然再投资收益在债券的收益中可能占很大的比重，再投资利率很可能不等于开始的到期收益率，债券也不一定持有到期，到期收益率就很难准确反映投资的绩效，当进行投资选择时，到期收益率指标很可能会失去作用。

例如，假设投资者投资期限为5年，正在考虑从表3.4中的4种债券中选择投资对象。

表3.4　4种备选债券的基本情况

债券	票面利率（%）	到期期限（年）	到期收益率（%）
A	5.0	3	7.0
B	6.0	20	8.0
C	7.0	12	8.2
D	6.5	5	6.5

假设以上4种债券的信用水平相同，那么对于投资者而言，选择哪种债券最好呢？仅从到期收益率来看，债券C的最高。但是，债券C的到期期限是12年，投资者如果选择这一债券，那么持有5年后即面临着出售债券的问题。5年后债券C变成了到期期限为7年的债券，其售价取决于市场上具有同样票面利率、剩余期限和信用风险的7年期债券的必要收益率的高低。要进行决策就必须对此做出预测。如果债券价格因而降低，投资者就会遭受资本损失。而且债券C的票面利率最高，其再投资风险最高。

债券B提供了次高的到期收益率。它也存在5年后出售债券要考虑资本损益的问题，当然在对未来必要收益率的预测上，投资者要预测的是剩余期限为1年的债券必要收益率。它的票面利率低于债券C，再投资风险也更低一些。

选择债券D并持有到期，结果的确定性最高，如果市场利率保持在6.5%，投资者可以获得6.5%的到期收益率。但是，再投资利率随时可能变化，也并未消除再投资风险，只是要进行的预测最少。

选择债券A则要在3年后重新投资，除再投资风险外，还要预测3年后的2年期债券收益率的高低。

总之，仅有上述到期收益率信息，基本不能做出债券选择决策。到期收益率不过是投资期初一种受到严格条件限制的平均收益率，西方国家也称之为承诺收益率。要进行证券投资选择决策，需要结合预测，计算和使用投资期的总收益率。

第四节　债券的总收益率

总收益率的计算所依据的原理非常简单。第一，在特定的投资收益率下，计算债券投资的未来收入总额。第二，计算出使债券从初始投资到投资期期末增长为未来收入总额的到期收益率，即总收益率。

一、持有到期的债券总收益率

如果投资者购买债券，并持有到期，此时债券的总收益率的计算可以按以下两个步骤进行：

(1) 预测未来再投资的收益率,计算债券持有到期的未来收入总额,

未来收入总额 = 债券支付的利息总额 + 利息的利息 + 债券面值

(2) 计算债券的计息期收益率,

$$每期收益率 = \left(\frac{期末价值}{期初价格}\right)^{\frac{1}{n}} - 1$$

其中,n 是计息期数,等于年数与每年计息频率的乘积。

(3) 计算出年总收益率。

【例 3.12】

投资者用 1005 元购买一种面值为 1000 元的剩余期限为 8 年的债券,票面利率是 6%,半年付息一次,下一次付息在半年后。假设投资者准备将债券持有到期,而且预期今后的再投资收益率为 5%,求该债券的总收益率。

解:(1) 根据投资者的预测,求得债券 8 年后的收入为

$$FV = 30 \times \frac{(1+0.025)^{16} - 1}{0.025} + 1000 = 1581.4 \text{(元)}$$

(2) 半年期总收益率 $= \sqrt[16]{\frac{FV}{P}} - 1 = \sqrt[16]{\frac{1581.4}{1005}} - 1 = 2.87\%$

(3) 年总收益率 $= 2.87\% \times 2 = 5.74\%$

上例中,我们可以求出债券的到期收益率为 5.92%。可以看到,由于预期的再投资收益率低于到期收益率,总收益率相应地也就低于到期收益率了。到期收益率不能作为投资的依据,根据预期计算的总收益率则可以用于选择债券。

二、提前卖出债券的总收益率

如果投资者投资债券的到期期限长于投资期限,债券要提前出售,这时要预测计划投资期期末债券剩余期限的必要收益率,以确定债券的出售价格,然后计算债券的总收益率。计算步骤如下:

(1) 计算息票利息以及按预期再投资收益率计算的再投资收益利息的终值之和。
(2) 预测计划投资期期末债券剩余期限的必要收益率,计算债券的预计售价。
(3) 加总前两步计算出的数值,得出的结果就是在给定预期再投资收益率和投资期期末的预计必要收益率时,投资的未来总收益。
(4) 用以下公式计算每期收益率:

$$每期收益率 = \left(\frac{期末价值}{期初价格}\right)^{\frac{1}{n}} - 1$$

其中，n 是计息期数，等于年数与每年计息频率的乘积。

(5) 计算出年总收益率。

【例 3.13】

假定在例 3.12 中，投资者的投资期限是 3 年，投资者仍然预期其间利息的再投资收益率为 5%，并预期在计划投资期期末还剩 5 年到期的债券能按照 5.5% 的收益率出售，计算该债券的总收益率。

解：(1) 计算利息及利息的利息的收入总和：

$$利息 + 利息的利息 = 30 \times \frac{(1+0.05/2)^6 - 1}{0.05/2} = 191.63（元）$$

(2) 确定 3 年后债券的预期出售价格：

$$预期债券价格 = \sum_{i=0.5}^{5} \frac{30}{(1+5.5\%/2)^{2i}} + \frac{1000}{(1+5.5\%/2)^{10}} = 1021.60（元）$$

(3) 加总前两步的结果，得到未来总收益为 1213.23 元。

(4) 计算半年期的收益率：

$$半年期收益率 = \sqrt[6]{\frac{1213.23}{1005}} - 1 = 3.19\%$$

(5) 年总收益率 $= 3.19\% \times 2 = 6.38\%$。

这里没必要假设再投资收益率在整个投资期内不变。下面的例子将显示在假定再投资收益率变化的情况下总收益率的计算。

【例 3.14】

接上例。假设投资者的投资期限为 4 年，投资者预期投资期的前两年的再投资收益率为 5%，后两年的再投资收益率为 5.2%，4 年后到期的债券能够按 6% 的必要收益率出售。计算该债券的总收益率。

解：(1) 4 年中每半年收到的息票支付为 30 元，假设前两年收到的 4 次利息再投资至第 2 年年末的利息及利息的利息之和为

$$利息 + 利息的利息 = 30 \times \frac{(1+0.05/2)^4 - 1}{0.05/2} = 124.58（元）$$

上述收入在计划投资期之前再按照 5.2% 的利率投资两年，至第 4 年年末将增至

$$124.58 \times 1.026^4 = 138.05（元）$$

后 4 笔利息及利息的利息之和为

$$30 \times \frac{(1+0.052/2)^4 - 1}{0.052/2} = 124.76 \text{（元）}$$

这样，利息与利息再投资的收益总和为 138.05 + 124.76 = 262.81 元。

（2）确定 4 年后债券的预期出售价格。由于再投资收益率等于债券的票面利率，债券的价格应该等于债券面值 1000 元。

（3）加总前两步的结果，得到未来总收益为 1262.81 元。

（4）计算半年期的总收益率：

$$\text{半年期总收益率} = \sqrt[8]{\frac{1262.81}{1005}} - 1 = 2.90\%$$

（5）年总收益率为 5.80%。

三、总收益率的应用

前面我们说过到期收益率多数情况下不能帮助投资者选择要投资的债券。但是总收益率则可以帮助投资者进行债券选择。投资者可以根据计划投资的期限和对再投资收益率与未来市场收益率的预期，判断哪只债券可以为投资者提供投资期内最高的总收益率，获取最高的收益。用总收益率评估债券在投资期的绩效，这种评估被称为投资期分析，我们在后面介绍债券投资分析时将会用到。

第五节 债券组合业绩的衡量

正确评估固定收益证券组合管理者各个时期的投资业绩，无论对于组合管理者还是对于一般投资者来说都是非常重要的。管理者可以以其检视投资管理的有效性，改进管理措施和管理程序，提高投资绩效。一般的投资者可以以其对不同组合管理者的历史业绩进行比较，选择投资业绩好的固定收益证券投资管理者。本节主要讲述实践中常用的债券组合业绩的评价指标，并对这些指标做一些比较。

一、债券投资期的总收益率

债券组合投资的业绩用投资期间实现的总收益率衡量。在任何一个评估期（1 年、1 个月或 1 周等）内，投资组合实现的收益等于下列两项之和：（1）期末债券组合的市场价值超过其期初市场价值的部分；（2）该债券组合在该时期内分配的所有收益。

组合向客户或组合受益人分配的所有资本或收入都应计入投资收益。

投资期间实现的总收益率等于投资收益与评估期期初的投资组合市场价值之比。因此,投资收益可以被视为保持期初投资组合市场价值不变时,在评估期期末可以提取的金额。债券组合某个时期的总收益率可用式(3.13)表示:

$$R_P = \frac{MV_1 - MV_0 + D}{MV_0} \tag{3.13}$$

其中,R_P 为债券组合某个时期总收益率,MV_1 为债券组合期末市场价值,MV_0 为债券组合期初市场价值,D 为该时期内债券组合分配的现金收益。

【例3.15】

某债券组合期初市场价值为2300万元,期末市场价值为2875万元,并且在该时期分配现金45万元,求该时期债券组合的总收益率。

解:$R_P = \dfrac{MV_1 - MV_0 + D}{MV_0} = \dfrac{2875 - 2300 + 45}{2300} = 26.96\%$

根据式(3.13)计算评估期的总收益率,隐含三个基本假设:第一,该时期内债券组合产生的利息如果没有分配给投资者,就必须进行再投资,其价值反映在债券组合的期末价值中。例如,如果在评估期内债券组合有若干利息收入,但是在整个时期没有向投资者分配收益,那就假定这些利息收入都在获得之后进行了再投资,价值反映在期末债券组合的市场价值中。第二,如果该时期内债券组合向投资者分配资金,则分配的时间应该正好在期末,或者以现金的形式持有到期末。在上面的例子中,分配给投资者现金45万元,如果在期初分配,那么投资者可以在这个时期内投资获取收益,如果在期末分配,那么投资者就没有投资获利的机会。因此,分配时间影响收益率,但是公式并未考虑这种情况。第三,投资者在该时期内不会追加任何资金。

式(3.13)可以用来计算任何长度评估期的债券组合收益率。但是,由于以上隐含的假定,该公式在实践应用中受到了很大的限制。评估期越长,上述隐含假定不成立的可能性就越大,计算出来的结果就越不可靠。

如果不满足这些假设条件,我们不仅难以比较不同债券组合的业绩优劣,而且评估不同期间的投资业绩也会变得没有价值。为了可以比较,除限定相关条件外,还要把收益率表示为单位时间上的收益率,如年收益率。

解决问题的思路,是计算一个相对短的单位时间的收益率,例如1个月或1个季度的收益率。我们将这种收益率称为子区间收益率(Subperiod Return),然后计算各个子区间收益率的平均值并转化为单位时间(如以年为时间单位)的收益率。例如,如果评估期为1年,且已计算出12个月的月收益率,那么,这些月收益率就是子区间收益率,将月收益率进行平均就得到平均子区间收益率,再转化为年收益率就可以比较了。子区间越短,上述假定就越不易违背。

在实践中,可以通过三个指标计算子区间收益率:(1)算术平均收益率(Arithmetic Average Rate of Return);(2)时间加权收益率(Time Weighted Rate of Return);(3)资金加权收益率(Dollar Weighted Rate of Return)。

二、算术平均收益率

算术平均收益率是子区间收益率的简单算术平均值,计算公式为

$$r_a = \frac{r_1 + r_2 + \cdots + r_n}{n} \tag{3.14}$$

式(3.14)中,r_a为算术平均收益率;r_k为根据式(3.13)计算的评估期内第k个子区间的收益率,$k=1,2,\cdots,n$;n为评估期的子区间数目。

例如,如果债券组合在连续的3个月的收益率[根据式(3.13)计算得出]分别为-10%、20%、5%,则算术平均收益率为5%。

使用算术平均收益率有一个很大的问题。假设某债券组合初始的市场价值为2400万元,接下来2个月的月末价值分别为4800万元、2400万元,且在这两个月中没有收益分配,也没有追加现金投入。那么,债券组合第一个月的子区间收益率为100%,第二个月的子区间收益率为-50%。这样,债券组合的月算术平均收益率为25%。但是我们看到,如果把这两个月视为一个完整的评估期,债券组合期初的价值为2400万元,期末的价值仍然是2400万元,整个评估期的收益率为0,然而按上述方法计算的算术平均收益率则为25%。因此,将债券组合的算术平均收益率解释为评估期的平均收益率显然并不恰当。

那么,应该怎样理解算术平均收益率呢?算术平均收益率实际上是在保持债券组合初始市场价值不变的情况下,在每一子区间期末的可提取收益率(表示为债券组合初始市场价值的一定比例)的平均值。如在我们的第一个例子中,月平均收益率为5%,投资者必须在第一个月月末追加投资该债券组合的10%达到初始价值水平;这样,到了第二个月月末才能提取初始价值的20%,使债券组合的价值重新回到开始时的水平;到了第三个月月末又能提取初始价值的5%。在我们的第二个例子中,月平均收益率为25%,这意味着在第一个月的月末可以提取初始资产价值2400万元的100%,使组合价值重新回到2400万元,这样到第二个月月末投资者要追加50%的初始投资,即1200万元才能使资产价值回到2400万元。整个评估期相当于每个月月初组合价值不变,投资者每月可以提取初始价值的25%,即$2400 \times 25\% = 600$万元,两次提取1200万元。

三、时间加权收益率

时间加权收益率是指假设在评估期内所有现金分配都被再投资于投资组合,投资

组合的初始市场价值在评估期内的复合增长率。时间加权收益率是对式（3.13）计算出的子区间收益率求几何平均值的结果，因而也被称为几何平均收益率（Geometric Rate of Return）。其计算公式为

$$r_T = [(1+r_1)(1+r_2)\cdots(1+r_n)]^{1/n} - 1 \qquad (3.15)$$

其中，r_T 为时间加权收益率，r_n 和 n 与算术平均收益率公式中的定义相同。我们仍用算术平均收益率内容中的第一个例子，债券组合在连续的3个月的收益率［根据式（3.13）计算得出］分别为 -10%、20%、5%，那么时间加权收益率为

$$r_T = [(1-10\%)(1+20\%)(1+5\%)]^{1/3} - 1 = 4.3\%$$

这意味着3个月里相对于期初的投资，每个月的资产价值增长率为4.3%。

在第二个例子中，时间加权收益率为

$$r_T = [(1+100\%)(1-50\%)]^{1/2} - 1 = 0$$

通常，在某个评估期的算术平均收益率与时间加权收益率不会相同。因为算术平均收益率是维持子区间期初的投资金额不变的结果，而时间加权收益率则是保持整个区间上没有资金的进出，有资金的增加则用于再投资，有资金的减少也不予增加的结果。只有在所有子区间的收益率都相等的情况下两者才相等。通常算术平均收益率会大于几何平均收益率。

四、资金加权收益率

资金加权收益率计算的是使评估期内所有子区间的现金流现值加上投资组合的期末市场价值的现值等于投资组合初始市场价值的收益率。现金流的规定包括：（1）现金提取视为正现金流；（2）现金注入视为负现金流。实际上，资金加权收益率的计算就是内部收益率的计算过程，是使一个债券组合未来现金流的现值总和等于初始投资价值的收益率，即

$$V_0 = \frac{C_1}{1+R_D} + \frac{C_2}{(1+R_D)^2} + \cdots + \frac{C_n + V_n}{(1+R_D)^n}$$

计算得出 R_D 即资金加权收益率。

在计算资金加权收益率时，不必已知每个子区间的投资组合的市场价值。

【例3.16】

某投资组合在7月初的市场价值为100000元，随后在7月末、8月末、9月末、10月末分别提取现金5000元，10月末组合的市场价值为110000元。求其月资金加权收益率。

解: $100000 = \dfrac{5000}{1+R_D} + \dfrac{5000}{(1+R_D)^2} + \dfrac{5000}{(1+R_D)^3} + \dfrac{5000+110000}{(1+R_D)^4}$

$$R_D = 15.88\%$$

当投资组合在整个评估期内没有资金的进出时，资金加权收益率等于几何平均收益率。资金加权收益率的缺陷在于，投资者追加投资或撤出现金都会影响组合的收益率，因而用来评估债券组合的业绩也并不允当。但是，它所提供的资金增长信息对投资者还是有价值的。

至于算术平均收益率与几何平均收益率，前者用于预测今后的短期收益水平比较有效，而后者对于评价事后实现的收益水平更合理一些。

五、年度收益率

评估期的时间可长可短，子区间一般要小于 1 年，具体长度划分也可以有相当的灵活性，可以按 1 个月、1 个季度等划分。但是最后要把子区间收益率转化为以年为时间单位的收益率。方法如下：

$$年收益率 = (1 + 平均子区间收益率)^{1年内的子区间数} - 1$$

例如，假设评估期为 3 年，已计算出月平均收益率为 2%，则

$$年收益率 = 1.02^{12} - 1 = 26.8\%$$

如果使用的是季度平均收益率，数值为 3%，则

$$年收益率 = 1.03^4 - 1 = 12.6\%$$

本章小结

1. 债券市场参与者常用的传统收益率指标包括：当期收益率、到期收益率、赎回（回售）收益率、持有期收益率、总收益率等。不同的收益率指标有不同的计算方法，满足市场参与者从不同的角度评价债券收益的需要。

2. 债券投资收益的三个潜在来源是息票利息、再投资收益和买卖价差产生的资本损益。传统收益率指标大多是在一定条件下反映债券投资的收益来源的指标，不存在无条件的准确指标。当期收益率仅反映息票收入与当时债券价格的关系。到期收益率反映了投资收益的三个潜在来源，但是其条件苛刻，要求持有到期、再投资利率不变。赎回（回售）收益率是将持有期提前到赎回（回售）期限的到期收益率。持有期收益率只有在投资期结束时才能得到准确的结果。

3. 到期收益率是使债券的未来现金流等于其当前的市场价格（初始投资）的贴现

率。到期收益率的高低与债券支付利息以及本金偿还的方式密切相关，高度依赖于债券未来的现金流结构。到期收益率不能作为债券定价的依据，不能用于判断债券的优劣。到期收益率与债券的价格一一对应，可以用于债券的报价。

4. 持有期收益率可以用来对一项投资的绩效做最后的评价。但是在投资期限较长的情况下，要把投资期限划分为较短的子区间，计算投资期限较短的子区间平均收益率，然后评判投资绩效的高低。短期子区间收益率的指标有算术平均收益率、时间加权收益率和资金加权收益率，它们有各自的应用范围。

5. 在预先设定未来利率的条件下，可以计算债券未来投资的总收入，进而得到债券投资的总收益率。事后的总收益率可用于评估投资绩效，事前结合对市场的预期计算的债券投资总收益率可用于构建投资组合等投资管理。

习 题

1. 若 3 年后到期的债券，面值为 100 元，票面利率为 5%，价格为 101 元，计算下列情况下债券的当期收益率和到期收益率。

（1）每年计息一次；

（2）每季度计息一次；

（3）债券是零息债券。

2. 假设债券 A 的票面利率为 4.3%，每月支付一次利息，剩余期限为 5 年；债券 B 的票面利率为 4.4%，每年支付一次利息，剩余期限也是 5 年。债券 A、债券 B 的信用水平相同。请问，如果从中选择一种债券进行投资，应选择哪只证券？

3. 某一 6 年期普通附息国债，每年付息一次，票面利率为 6.5%。假设市场国债利率的期限结构如下表所示，计算上述国债百元面值的价格以及到期收益率。

到期期限（年）	1	2	3	4	5	6
利率（%）	5	6	6.5	7	7.3	7.4

4. 一个债券组合由四种债券 A、B、C、D 组成。相关情况如下表所示，求该债券组合的每半年付息一次的到期收益率。

债券名称	票面利率（%）	剩余期限（年）	面值（元）	市场价格（元）	年付息频率
A	7.0	6	1000	1050.68	2
B	6.2	5	20000	20000.00	2
C	5.5	4	10000	9830.00	1
D	7.2	3	6000	6000.00	0

5. 投资者用1085元购买一种面值为1000元的剩余期限为6年零3个月的债券，票面利率是6.5%，每半年付息一次。假设投资者准备将债券持有到期。求下列情况下该债券的总收益率。

(1) 预期今后的半年计息一次的再投资收益率为5%。

(2) 预期今后的半年计息一次的再投资收益率的情况如下：前3年零3个月为5%，后3年为4%。

6. 试比较计算平均子区间收益率的三种方法的异同。

7. 某投资者委托一家投资管理公司将其1000万元资金投资于固定收益证券组合。4个月后公司报告其构建的投资组合的市场价值如下：1个月后为500万元，2个月后为1200万元，3个月后为1000万元，4个月后为1300万元。

(1) 计算每个月的收益率。

(2) 公司向投资者报告4个月投资期的月平均收益率为25.83%。请问这一平均收益率是怎样获得的？

(3) 第（2）问中的收益率能代表公司的投资业绩吗？如果不能，衡量公司业绩较合理的指标是什么？

8. 某基金公司管理的一个固定收益证券组合初始资产价值为2000万元。在过去的3个月里投资组合的现金流分别为200万元、-600万元和400万元。在第3个月末，投资组合的市场价值为2100万元。在3个月的投资期里，该组合的资金加权收益率是多少？

9. 如果某个投资组合的月平均收益率为1.02%，则其年收益率为多少？

第四章 债券价格的利率敏感性分析

债券的价格与市场利率成反比。市场利率上升，则债券价格下降；市场利率下降，则债券价格上升——这是我们前面章节得到的基本结论。接下来的问题是，当市场利率发生变动时，债券价格变化的幅度有多大呢？如何测度市场利率对债券价值的影响程度并在现实的债券投资中管理和控制债券的利率风险呢？本章我们来讨论这些问题。

第一节 债券价格波动的特点

债券价格的利率敏感性是指债券的市场价格受利率变化影响的程度。当市场利率发生单位变化时，债券价格的变化幅度越大，债券价格的利率敏感性就越大。债券价格的变动不仅受市场利率变化的影响，还受债券本身的票面利率、付息频率、到期期限等因素的影响。我们以例4.1说明上述因素对债券价格敏感性的影响。

【例4.1】

假设有A、B、C、D四种每年付息一次的普通附息债券，其基本信息如表4.1所示。计算并展示当初始到期收益率发生变化时债券价格变化的情况。

表4.1 四种债券基本信息

债券	票面利率（%）	到期期限（年）	初始到期收益率（%）
A	12	5	10
B	12	30	10
C	3	30	10
D	3	30	6

我们计算并画出市场利率变化时上述四种债券价格的相对变化情况，如图 4.1 所示。四条曲线都表明，当市场利率上升时，债券价格下降。同时，价格随市场利率变化的曲线是向下凸的，这表明对于同样的利率变化幅度，利率下降时对债券价格的影响要大于利率上升时的影响。总结来看，债券价格相对于利率变化的波动性具有如下两个特征：

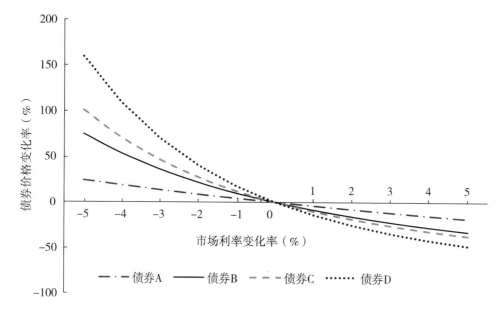

图 4.1 债券价格的波动特征

（1）债券价格的波动方向与市场利率呈负相关关系：当市场利率上升时，债券价格下降；当市场利率下降时，债券价格上升。

（2）债券价格的波动具有不对称的特点：市场利率上升导致的债券价格下降幅度小于市场利率同等幅度下降导致的价格上升的幅度。也就是说，市场利率上升比市场利率下降引起的价格变化要小。

现在对比一下债券 A 和债券 B 的利率敏感性。这两种债券除到期期限外，其他参数均相同。图 4.1 显示，到期期限较长的债券 B 对于利率的变化有更强的敏感性。由此推出第三条特征：

（3）受市场利率变化影响，到期期限越长的债券，其价格波动幅度越大。也就是说，债券到期期限越长，债券价格对利率变化的敏感性越强，即长期债券的价格比短期债券的价格对利率变化的敏感性更强。

对比债券 A 和债券 B 的价格波动特征还可以看到，利率敏感性确实随着到期期限的延长而增加，但却不是按到期期限的延长等比例地增加。因此，我们有了第四条特征：

（4）当到期期限不断延长时，债券价格对市场利率变化的敏感性逐渐增加，但增加的速度呈下降趋势。

再比较除票面利率外其他条件均相同的债券 B 和债券 C，可以发现另一性质，即票面利率较低的债券对市场利率变化有更强的敏感性。这就是债券价格利率敏感性的第五条特征：

（5）债券价格与票面利率呈负相关关系，高票面利率的债券价格与低票面利率的债券价格相比，前者对利率变化的敏感性更弱。

最后，债券 C 与债券 D 的区别是初始到期收益率不同。债券 C 的初始到期收益率更高一些，债券 C 的价格对市场利率变化的敏感性也更弱一些。这就是我们的最后一个特征：

（6）债券价格对市场利率变化的敏感性与该债券的初始到期收益率呈负相关关系。

图 4.1 以及关于图 4.1 的分析展示了关于债券价格波动的重要特征。下面的几个例子将帮助我们更详细地理解这些特征。

例 4.2 给出了只有票面利率不同的四只面值为 100 元、到期期限为 10 年、半年付息一次的债券的价格随市场利率变化的情况。从表 4.2 和图 4.2 中可以看到，债券的票面利率越低，受市场利率变化影响的债券价格的波动越大。10 年期零息债券的价格变化率要高于其他三只票面利率分别为 6%、8%、10% 的债券的价格变化率，而其他三只债券的价格的利率敏感性也随票面利率的升高而减弱。因此，票面利率越低，债券价格的利率敏感性越强，面临的市场利率变化的风险越大。

【例 4.2】 票面利率越低，债券价格的利率敏感性越强

按 8% 的收益率确定以下四只面值为 100 元债券的价格（半年付息一次），并计算与描绘当收益率发生变化时四只债券价格变化的情况。

A：票面利率为 8% 的 10 年期债券；

B：票面利率为 6% 的 10 年期债券；

C：票面利率为 10% 的 10 年期债券；

D：10 年期零息债券。

解：四只债券的初始收益率为 8%，当收益率发生变化时，债券价格及价格变化率的计算数值如表 4.2 所示，价格随收益率变化的图像见图 4.2。

表 4.2 不同票面利率的债券价格、债券价格变化率随收益率的变化

收益率（%）	收益率变化率（%）	A (8%)		B (6%)		C (10%)		D (0)	
		债券价格（元）	债券价格变化率（%）	债券价格（元）	债券价格变化率（%）	债券价格（元）	债券价格变化率（%）	债券价格（元）	债券价格变化率（%）
5.50	−31.25	119.03	19.03	103.81	20.13	134.26	18.20	58.13	27.36
6.00	−25.00	114.88	14.88	100.00	15.73	129.75	14.23	55.37	21.31
6.50	−18.75	110.90	10.90	96.37	11.52	125.44	10.44	52.75	15.57

(续表)

收益率(%)	收益率变化率(%)	A (8%) 债券价格(元)	A (8%) 债券价格变化率(%)	B (6%) 债券价格(元)	B (6%) 债券价格变化率(%)	C (10%) 债券价格(元)	C (10%) 债券价格变化率(%)	D (0) 债券价格(元)	D (0) 债券价格变化率(%)
7.00	-12.50	107.11	7.11	92.89	7.50	121.32	6.80	50.26	10.12
7.50	-6.25	103.47	3.47	89.58	3.67	117.37	3.33	47.89	4.93
8.00	0	100.00	0	86.41	0	113.59	0	45.64	0
8.50	6.25	96.68	-3.32	83.38	-3.50	109.97	-3.19	43.50	-4.69
9.00	12.50	93.50	-6.50	80.49	-6.85	106.50	-6.24	41.46	-9.15
9.50	18.75	90.45	-9.55	77.72	-10.06	103.18	-9.16	39.53	-13.39
10.00	25.00	87.54	-12.46	75.08	-13.12	100.00	-11.96	37.69	-17.42
10.50	31.25	84.75	-15.25	72.54	-16.05	96.95	-14.65	35.94	-21.26

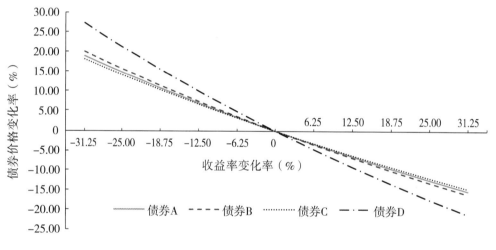

图4.2 不同票面利率的债券价格的波动

【例4.3】 到期期限越长,债券价格的利率敏感性越强

表4.3给出了其他条件相同,到期期限不同的三只票面利率为9%、面值为100元的债券在到期收益率分别为9%、10%、11%的情况下各自的价格,以及当市场利率下降10%时其价格的变化。而图4.3则展示了这三只债券的价格随市场利率变化的情况。我们清晰地看到,在票面利率、面值、付息方式相同的情况下,债券到期期限越长,债券价格受市场利率变化的影响越大,债券价格的利率敏感性越强。

表 4.3 债券期限与价格的利率敏感性

项目	A	B	C
面值（元）	100	100	100
票面利息（元）	9	9	9
穆迪评级	Aa	Aa	Aa
到期期限（年）	5	10	15
到期收益率（%）	9	10	11
价格（元）	100	94	87
市场利率下降10%后的到期收益率（%）	8.1	9.0	9.9
新价格（元）	104	100	93

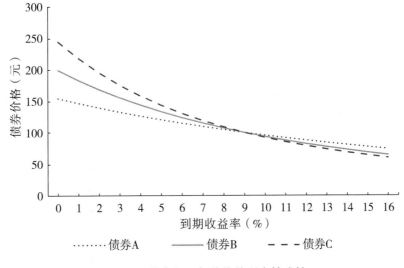

图 4.3 债券期限与价格的利率敏感性

例 4.2、例 4.3 和相应图形展示了债券价格波动的不对称性质。这种不对称性质我们再用图 4.4 描绘如下。从图 4.4 中可以看出，债券价格对市场利率下降比对市场利率上升更加敏感，债券价格与市场利率呈反向变动关系，且上升、下降时的变动幅度不同。

债券价格的波动水平与初始收益率具有反向变动关系。市场整体的利率水平越低，债券价格的利率敏感性越强。比如在 20 世纪 80 年代，金融市场普遍具有高利率，债券价格的利率敏感性就相对较弱，债券持有人对于市场利率的变化并不是特别在意。近年来，市场的整体利率水平较低，甚至出现负利率，债券价格的利率敏感性就很强。市场利率一旦发生变化，债券持有人特别是债券基金管理人就会很警惕。对于具体的债券而言，其到期收益率水平越低，其利率风险越大，对利率的变化越敏感。例 4.4

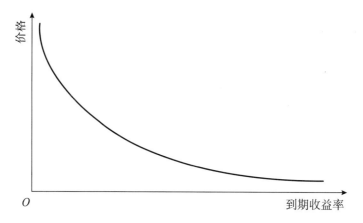

图 4.4　债券价格波动的不对称性

中，表4.4和图4.5展示了初始到期收益率水平不同的一组债券在市场利率变化的情况下，债券价格的变化。从表4.4和图4.5中可以看出，在利率变化的影响下，初始到期收益率最低为6%的债券的价格变动幅度最大，对市场利率的变化最敏感。

【例 4.4】

初始到期收益率水平越低，债券价格的利率敏感性越强

到期期限为10年、票面利率为8%、初始到期收益率分别为8%、6%、10%的三只债券，当利率发生同样变化时，其价格变化的比较见图4.5、表4.4。

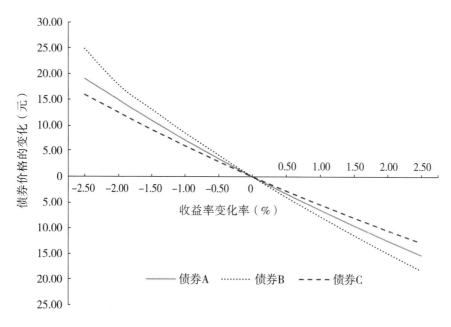

图 4.5　债券初始收益率与价格变化

表 4.4　债券初始收益率与价格变化

	A（8%）				B（6%）				C（10%）			
收益率（%）	收益率变化（%）	价格（元）	价格变化（元）		收益率（%）	收益率变化（%）	价格（元）	价格变化（元）	收益率（%）	收益率变化（%）	价格（元）	价格变化（元）
5.50	-2.50	119.03	19.03	3.50	-2.50	139.76	24.88	7.50	-2.50	103.47	15.93
6.00	-2.00	114.88	14.88	4.00	-2.00	132.70	17.82	8.00	-2.00	100.00	12.46
6.50	-1.50	110.90	10.90	4.50	-1.50	127.94	13.06	8.50	-1.50	96.68	9.14
7.00	-1.00	107.11	7.11	5.00	-1.00	123.38	8.50	9.00	-1.00	93.50	5.96
7.50	-0.50	103.47	3.47	5.50	-0.50	119.03	4.15	9.50	-0.50	90.45	2.91
8.00	0	100.00	0	6.00	0	114.88	0	10.00	0	87.54	0
8.50	0.50	96.68	-3.32	6.50	0.50	110.90	-3.98	10.50	0.50	84.75	-2.79
9.00	1.00	93.50	-6.50	7.00	1.00	107.11	-7.77	11.00	1.00	82.07	-5.47
9.50	1.50	90.45	-9.55	7.50	1.50	103.47	-11.41	11.50	1.50	79.51	-8.03
10.00	2.00	87.54	-12.46	8.00	2.00	100.00	-14.88	12.00	2.00	77.06	-10.48
10.50	2.50	84.75	-15.25	8.50	2.50	96.68	-18.20	12.50	2.50	74.71	-12.83

第二节　债券价格波动性的衡量Ⅰ
——基点价值与价格变化的收益率

债券价格的波动性是影响债券投资收益水平的重要因素。为了更好地对债券价值进行分析，我们在初步掌握了债券价格波动特点的背景知识后，还要进一步掌握对债券价格波动性的衡量方法。债券价格的利率敏感性的常用衡量指标主要有基点价值、价格变化的收益率、久期和凸性。

一、基点价值

基点价值是指收益率变化 1 个基点时债券价格的变动值，是价格变化的绝对值，也被称为基点价格值。价格变化的相对值用价格变动百分比表示如下：

$$价格变化百分比 = 基点价值/初始价格$$

基点价值是投资实践中常用的债券价格波动性衡量指标。在定义中之所以忽略了上升和下降的区别，是因为在实际中收益率上升或下降 1 个基点带来的债券价格变动较小。实际上基点价值和下节将要学习的久期有密切关系。久期是收益率变动 100 个基点时价格变化的百分比。例4.5为基点价值法应用的具体例子。从表4.5中我们可以看到,对于同一债券,收益率上升或下降1个基点,债券的价格波动大致相同;对于不同期限的债券,到期期限越长,变动1个基点带来的价格波动越大。

【例4.5】

描述票面利率为8%、面值为100元、初始到期收益率为8%、具有不同到期期限的债券A、B、C收益率上升和下降1个基点的债券价格波动。答案见表4.5。

表4.5 债券基点变化与债券价格的波动

项目	A	B	C
票面利率(%)	8	8	8
面值(元)	100	100	100
到期期限(年)	5	10	15
到期收益率(%)	8	8	8
价格(元)	100	100	100
收益率上升1个基点后的价格(元)	99.9595	99.9321	99.9136
收益率上升1个基点后的基点价值(元)	0.0405	0.0679	0.0864
收益率下降1个基点后的价格(元)	100.0406	100.0680	100.0865
收益率下降1个基点后的基点价值(元)	0.0406	0.0680	0.0865

我们做进一步扩展,令收益率变动10个基点或者100个基点,探讨债券价格将如何变动。表4.6和表4.7是表4.5的扩展形式。表4.6为债券A、B、C收益率变化10个基点时的价格波动情况;表4.7为债券A、B、C收益率变化100个基点时价格的波动情况。从表4.6中,我们可以看到,在收益率变动10个基点的情况下,债券价格的波动情况与收益率变动1个基点的情况大致相同,且收益率上升与下降10个基点时债券价格变动幅度的差距不大。表4.7中,在收益率变化100个基点的情况下,债券价格的波动水平要远高于变化1个基点和10个基点的情况,且收益率上升与下降100个基点时债券价格变动幅度的差距较大。

表4.6 基点变化与价格变动(上升或下降10个基点)

(上升10个基点)

项目	A	B	C
原价格(元)	100	100	100
现价格(元)	99.5955	99.3235	99.1406
价格变化率(%)	0.4045	0.6765	0.8594

(续表)

(下降10个基点)

项目	A	B	C
原价格（元）	100	100	100
现价格（元）	100.4066	100.6825	100.8699
价格变化率（%）	0.4066	0.6825	0.8699

表4.7 基点变化与价格变动（上升或下降100个基点）

(上升100个基点)

项目	A	B	C
原价格（元）	100	100	100
现价格（元）	96.0436	93.4960	91.8556
价格变化率（%）	3.9564	6.5040	8.1444

(下降100个基点)

项目	A	B	C
原价格（元）	100	100	100
现价格（元）	104.1583	107.1062	109.1960
价格变化率（%）	4.1583	7.1062	9.1960

当收益率变动幅度较小时，收益率变动 n 个基点，债券价格就近似变动债券基点价值的 n 倍。由于收益率的变动幅度较小，收益率下降与上升导致的债券价格波动大致相等，债券价格波动的不对称性可以忽略。继续增大收益率的变动幅度，债券价格变动的不对称性就会显现出来，并越来越难以忽视了。

二、价格变化的收益率

债券价格的利率敏感性也可以反过来用当债券价格发生一定的变化时该债券的到期收益率的变化来衡量，这一衡量指标被称为价格变化的收益率。自然，价格变化的收益率越小，意味着价格变化一定数量时，相应的收益率的变化越小；反过来，价格的变化引起的收益率的变化越大，价格变化的收益率越大，债券的利率敏感性越强。

【例4.6】

计算例4.5中，如果价格变动0.125%，三只债券价格变化的收益率。

债券价格上升0.125%，从100元上升到100.125元，可以求出债券A、B、C的收益率分别变为7.9692%、7.9816%、7.9856%，变化分别为 -0.0308 个百分点、-0.0184 个百分点、-0.0144 个百分点。

债券价格下降 0.125%，从 100 元下降到 99.875 元，可以求出债券 A、B、C 的收益率分别变为 8.0308%、8.0814%、8.0144%，变化分别为 0.0308 个百分点、0.0814 个百分点、0.0144 个百分点。

第三节 债券价格波动性的衡量 II——久期

一、久期的由来

前面我们已经讲到，债券的到期期限越长，其价格的利率敏感性越强。但债券的系列现金流有着不同的发生时间，而与债券的价格利率敏感性相关的，应该是其现金流的平均到期期限，而不是其中部分现金流的到期期限。这就需要一种测度债券现金流产生的平均期限的方法，对债券的真实期限进行有效评价。弗雷德里克·麦考利（Frederic Macaulay）就是这样首先定义了久期（Duration）的概念。后来人们对债券价格的利率敏感性的认识更加深入，又定义和使用了不同的久期概念，而把最初麦考利提出的久期概念称为麦考利久期。麦考利根据债券的每次息票利息或本金支付时间的加权平均来计算久期，他认为应将与每次支付时间相关的权重同那次支付对债券价值的"重要性"相联系。他还进一步指出，与每次支付时间相关的权重应该是这次支付在债券总价值中所占的比例，这个比例正好等于支付的现值除以债券价格。

图 4.6 可以帮助我们理解麦考利久期的概念。该图显示了一只 8 年期、面值为 100 元、每年付息一次、票面利率为 9% 并以 10% 的到期收益率出售的债券所对应的现金流。

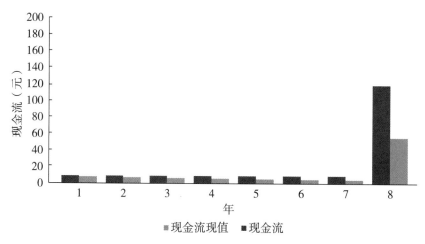

图 4.6 债券现金流示意

前 7 年中，每年的现金流是 9 元的利息；最后 1 年中，现金流是利息与本金之和，即 119 元。柱状图的高度表示了现金流的大小；浅色部分表示用 10% 的折现率折现所得到的现金流现值。如果将现金流量图视为一个跷跷板，并把现金的现值视为重量的话，那么债券的久期就是使这个跷跷板平衡的支点。图 4.6 的平衡支点在 5.97 年，其实就是以现金流现值占总现值的比例为权重，对每次现金流发生时间进行加权平均的结果。到期日之前的利息支付，使债券的有效（即加权平均）期限小于实际到期期限。

二、久期的计算方法

随着认识的深入，人们已经不把久期视为债券现金流到期期限的加权平均，而是将它视为衡量债券价格收益率敏感性的另一重要指标。经过数学推导可以发现，麦考利久期是价格变化的百分比与收益率变化百分比的比值，本质上是一个弹性的概念，是测度债券价格对市场利率变化的弹性，即利率发生一定程度的相对变化时，债券价格的相对变化水平。记麦考利久期为 D_m，则

$$D_m = -\frac{\Delta P/P}{\Delta(1+y)/(1+y)} = -\frac{\Delta P/P}{\Delta y/(1+y)} \tag{4.1}$$

其中，P 表示债券的价格，ΔP 表示债券价格的变化，y 表示市场利率，Δy 表示市场利率的变化幅度。因此，

$$\Delta P/P = -D_m \cdot \frac{\Delta y}{1+y} \tag{4.2}$$

对于一般的付息债券：

$$P = \sum_{t=1}^{T} \frac{CF_t}{(1+y)^t} \tag{4.3}$$

其中，CF_t 是债券持有人 t 时刻获得的利息或本金等现金流。

求导，可得

$$\frac{dP}{dy} = -\frac{1}{1+y} \sum_{t=1}^{T} \frac{t \cdot CF_t}{(1+y)^t} \tag{4.4}$$

结合式（4.1），可以得到

$$D_m = \frac{\dfrac{dP}{P}}{\dfrac{dy}{1+y}} = \sum_{t=1}^{T} \frac{t \cdot CF_t}{(1+y)^t}(1/P) \tag{4.5}$$

式（4.5）就是一般付息债券的麦考利久期计算公式。

现实中，麦考利久期的计算过程如下：

（1）计算各期现金在债券价格中所占权重 W_t：

$$W_t = [\mathrm{CF}_t/(1+y)^t]/P \tag{4.6}$$

其中，P 是债券的价格，计算方法见式（4.3）；CF_t 是债券持有人 t 时刻获得的利息或本金等现金流。

（2）计算麦考利久期 D_m：

$$D_\mathrm{m} = \sum_{t=1}^{T} t \cdot W_t \tag{4.7}$$

例 4.7 中的表 4.8 展示了实践中的麦考利久期的计算过程。表 4.8 中第三列为债券的各期现金流现值，第四列为债券的各期现金流占债券价格的比重，第五列是债券各期的久期及其加总后的麦考利久期，即以现金流为权重计算的加权平均时间。

【例 4.7】 麦考利久期计算

某剩余期限为 2 年、面值为 100 元、票面利率为 8%、每半年付息一次的债券，其当前的到期收益率为 10%。求该债券的麦考利久期。

解：对于百元面值的债券，可以使用 Excel 表计算其现金流及久期情况，如果如表 4.8 所示。

表 4.8 麦考利久期的计算过程

到期期限 t（年）	现金流（元）	现金流现值（元）	现金流权重 W	久期
0.5	4	3.8095	0.0395	0.0197
1.0	4	3.6281	0.0376	0.0376
1.5	4	3.4553	0.0358	0.0537
2.0	104	85.5611	0.8871	1.7742
合计	—	$P = 96.4540$	1.0000	1.8852

可见，上述债券的麦考利久期为 1.8852 年。

根据年金计算方法，可以简化久期的计算公式。记 T 为债券的现金流支付的次数，C 为每次支付的利息的金额，A 为债券的面值，$c = C/A$ 为债券的票面利率。对于普通附息债券，C 就是债券支付的系列年金，A 为面值（最后一期支付）。将债券的价格分为债券的利息的现值 P_C 和债券的面值的现值 P_A 之和，则有下列推导：

$$P = P_C + P_A \tag{4.8}$$

$$P_C = C \cdot \frac{1-(1+y)^{-T}}{y} \tag{4.9}$$

$$P_A = A(1+y)^{-T} \tag{4.10}$$

$$D_\mathrm{m} = -\frac{1+y}{P}\frac{\mathrm{d}P}{\mathrm{d}y} = -\frac{1+y}{P}\left(\frac{\mathrm{d}P_C}{\mathrm{d}y} + \frac{\mathrm{d}P_A}{\mathrm{d}y}\right) \tag{4.11}$$

$$\frac{\mathrm{d}P_C}{\mathrm{d}y} = \frac{-P_C}{y} + \frac{T \cdot c \cdot P_A}{A \cdot y(1+y)} = \frac{-P_C}{y} + \frac{T \cdot c \cdot P_A}{y(1+y)} \quad (4.12)$$

$$\frac{\mathrm{d}P_A}{\mathrm{d}y} = \frac{-P_A \cdot T}{1+y} \quad (4.13)$$

$$D_m = \frac{P_C}{P}\left(1 + \frac{1}{y}\right) + \frac{P_A}{P}\left(1 - \frac{c}{y}\right)T \quad (4.14)$$

$$D_m = \frac{1+y}{y} - \frac{(1+y) + T(c-y)}{c[(1+y)^T - 1] + y} \quad (4.15)$$

式（4.15）就是普通附息债券的麦考利久期的计算方法。

零息债券的久期就是债券的期限，即 $D_m = T$，T 为债券的期限。

附息债券平价出售时，其久期的计算可以进一步简化。附息债券平价发行时，债券的到期收益率就是债券的票面利率，并与市场利率相等，此时久期计算公式中的市场利率（y）等于债券的票面利率（c），久期的计算式（4.15）简化为下式：

$$D_m = \frac{1+y}{y} - \frac{1+y}{y(1+y)^T} \quad (4.16)$$

固定期限年金是在固定期限内每一期获得固定金额的一种现金流形式，式（4.18）是该类年金现值的计算方法。M 为每一期年现金流金额，T 为付息次数，y 为年金支付的利率，式（4.19）是固定期限年金的久期计算公式：

$$P = M\frac{1 - (1+y)^{-T}}{y} \quad (4.17)$$

$$\frac{\mathrm{d}P}{\mathrm{d}y} = -\frac{P}{y} + \frac{M \cdot T}{y(1+y)^{T+1}} \quad (4.18)$$

$$D_m = -\frac{1+y}{P}\frac{\mathrm{d}P}{\mathrm{d}y} = \frac{1+y}{y} - \frac{T}{(1+y)^T - 1} \quad (4.19)$$

对于没有到期期限的永续年金，令式（4.19）中的 $T \to \infty$，得到永续年金的久期计算公式如下：

$$D_m = \frac{1+y}{y} \quad (4.20)$$

三、久期法则与久期特征

上文关于债券价格波动特征的讨论已指出利率敏感性的决定因素，而久期的概念使我们能够将利率敏感性量化，这大大提高了我们投资的决策能力。例如，如果我们希望提高利率，从久期中可以知道我们要承担怎样的风险。相反，如果我们希望保持利率在"中等水平"，并且仅与所选债券市场指数的利率敏感性相匹配，则通过久期可衡量这一敏感性，并在组合中进行模拟。因此，理解哪些因素决定久期至关重要。影响债券价格对市场利率变化敏感性的因素主要包括：到期期限、票面利率和到期收益率。结合图4.7所展示的具有不同票面利率、到期收益率和到期期限的债券的久期特征，我们归纳出几点重要的久期法则。

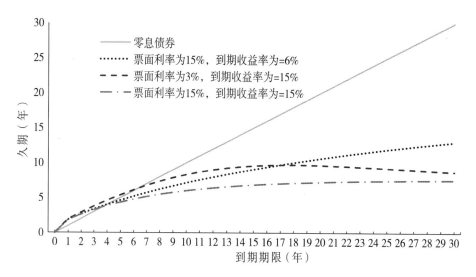

图4.7 债券久期与债券到期期限

久期法则1：零息债券的久期等于它的到期期限。

我们已经看到2年期的息票债券比2年期零息债券有更短的久期，是因为最后支付前的一些息票利息支付都将减少债券的加权平均时间。这说明了久期的第二个法则。

久期法则2：到期期限不变时，债券的久期随着票面利率的降低而延长。

这条法则存在的原因是较早的票面利息支付对债券利息支付的平均期限的影响。这些息票的利率越高、越早支付，其权重就越大，支付的加权平均期限就越短。比较图4.7中票面利率分别为3%和15%而到期收益率都是15%的息票债券久期的图形轨迹。票面利率为15%的息票债券的久期曲线位于票面利率为3%的息票债券的久期曲线的下方。

久期法则3：当票面利率不变时，债券的久期通常随债券到期期限的增加而延长。

债券无论是以面值还是以面值的溢价出售，久期总是随到期期限的增加而延长。令人惊奇的是对于折现率很高的债券，久期可能会随着到期期限的增加而缩短。事实上，所有可以交易的债券都可以安全地假定久期随到期期限的增加而延长，因为即使是深度折价债券，也只有在债券的到期期限在四五十年以上时才会呈现出久期随到期期限缩短的现象，而这在现实中是很难遇到的。

我们看到，在图4.7中，零息债券的到期期限和久期是相等的。但是，息票债券的到期期限增加1年时，它的久期延长却少于1年。在图4.7中，息票债券的久期的斜率小于1。

在图4.7中还可以看到，票面利率为15%的两种债券在以不同的到期收益率出售时会有不同的久期，低收益率的债券有更长的久期。这是可以理解的，因为收益率较低时，债券支付的现值较大，而且远期的支付在债券总值中占的比例也更大。因此，在加权平均计算久期的过程中，较远的支付有较大的权重，并有较长的久期。因此我们有如下的法则。

久期法则4：其他因素不变时，债券的到期收益率越低，息票债券的久期越长。

正如我们前面已注意到的，从直觉上看，久期法则4是说较高的收益率减少了债券所有支付的现值，减少了更远期支付在债券总值中所占的比例。因此，在收益率较高时债券总值更多依赖于它的早期支付，因而有效到期期限相应缩短。久期法则4适用于息票债券。当然对于零息债券，久期等于到期期限，无须考虑到期收益率的大小。

表4.9和图4.8展示了不同到期期限的折价、平价、溢价债券的久期变化过程。从表4.9和图4.8中，我们可以发现零息债券的久期是等于到期期限的，这是符合上文提到的久期法则1的；折价发行的债券的久期要长于溢价和平价发行的债券，这是符合久期法则2中提到的久期规则的；同时可以看出，债券的到期期限越长，债券的久期越长，这与上文中提到的久期法则3一致。

表4.9　折价债券、平价债券与溢价债券的久期

单位：年

到期期限	零息债券久期	折价债券久期($c=0.03$)	平价债券久期($c=0.06$)	溢价债券久期($c=0.18$)
5	5	4.693866	4.465106	3.934108
10	10	8.589377	7.801692	6.498042
15	15	11.68021	10.29498	8.481762
20	20	14.02206	12.15812	10.10026
25	25	15.71399	13.55036	11.44479
30	30	16.87578	14.59072	12.56724
35	35	17.62829	15.36814	13.50361
40	40	18.08017	15.94907	14.28218
45	45	18.32139	16.38318	14.92663
50	50	18.4219	16.70757	15.4574
55	55	18.43339	16.94998	15.89231
60	60	18.39242	17.13111	16.24688
65	65	18.32381	17.26647	16.53456
70	70	18.24371	17.36762	16.76689
75	75	18.16215	17.4432	16.95371
80	80	18.08491	17.49968	17.10334
85	85	18.01501	17.54188	17.22273
90	90	17.95368	17.57342	17.31767
95	95	17.90107	17.59699	17.39293
100	100	17.85669	17.6146	17.45241

注：c为票面利率。

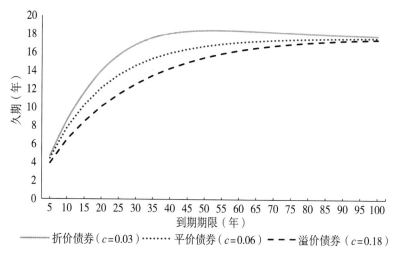

图 4.8 折价债券、平价债券与溢价债券的久期变化趋势

四、修正久期

麦考利久期是债券价格的相对变化与市场利率相对变化的比值,它让我们可以根据利率变化的相对值求解债券价格变化的相对值。在实际中,久期还有一种形式为修正久期(Modified Duration)。修正久期是债券价格变化的相对值与利率变化的绝对值的比值,是利率变化一个单位时,债券价格变化的相对值。知道债券的修正久期,就可以根据利率变化的大小估计债券价格的相对变化量,因此,用修正久期估计价格的变化较麦考利久期更为方便,故很多书中修正久期被直接称为久期。根据麦考利久期的定义,有

$$\frac{\Delta P}{P} = -D_m \frac{\Delta(1+y)}{1+y} \tag{4.21}$$

记修正久期为 D^*,则

$$\frac{\Delta P}{P} = -D^* \cdot \Delta y \tag{4.22}$$

因此,

$$D^* = \frac{D_m}{1+y} \tag{4.23}$$

【例 4.8】 修正久期

利用久期与价格的关系,重新计算例 4.5 中债券 A(100,8%,5)在收益率波动 1 个基点、100 个基点时的价格波动情况。

解:利用平价债券久期简化公式

$$D_m = [(1+4\%)/4\%][1-1/(1+4\%)^{10}] = 8.4353 \text{（半年）}$$

修正久期为 $8.4353/(1+4\%) = 8.1109$（半年）

收益率上升1个基点时，

$$\Delta P/P \approx -8.1109 \times 0.005\% = -0.0406\%$$

收益率下降1个基点时，

$$\Delta P/P \approx 8.1109 \times 0.005\% = 0.0406\%$$

收益率上升100个基点时，

$$\Delta P/P \approx -8.1109 \times 0.5\% = -4.0555\%$$

收益率下降100个基点时，

$$\Delta P/P \approx 8.1109 \times 0.5\% = 4.0555\%$$

例4.8中计算出的修正久期表示，当收益率变动1个基点时，债券价格上升或下降0.0406%；当收益率变动100个基点时，债券价格上升或下降4.0555%。

图4.9是收益率变化和债券价格波动的关系，曲线为实际价格波动，虚线为根据修正久计算出的近似价格波动。从图4.9中我们可以看出，当收益率变动越来越大时，修正久期近似价格波动与实际价格波动之间的误差越来越大，且从图4.9中可以看出，修正久期近似价格波动是一条直线，难以体现出债券价格波动的不对称性。

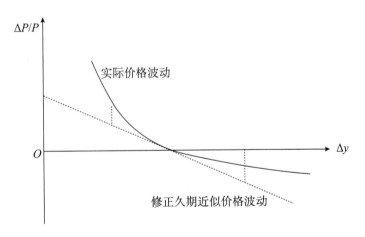

图4.9 修正久期的不对称性

久期为什么这么重要？久期是测度固定收益证券利率风险的重要工具。如果两个债券的到期期限相同，而票面利率不同，它们对于利率变化的敏感性就不同。然而，如果两个债券的久期相同，即使其票面利率不同、到期期限不同，其利率敏感性也基本相同。债券价格的波动性取决于久期，而非到期期限。

五、资产组合的久期

资产组合的久期是组合中所有资产久期的加权平均值,权重是各种资产的市场价值占资产组合总市场价值的比重。将资产组合简化为由 A 和 B 两种资产组成,式(4.24)到式(4.30)推导了资产组合久期的计算过程。

$$D_A = \frac{\sum_{k=1}^{n} t_k \cdot P \cdot V_k^A}{P_A} \tag{4.24}$$

$$P = P_A + P_B \tag{4.25}$$

$$D_B = \frac{\sum_{k=1}^{n} t_k \cdot P \cdot V_k^B}{P_B} \tag{4.26}$$

$$D = \frac{\sum_{k=1}^{n} t_k (P \cdot V_k^A + P \cdot V_k^B)}{P} \tag{4.27}$$

$$P_A \cdot D_A + P_B \cdot D_B = \sum_{k=1}^{N} t_k (P \cdot V_k^A + P \cdot V_k^B) \tag{4.28}$$

$$P_A \cdot D_A + P_B \cdot D_B = P \cdot D \tag{4.29}$$

$$D = \frac{P_A \cdot D_A}{P} + \frac{P_B \cdot D_B}{P} \tag{4.30}$$

下面的例 4.9 将说明资产组合久期的计算过程。

【例 4.9】

考察如下的由 A、B、C 三只债券构成的投资产组合。三只债券的面值、票面利率、到期期限、市场价格、到期收益率如表 4.10 所示,三只债券的付息频率均为半年一次。求这一资产组合的久期。

表 4.10 三只债券构成的资产组合

债券	面值(元)	票面利率(%)	到期期限(年)	市场价格(元)	到期收益率(%)
A	1000	6.0	6	951.68	7.0
B	20000	5.5	5	20000.00	5.5
C	10000	7.5	4	9831.68	8.0

解:$D_A = \frac{1+3.5\%}{3.5\%} - \frac{1+3.5\% + 12 \times (3\% - 3.5\%)}{3\% \times [(1+3.5\%)^{12} - 1] + 3.5\%} = 10.2001$

$D_B = \left(\frac{1+2.75\%}{2.75\%}\right)\left[1 - \frac{1}{(1+2.75\%)^{10}}\right] = 8.8777$

$D_C = \frac{1+4\%}{4\%} - \frac{1+4\% + 12 \times (3.75\% - 4\%)}{3.75\% \times [(1+4\%)^{12} - 1] + 4\%} = 7.0484$

$$D = \frac{951.68}{30783.36}D_A + \frac{20000.00}{30783.36}D_B + \frac{9831.68}{30783.36}D_C$$
$$= 0.0309 \times 10.2001 + 0.6497 \times 8.8777 + 0.3194 \times 7.0484$$
$$= 8.3343$$

在例 4.7 中，资产组合的久期可根据各个债券在资产组合中的权重计算得出。资产组合的久期为 8.3343，这意味着当三种债券收益率发生 100 个基点的变动时，资产组合的价格波动将大约为 8.3343%。

六、一个应用案例——金融机构久期缺口分析

久期缺口常用来衡量利率变化对金融机构净资产市场价值的影响。资产组合的久期等于构成资产组合的各资产的久期的加权平均值，权重分别等于各资产的市场价值与资产组合总市场价值的比值。由此可以用久期缺口的方法度量金融机构净资产对利率的敏感性。假设 A、L 和 E 分别代表银行的资产、负债和净资产，DUR_A 代表资产的久期，DUR_L 代表负债的久期，DUR_E 代表权益的久期，久期缺口用 DUR_{gap} 表示，商业银行净资产价值对总资产价值变化的百分比用 %ΔNW 来表示，则有

$$\mathrm{DUR}_A = \frac{L}{A} \cdot \mathrm{DUR}_L + \frac{E}{A} \cdot \mathrm{DUR}_E \tag{4.31}$$

$$\mathrm{DUR}_{gap} = \frac{E}{A} \cdot \mathrm{DUR}_E = \mathrm{DUR}_A - \frac{L}{A} \cdot \mathrm{DUR}_L \tag{4.32}$$

由于

$$\mathrm{DUR}_E = -\frac{\Delta E/E}{\frac{\Delta y}{1+y}}$$

$$\frac{\Delta E}{E} = -\mathrm{DUR}_E \cdot \frac{\Delta y}{1+y} = -\frac{A}{E} \cdot \mathrm{DUA}_{gap} \cdot \frac{\Delta y}{1+y}$$

从而有

$$\frac{\Delta E}{A} = -\mathrm{DUA}_{gap} \cdot \frac{\Delta y}{1+y} \tag{4.33}$$

即

$$\%\Delta\mathrm{NW} = -\mathrm{DUR}_{gap} \cdot \frac{\Delta y}{1+y} \tag{4.34}$$

下面我们将以例 4.10 说明商业银行的久期缺口管理，同时衡量利率的变化对商业银行净资产价值的影响。

> **【例 4.10】** 商业银行久期管理

一家商业银行的资产价值为 100，负债价值为 95，假设资产和负债的久期分别为 2.7 和 1.03，当利率从 10% 上升到 15% 时，这家银行的净资产价值有何相对变化？

解：

$$\text{DUR}_{gap} = 2.7 - (95/100 \times 1.03) = 1.72$$
$$\%\Delta NW = -1.72 \times 0.05/(1+0.10) = -7.8\%$$

我们看到，市场利率上升 5 个百分点导致银行净资产的相对值下降了 7.8%，这可能会导致银行资产充足率不再符合监管的要求。因此，用久期缺口可以度量银行对市场利率的敏感性，帮助银行做好风险管理。

第四节 凸性

一、久期与凸性

债券价格随收益率变化的趋势，即斜率特征，也可以通过图 4.9 来展示。从图 4.9 中可以看到，根据久期估计出的债券的价值（位于直线上）总是低于利率变化后的债券的实际价值。当收益率下降时，久期低估债券价格的增长幅度；当收益率上升时，久期高估债券价格的下跌幅度。这是由真实价格 – 收益率曲线的曲率决定的。曲线的形状表明价格 – 收益率关系是凸的。价格 – 收益率曲线的曲率被称为债券的凸性。

我们可以将凸性量化为价格 – 收益率曲线斜率的变化率。作为一条实用规则，大家可以将债券具有较大凸性视为价格 – 收益率关系的曲率较大的表现。凸性使我们能够在债券价格变化时改进随之变化的久期近似值。考虑凸性时，表示修正久期与债券价格关系的式（4.22）可以修正为

$$\Delta P/P = -D^* \cdot \Delta y + 1/2 \cdot 凸性 \cdot (\Delta y)^2 \tag{4.35}$$

等式右侧第一项与式（4.22）是相同的，第二项是由凸性引起的修正。注意，对于凸性为正的债券，不管其收益率是上升还是下降，第二项都是正的。这一见解与前面刚刚提及的久期法则有关，久期法则表明当收益率变动时，久期总是低估债券的新价值。把凸性考虑进来后，式（4.35）更精确了，它预测的债券价值将比式（4.22）中修正久期的估计值更准确。当然，如果收益率变化很小，式（4.35）中的凸性这一项要乘以 $(\Delta y)^2$，得出的积会很小，使久期的估计值不会有太多的增加。在这种情况

下,久期法则给出的线性近似将是足够精确的。因此,凸性在利率有一个很大的潜在变化时才会成为影响债券价格变动的一个更重要的因素。

二、凸性的计算方法

凸性衡量价格-收益率曲线中曲线凸向原点的特征。推导和使用久期及凸性应满足以下几个隐含假定:利率期限结构是平的、价格-收益率曲线平行移动、债券不含权。

凸性的定义来自对久期的认识,凸性的计算公式可以由久期的计算公式推导得到。在凸性的推导过程中使用了泰勒展开的数学方法,并选择展开到第二项。当利率变化不大时,一次项反映了价格变化的主体部分,但是并不能反映其变化的全部;二次项反映了价格变化的凹凸性。式(4.36)到式(4.39)为凸性(用 C 表示)的数学推导过程。

$$\mathrm{d}P = \frac{\mathrm{d}P}{\mathrm{d}y} \cdot \mathrm{d}y + \frac{1}{2}\frac{\mathrm{d}^2P}{\mathrm{d}y^2} \cdot (\mathrm{d}y)^2 + \varepsilon \quad (4.36)$$

$$\frac{\mathrm{d}P}{P} = \frac{\mathrm{d}P}{\mathrm{d}y} \cdot \frac{1}{P} \cdot \mathrm{d}y + \frac{1}{2}\frac{\mathrm{d}^2P}{\mathrm{d}y^2} \cdot \frac{1}{P}(\mathrm{d}y)^2 + \frac{\varepsilon}{P} \quad (4.37)$$

$$D^* = -\frac{\mathrm{d}P}{\mathrm{d}y} \cdot \frac{1}{P} \quad (4.38)$$

$$C = \frac{\mathrm{d}^2P}{\mathrm{d}y^2} \cdot \frac{1}{P} \quad (4.39)$$

以上为凸性在数学意义上的推导。在日常的投资实践中,凸性与久期的关系十分密切,将凸性的公式与久期的公式结合起来,我们将得到凸性计算的一般形式。式(4.40)到式(4.42)为凸性的计算推导过程:

$$C = \frac{\mathrm{d}^2P}{\mathrm{d}y^2} \cdot \frac{1}{P} \quad (4.40)$$

$$\frac{\Delta P}{P} = -D^* \cdot \Delta y + \frac{1}{2}C(\Delta y)^2 + \frac{\varepsilon}{P} \quad (4.41)$$

$$C = \frac{1}{P(1+y)^2}\sum_{t=1}^{N}\left[\frac{\mathrm{CF}_t}{(1+y)^t}(t^2+t)\right] \quad (4.42)$$

其中,CF_t 为 t 期现金流的金额。

零息债券是常见的债券,它不附息票贴现发行,到期一次性还本付息。对于零息债券,T 为债券期限,y 为收益率,凸性的公式可以简化为式(4.43):

$$C = \frac{T^2+T}{(1+y)^2} \quad (4.43)$$

接下来,我们将举例说明久期和凸性的计算过程,以及两者的关系。例4.11 将计算面值为100元的一般付息债券的久期、凸性和价格变化的百分比。表4.11 反映了详细的计算过程，我们可以看到收益率变动1个基点和变动100个基点时久期和凸性的区别。经过实际的计算，我们发现收益率变动较大时，价格波动对凸性的依赖更为明显。

【例4.11】 久期与凸性

面值为100元、票面利率为8%、半年付息一次的债券，到期期限为5年。假设要求收益率也为8%，求其久期与凸性，并计算出收益率变动1个或100个基点时价格变动的百分比（见表4.11）。

解：

表4.11 久期与凸性的计算

时间(半年)	现金流(元)	现金流现值(元)	权重（%）	久期 ($=t \cdot$ 权重)	凸性 ($=t(t+1) \cdot$ 权重)
1	4	3.8642	3.8642	0.0386	0.0773
2	4	3.6982	3.6982	0.0731	0.2219
3	4	3.5560	3.5560	0.1067	0.4267
4	4	3.4192	3.4192	0.1368	0.6838
5	4	3.2877	3.2887	0.1644	0.9866
6	4	3.1613	3.1613	0.1897	1.3277
7	4	3.0397	3.0397	0.2128	1.7022
8	4	2.9228	2.9882	0.2391	2.1515
9	4	2.8103	2.8103	0.2529	2.5293
10	104	70.2587	70.2587	7.0259	77.2846
总计		100.0000	100.0000	8.4408	87.3917
		$D^* = 8.1162$			$C = 80.7985$

注：由于四舍五入，可能存在误差。

收益率上升1个基点：

$$\Delta P/P = -8.1162 \times 0.005\% + \frac{1}{2} \times 80.7985 \times (0.005\%)^2 = -0.04057\%$$

收益率下降1个基点：

$$\Delta P/P = -8.1162 \times (-0.005\%) + \frac{1}{2} \times 80.7985 \times (0.005\%)^2 = 0.04057\%$$

收益率上升100个基点：

$$\Delta P/P = -8.1162 \times 0.5\% + \frac{1}{2} \times 80.7985 \times (0.5\%)^2 = -3.9571\%$$

收益率下降100个基点：

$$\Delta P/P = -8.1162 \times (-0.5\%) + \frac{1}{2} \times 80.7985 \times (0.5\%)^2 = 4.1591\%$$

对照仅用久期计算的结果，上述结果与真实结果更为接近。

三、凸性的性质

在上文中,我们对凸性的意义和性质进行了详细的描述,久期是对价格-收益率曲线上给定点的斜率的测度,是价格对收益率的一阶导数。凸性是对价格-收益率曲线斜率变化的测度,是二阶导数。凸性测度了价格-收益率曲线的弯曲程度。

债券的凸性性质对于投资者来说是有一定的投资价值的。凸性越大的债券,在收益率降低时,价格上升的幅度越大;而在收益率上升时,价格下降的幅度越小(见图 4.10)。

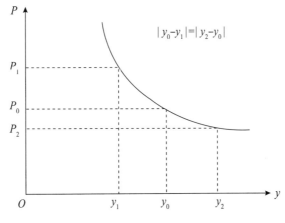

图 4.10 凸性的投资价值

图 4.11 是其他方面都相同,仅凸性不同的两只债券 A 和 B 的凸性的比较。我们看到,债券 A 的凸性大于债券 B 的凸性,意味着债券 A 在市场利率上升时价格下降的幅度小于债券 B,而在市场利率下降时价格上升的幅度大于债券 B,因此债券 A 的价值应

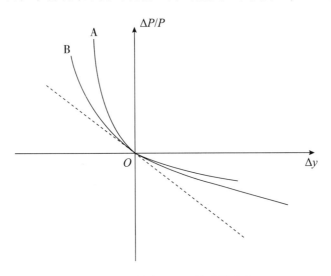

图 4.11 债券 A、B 的凸性比较

该高于债券 B。因此，债券 A 的市场价格将高于债券 B，也就是说，投资者要为凸性付费，付费的高低取决于收益率波动性的高低。对凸性的定价反映了人们对市场波动的预期。

在实际中，债券的付息方式是多样的，不仅可以以年为单位也可以以其他时间长度为单位。在进行凸性的计算时，我们得到以期数为单位的凸性，此时需要将以期数为单位的凸性进行转化。转化成以年为单位的凸性的计算方法如式（4.44）所示。

$$年化的凸性 = \frac{期限为 n 的凸性}{n^2} \tag{4.44}$$

所有未附期权债券的凸性都具有下列特征：当收益率上升（下降）时，债券的曲线凸性将减小（增大）。此性质被称为正凸性（二阶导数大于 0）：收益率下降，债券价格将以加速度上升；收益率上升，债券价格将以减速度下降。当给定收益率和到期期限时，票面利率越低（债券更多的价值在后面支付），债券的凸性越大。当给定收益率和修正久期时，票面利率越低，债券的凸性越小。当给定修正久期时，零息债券的凸性最小。

第五节 债券久期和凸性的近似计算

一、债券久期和凸性的近似计算

债券的久期和凸性是衡量债券价格波动性的重要指标。在日常的应用过程中，除了使用前文中提到的久期和凸性定义的计算方法，我们还可以使用近似计算的方法对久期和凸性进行计算。式（4.45）和式（4.46）能够反映久期和凸性的计算性质，其中 P_- 为当利率下降 Δy 之后债券的价格，P_+ 为利率上升 Δy 之后债券的价格，P_0 表示债券未发生利率变化时的初始价格。

$$近似久期 = \frac{P_- - P_+}{2 P_0 \cdot \Delta y} \tag{4.45}$$

$$近似凸性 = \frac{P_+ + P_- - 2 P_0}{P_0 (\Delta y)^2} \tag{4.46}$$

例 4.12 说明了实际应用两个公式对债券的近似久期和近似凸性进行计算的过程，最后得到近似久期为 10.62，即利率变化 100 个基点时债券价格变动 10.62%；债券的近似凸性为 183.35，使用该凸性可以对债券的价格波动进行估计。

【例4.12】 近似久期和近似凸性的计算

到期期限为25年、票面利率为6%的债券,其到期收益率为9%,最初的价格 P_0 为70.3570。计算其近似久期与近似凸性。

解:步骤1,将收益率从9%提高到9.1%,Δy 为0.001,债券价格降为69.6164。

步骤2,将收益率从9%降为8.9%,债券价格则为71.1105。

$$近似久期 = \frac{71.1105 - 69.6164}{2 \times 70.3570 \times 0.001} = 10.62$$

$$近似凸性 = \frac{71.1105 + 69.6164 - 2 \times 70.3570}{70.3570 \times 0.001^2} = 183.35$$

二、债券久期和凸性的总结

回顾久期的相关性质和计算方法,相关总结如下:
(1) 久期反映的是债券价格随利率变化的一阶敏感性。
(2) 麦考利久期 $D_m = -(dP/P)(1+y)/\Delta y$ 反映价格变化的弹性,其中,P 为债券价格,y 为利率。麦考利久期度量利率每变化一个百分点即100个基点时,价格的变化率。
(3) 修正久期 $D^* = D_m/(1+y) = -(dP/P)/dy$。修正久期度量单位利率变化引起的价格变化率。
(4) 近似久期 $D = \dfrac{P_- - P_+}{2P_0 \cdot \Delta y}$,$P_-$ 为利率下降时的债券价格,P_+ 为利率上升时的债券价格,P_0 为初始价格。

凸性的相关总结如下:
(1) 凸性反映的是债券价格对利率变化的二阶敏感性。
(2) 凸性 $C = \dfrac{d^2P}{dy^2} \cdot \dfrac{1}{P}$,根据 C 计算出的价格变化率为 $\dfrac{dP}{P} = \dfrac{1}{2}C(dy)^2$,$P$ 为债券价格,y 为利率。
(3) 近似凸性 $= \dfrac{P_+ + P_- - 2P_0}{P_0(\Delta y)^2}$

久期、凸性等价格敏感性指标在日常的固定收益证券投资中扮演着十分重要的角色,可以用于固定收益证券的投资和风险管理。它们在银行等资产管理机构的资产负债管理中不可或缺。

第六节 在险价值与利率风险管理

在险价值（Value at Risk，VaR）方法是风险资产管理中的重要方法。在固定收益证券组合管理中 VaR 方法也得到了广泛应用。VaR 是指在一定时期内，在一定的置信水平（如 99%、95%、90%）下某种资产组合在最坏的情况下预期遭受的损失程度。

VaR 的计算有许多种方法，本书将介绍债券的 VaR 的计算方法。VaR 的计算方法及过程如下：

$$\text{VaR}(H,c) = E(V) - V^* = V(\mu - R^*) \tag{4.47}$$

其中，V 为债券组合的市场价值，V^* 为最坏状况（一定置信水平）下债券组合的价值，μ 为收益率的预期值，R^* 为最坏状况（一定置信水平）下的收益率，H 为确定时期，c 为置信水平。

设 R 为债券组合收益率，如果 R 的均值服从正态分布，均值为 μ，标准差为 σ，则

$$\text{Prob}(R < R^*) = \text{Prob}[(R-\mu)\sigma < (R^*-\mu)\sigma] = 1 - c \tag{4.48}$$

$$R^* = \mu + \alpha \cdot \sigma \tag{4.49}$$

$$\text{VaR}(H,c) = -\alpha \cdot \sigma(V) = -\alpha \cdot \sigma(\Delta V) \tag{4.50}$$

接下来是关于债券组合 VaR 的计算，通过对式（4.47）进行进一步拓展，由于债券组合价值的波动主要受利率变化的影响，而且，久期衡量债券组合价值对于利率变化的敏感性：

$$\Delta V = -V \cdot D^* \cdot \Delta y \tag{4.51}$$

进而可以得到

$$\sigma(\Delta V) = -V \cdot D^* \cdot \sigma(\Delta y) \tag{4.52}$$

在利率变化值的标准差已知的情况下，就可以求出债券组合市场价值变化的标准差，进而就可以运用 VaR 计算公式求出债券组合的 VaR。

本章小结

1. 利率风险是债券等固定收益证券投资的主要风险，其中，债券的价格随市场利率变化的波动大小是债券投资者要考虑和处理的主要问题。

2. 债券的价格随利率变化的波动大小受债券的票面利率、付息频率、债券期限等

因素的影响。这些因素不同，债券价格的利率敏感性就不同。在现实中发展出不同的方法测度债券价格的利率敏感性。

3. 基点价值法是在日常的投资实践中广泛应用的衡量债券价格利率敏感性的方法。基点价值的基本含义是收益率变化 1 个基点时，债券价格的变动值，是价格变化的绝对值。与此相对应的是债券价格变化的收益率值，是单位价格变化引起的债券收益率的变化值。

4. 久期是衡量债券价格－收益率敏感性的另一个重要指标，用于衡量债券价格对利率变动的敏感性。麦考利久期是价格变化的百分比与收益率变化的百分比的比值，其本质是一个弹性的概念，是测度债券价格对于收益率变化的弹性。修正久期是债券收益率发生单位绝对值变化时导致的价格的相对变化值。

5. 价格－收益率曲线的曲率被称为债券的凸性，可以将凸性量化为价格－收益率曲线斜率的变化率。凸性使我们能够在计算债券价格变化时改进仅用久期计算出来的近似值。

习　题

1. 简述利率风险的含义。

2. 当其他条件不变时，债券价格和市场利率之间具有怎样的关系？这种关系是线性的吗？

3. 债券价格波动具有哪些特点？

4. 设三只债券的票面利率为 5%，面值为 100 元，初始到期收益率为 4%，按年付息，到期期限分别为 5 年、10 年和 15 年，当其收益率上升和下降 1 个基点时，其价格分别会发生怎样的变动？比较收益率对不同到期期限债券价格影响的差异。

5. 面值为 100 元、到期期限为 2 年、票面利率为 6%、当前到期收益率为 4% 的债券，每年付息一次，求该债券的麦考利久期。

6. 某债券的面值为 100 元，到期期限为 5 年，票面利率为 4%，当前到期收益率为 3%，每年付息一次，利用久期与价格的关系，计算该债券收益率分别变动 1 个、10 个和 100 个基点时，其新价格。

7. 面值为 100 元、票面利率为 4%、每年付息一次的债券，到期期限为 10 年。假设到期收益率亦为 4%，求其久期与凸性，并计算收益率分别变动 1 个、10 个、100 个基点时，其新价格。

第五章 利率的期限结构[①]

利率的期限结构是指在某一时点上，不同到期期限资金的收益率与到期期限之间的关系。利率的期限结构反映了不同到期期限的资金供求关系，揭示了市场利率的总体水平和变化方向，可为投资者从事债券投资和政府有关部门加强债券管理提供参考依据。本章首先介绍了利率的风险结构与期限结构的定义及其相关理论；其次对即期利率和远期利率进行简单阐述；再次介绍了利率期限结构理论；最后详细介绍了多种即期收益率曲线的构建方法，以及如何利用收益率曲线正确计算债券价值。

第一节 利率的风险结构与期限结构

金融市场上存在种类繁多的债券，其现金流支付模式千差万别，不存在一个适用于所有债券的收益率。比如某两只债券到期期限相同而风险不同，其适用的收益率不同；某几只债券风险相同但到期期限不同，其适用的收益率依然不一样。这就需要我们视不同的情况和条件，使用不同的收益率标准。前文曾经提到，在满足一定条件的情况下，到期收益率作为持有债券的每期平均收益率，可以用于度量债券收益的高低。但是，到期收益率也要视现金流结构、债券到期期限长短和风险高低等的不同而做适当的处理。因此，研究利率的风险结构和期限结构等问题，是熟练应用金融工具进行投融资的必要条件。

一、利率的风险结构

在任何一种经济中，都并非只有一种利率，而是存在一个利率体系。在其他条件均相同时，我们把因风险不同而形成的利率的结构称为利率的风险结构。

---

① 本章不区分收益率与利率。

在对利率进行划分时，基础利率作为投资者投资债券时要求的收益率高低的比较标准，具有非常重要的地位。一般情况下，国债被认为是无风险的债券，因此，同期限的国债利率常被作为基础利率（Base Interest Rate）或基准利率（Benchmark Interest Rate），也即最新发行的（或正在发行的）可比期限国债的到期收益率。近些年来，用互换利率作为基准利率的做法也得到了市场的认可。

在讨论债券之间的收益率差异时，两只可比期限债券的收益率之差被称为收益率利差，其单位通常用基点表示，1个基点为0.01%。利差的计算有几种不同的方法。例如，已知A、B两只债券的收益率，它们的收益率利差为

$$收益率利差 = 债券A的收益率 - 债券B的收益率$$

进一步，假设债券B为基准债券，债券A为非基准债券，则称此时的利差为基准利差（Benchmark Spread），即

$$基准利差 = 非基准债券的收益率 - 基准债券的收益率$$

基准利差反映了市场对非基准债券所承担的基准债券不曾有的风险的补偿，即风险溢价。

此外，相对收益率利差也是一种比较常见的利差，通常被定义为债券A的收益率与债券B的收益率之差与债券B的收益率的比值，即

$$相对收益率利差 = \frac{债券A的收益率 - 债券B的收益率}{债券B的收益率}$$

利差作为度量不同债券之间收益率差异的指标，其影响因素是多种多样的。一般来说，主要包括六个方面：(1) 发行人的类型；(2) 发行人的信用状况，即评级情况；(3) 证券的到期期限或到期日；(4) 嵌权条款，即赋予发行人或投资者某种权利的选择权条款；(5) 税收政策；(6) 证券的预期流动性等。

二、利率的期限结构

不同到期期限形成的利率的结构被称为利率的期限结构。反映信用质量相同、到期期限不同的债券收益率关系的曲线被称为收益率曲线。常见的收益率曲线主要包括到期收益率曲线、平价到期收益率曲线、即期收益率曲线、互换收益率曲线等。

大多数市场参与者是通过观测国债市场价格与收益率来构建收益率曲线的。这样做主要有两个原因：其一，国债通常被认为没有违约风险，即使国债有信誉差异也不至于影响人们对其收益率的估计；其二，作为最活跃的债券交易市场，国债市场几乎不存在流动性不足或交易频次过低的问题。因此，利用国债产品构建收益率曲线是合理可行的。

一般而言，我们以收益率作为纵轴，以距离到期日的时间作为横轴，可以画出收益率曲线。任何特定时刻的收益率曲线都是由当时市场参与者的预期和风险偏好决定

的。图 5.1 显示了四种不同的收益率曲线形态。

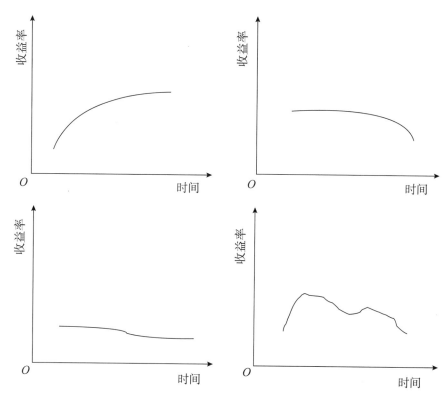

图 5.1　四种不同的收益率曲线形态

需要注意的是，当我们利用收益率曲线为债券定价时，使用到期收益率为债券定价并不是一个很好的选择。更加合理的做法是把债券视为未来不同时期收到的现金流的组合，即将其视为一组零息债券的组合，继而用零息债券收益率对其分别进行定价和加总。而我们通常将不同到期期限的零息债券的收益率称为即期收益率。

第二节　即期利率与远期利率

一、即期利率

即期利率（Spot Rate）是指当前时刻各种不同到期期限的零息债券的到期收益率。反映即期利率与到期期限关系的曲线被称为即期收益率曲线。前面已经提到，考虑到利率随到期期限长短的变化，债券的价格应该用即期收益率对各个相关期限的现金流进行折现加总求出。需要注意的是，即期利率不是一个能够直接观察到的市场变量，而是一个基于现金流折现法，通过对市场数据进行计算分析而得到的利率。

那么，我们到底如何计算即期利率呢？简单来说，如果市场上有丰富的、各种到期期限的零息债券，根据这些债券的价格，我们可以很容易地计算得到各个到期期限的即期利率，从而直接描绘出即期收益率曲线。但事实上，市场上的零息债券大多到期期限比较短，用零息债券只能计算出收益率曲线到期期限较短的一段，而如果想要绘出完整的收益率曲线，就要用市场上存在的各种到期期限较长的附息债券。这部分计算涉及一些相对复杂的数学模型与算法，手动计算难以完成。在最简单的情形下，已知零息债券信息，计算即期利率的公式如式（5.1）所示：

$$P_t = \frac{M_t}{1 + r_t} \tag{5.1}$$

其中，P_t 为零息债券的价格，M_t 为零息债券在到期日的价格，r_t 为即期利率。

二、远期利率

远期利率（Forward Rate）是指相对现在时刻的未来一定期限的利率。例如，1M×4M 远期利率表示的是 1 个月之后开始的期限为 3 个月的远期利率。

从经济意义上讲，远期利率隐含在给定的即期利率中，远期利率代表了从未来的某一时点到另一时点的利率水平。当确定了收益率曲线后，所有的远期利率都可以根据收益率曲线上的即期利率求得。可以说，远期利率和收益率曲线是紧密相关的。

在现代金融市场分析中，远期利率的应用非常广泛，因为它们可以显示市场对未来利率走势的预期。也因为此，远期利率是中央银行制定和执行货币政策时非常重要的一项参考指标。在成熟的金融市场中，大多数利率衍生品的定价都与远期利率密切相关。

三、即期利率与远期利率的关系

即期利率与远期利率最大的区别在于计息日的起点不同：即期利率的起点在当前时刻，而远期利率的起点在未来的某一时刻。从计算角度而言，所有的远期利率都可以根据即期收益率曲线上的即期利率求得，举例如下。

【例 5.1】

已知有一只 1 年期零息国债，即期利率为 8%；另有一只 2 年期零息国债，即期利率为 10%。求第 2 年的 1 年期远期利率。

解：分析这个问题的出发点为无套利原理。无套利原理是现代金融学的一个基本假设，它指在理想的情况下，金融市场是有效的，而在有效的金融市场上，同一金融行为如果只是操作方式不同，其结果应该是相同的，否则会有套利机会出现，市场也将是不均衡的。在这个例子中，我们可以考虑一个投资者进行期限为 2 年的投资决策行为。他有两种投资策略：一是直接购买 2 年期的零息债券；二是投资 1 年期的零息债券，同时签订一个远期利率协议，基于 1 年×2 年远期利率，在 1 年后将投资 1 年的终值投资于第 2 年的 1 年期债券。假设投资者的初始资金为 1，采用第一种投资策略 2 年后的终值为

$$1 \times (1 + 10\%)^2 = 1.21$$

采用第二种投资策略 2 年后的终值为

$$1 \times (1 + 8\%) \times (1 + f_{1,2}) = 1.08 \times (1 + f_{1,2})$$

其中，$f_{1,2}$ 为 1 年×2 年远期利率。

在市场有效时，这两种投资策略的结果应该是相同的。因此，第 2 年的 1 年期远期利率为

$$f_{1,2} = 1 \times 1.21/1.08 - 1 = 12.04\%$$

根据这个例子的启示，我们可以总结出远期利率和即期利率的关系。一般情况下，我们用 r 表示即期利率，用 f 表示远期利率，如果 1 年期即期利率为 r_1，2 年期即期利率为 r_2，1 年×2 年远期利率为 $f_{1,2}$，则它们之间的关系如式（5.2）所示：

$$(1 + r_1)(1 + f_{1,2}) = (1 + r_2)^2 \tag{5.2}$$

由此，可以进一步归纳出远期利率与即期利率的一般关系，如式（5.3）所示：

$$(1 + r_{t-1})^{t-1} (1 + f_{t-1,t}) = (1 + r_t)^t$$
$$(1 + r_1)(1 + f_{1,2})(1 + f_{2,3}) \cdots (1 + f_{t-1,t}) = (1 + r_t)^t \tag{5.3}$$

第三节 利率期限结构理论

如前所述，收益率曲线可能呈现出不同的形态，而任何特定时刻的收益率曲线都是由当时市场参与者的预期、风险偏好以及投融资行为所决定的。为解释利率期限结构的不同形状，学者们提出了几种不同的理论对其进行解释。

总体而言，利率期限结构理论大致可以分为四类：无偏预期理论（Unbiased Expectations Theory）、流动性偏好理论（Liquidity Preference Theory）、市场分割理论（Market Segmentation Theory）和期限偏好理论（Preferred Habitat Theory）。其中，流动性偏好理论和期限偏好理论都认为长期利率反映了市场对未来的预期和风险溢价，因此又被称为有偏预期理论（Biased Expectations Theory）。相对于流动性偏好理论，期限偏好理论引入了投资者的期限偏好，并认为风险溢价并非简单地随期限递增；而相对于市场分

割理论，期限偏好理论则加入了市场预期和风险溢价的思想。下面就对几种利率期限结构理论做具体阐释。

一、无偏预期理论

无偏预期理论是指债券持有人对期限没有偏好，即长期债券的利率等于在其有效期内人们所预期的短期利率的算术平均值。这一理论又被称为完全预期理论（Pure Expectations Theory）。该理论最关键的假定在于，债券投资者对于不同到期期限的债券没有特别的偏好。因此，如果某债券的预期收益率低于到期期限不同的其他债券，投资者就不会持有这种债券。而具有这种特点的债券则被称为完全替代品。在实践中，这意味着如果不同到期期限的债券彼此之间可以完全替代，那么这些债券的预期回报率必须相等。

无偏预期理论认为，第 t 年的远期利率与预期的第 t 年的即期利率应该相等。收益率曲线的形状主要由市场预期的短期利率水平决定。因此，当市场处于均衡状态时，我们可以得到以下公式：

$$Ef_{1,2} = f_{1,2}$$
$$(1 + r_1)(1 + Ef_{1,2}) = (1 + r_2)^2 \tag{5.4}$$

其中，$Ef_{1,2}$ 代表的是预期未来时刻 1 至时刻 2 的利率水平。

根据无偏预期理论，投资者预期即期利率未来上升或下跌的原因可能源于对未来实际利率与通货膨胀率的预期。换言之，如果当期的经济条件使得短期即期利率异常高，那么根据无偏预期理论，表示利率期限结构的曲线将向下倾斜。反之亦然。

无偏预期理论可以用于解释以下几种收益率曲线特征：

（1）随着时间的推移，不同到期期限的债券利率有同向运动的趋势。从历史上看，短期利率具有如果在当前上升，则未来将趋于更高的特征。

（2）如果短期利率较低，则收益率曲线倾向于向上倾斜；如果短期利率较高，则收益率曲线通常是翻转的。

（3）如果收益率曲线呈现水平形态，意味着市场预期未来的短期利率将保持相对稳定。

（4）如果收益率曲线呈现峰形，则可以解释为市场预期较近一段时期的短期利率会上升，而在较远的未来，市场预期的短期利率将会下降。

然而，无偏预期理论也有其自身的缺陷。该理论的一个较强假设是未来债券利率的预期是确定的，但是，当引入不确定性后，可以看出无偏预期理论中的假设存在不合理之处。由于不同到期期限包含了资本投资收益和损失的不同风险，各种不同到期期限的债券并不能完全互相替代，这是该理论的一个缺陷。该理论的另一个缺陷是忽略了投资债券和类似工具的内在风险，特别是在一个不确定的资本市场上，这类风险不容忽视。因此，当研究中国资本市场预期问题时，分析实际的投资活动必须考虑到风险和不确定性因素的影响。

二、流动性偏好理论

如前所述，无偏预期理论的一个缺陷是没有考虑与债券投资相关的风险，而持有长期债券是具有一定风险的，并且这种风险随债券到期期限的增加而变大。根据流动性偏好理论，不同到期期限的债券之间存在一定的替代性，这意味着一种债券的预期收益确实可以影响到其他不同到期期限债券的收益。但是，不同到期期限的债券并不是完全可替代的，因为投资者对不同到期期限的债券具有不同的偏好。

流动性偏好理论假定投资者更偏好于持有短期债券，因为投资者认为投资短期债券面临的风险较小。为了吸引投资者持有到期期限较长的债券，必须向他们支付流动性补偿，而且流动性补偿随着时间的延长而增加。因此，我们实际观察到的收益率曲线总是要比无偏预期理论所预计的高。这一理论还假定投资者是风险厌恶者，他们只有在获得补偿后才会进行风险投资，即使投资者预期短期利率保持不变，收益率曲线也是向上倾斜的。

在流动性偏好理论中，远期利率与预期的未来即期利率的差为流动性溢价，即有以下关系：

$$f_{1,2} = Ef_{1,2} + l_{1,2} \tag{5.5}$$

$$(1+r_1)(1+Ef_{1,2}) < (1+r_2)^2 \tag{5.6}$$

其中，$f_{1,2}$ 为未来时刻 1 至时刻 2 的远期利率水平，$Ef_{1,2}$ 代表的是预期未来时刻 1 至时刻 2 的远期利率水平，$l_{1,2}$ 为此时的流动性溢价。

由式（5.5）和式（5.6）可以发现，从长期利率中提炼出来的远期利率同时反映了市场对未来的预期和流动性溢价，剩余期限越长，流动性溢价越大。可以说，流动性偏好理论的优点是同时考虑了预期和流动性风险溢价的影响，其缺陷在于流动性溢价并不必然随时间递增。除此之外，投资者特定的资产状况也会使得他们偏好某些到期期限的债券，而不一定是短期债券。

根据流动性偏好理论，隐含的远期利率中已嵌入了流动性溢价，因此它不是市场对未来利率预期的无偏估计。也因为此，在对不同形态的收益率曲线的解释中，流动性偏好理论只适用于解释那些向右上方倾斜的曲线，而无法解释其他形状的收益率曲线。

三、市场分割理论

市场分割理论认为，投资者有各自的投资期限偏好，并且偏好不变，而预期理论的假设条件在现实中是不成立的，因此也不存在仅根据预期形成的收益率曲线。事实上，整个金融市场是被不同到期期限的债券分割开的，而且不同到期期限的债券之间无法相互替代。

在市场分割理论中，由于存在法律、偏好和其他因素的限制，投资者和债券的发行人都不能无成本地实现资金在不同到期期限债券之间的自由转移。因此，债券市场并不是一个统一的无差别的市场，而是分别存在短期市场、中期市场和长期市场。短期市场的主要参与者是商业银行、非金融机构和货币市场基金等，它们更关注的是本金的确定性（或者说安全性）而不是收入的确定性。长期市场的参与者主要是那些债务期限比较长的机构，例如人寿保险公司、养老基金等，这些机构具有较强的风险回避态度，更注重收入的确定性。虽然短期市场和长期市场上的投资者的投资动机和目标各有差异，但是两个市场的参与者同样受到法律、规章制度的约束以及降低风险的压力。这两个市场之间形成了市场分割，参与者也不会进行投资期限之间的转换。相比之下，中期市场的参与者身份比较复杂，没有一群占主导地位的"忠实"参与者，从而其分割功能是较弱的。

市场分割理论否认了无偏预期理论所提出的收益率曲线特征。市场分割理论认为，收益率曲线的形状由短、中和长期市场的供求关系决定。当长期债券供给曲线与需求曲线的交点利率高于短期债券供给曲线与需求曲线的交点利率时，债券的收益率曲线向上倾斜；相反，当长期债券供给曲线与需求曲线的交点利率低于短期债券供给曲线与需求曲线的交点利率时，债券的收益率曲线向下倾斜。

由此可见，根据市场分割理论，收益率曲线的形状取决于各个到期期限证券的供求关系，也因此，所有形状的收益率曲线都可以据此得到解释。该理论的缺陷在于，市场分割理论也可以被解读为投资者对投资其他期限所要求的风险溢价无穷大，从而使得他们不可能改变投资偏好，但这与实际情况并不相符。

四、期限偏好理论

期限偏好理论可以被视为流动性偏好理论和市场分割理论的结合。期限偏好理论认为，具有不同资产负债状况的投资者通常偏好特定的投资期限，但这些偏好并不是完全不变的。当不同期限到期债券的供求发生变化时，某些到期期限的债券供求将失去平衡，当相应期限的风险溢价变化到足以抵消利率风险或再投资风险时，一些投资者的偏好就会发生转移。

期限偏好理论又可以被视为市场分割理论和流动性偏好理论的折中，主要原因有二：一方面，期限偏好理论承认市场分割现象，认为投资者会受到各种因素的影响而偏好于不同期限的市场，因此市场上既有短期借贷者也有长期借贷者。这使得该理论不同于流动性偏好理论，因为后者主张所有市场参与者都倾向于短期投资。另一方面，期限偏好理论又认为市场分割并不完全。如前所述，当不同到期期限的债券的供求发生变化时，一些到期期限的债券供求不再平衡，而当相应期限的风险溢价变化到足以抵消利率风险或再投资风险时，一些投资者的偏好会发生转移；又或者在足够的利益诱导下,比如当支付收益升水时,短期市场投资者和长期市场投资者也可能会发生相互转换。这又使该理论与市场分割理论有所差异,因为在后者看来,无论出现何种诱导因素,不同期限市场的投资者都不会相互融合。正因为如此,期限偏好理论也被称为局部市场分割理论。事实上,市场分割理论中的中期市场参与者行为已经暗含了期限偏好理论的某些观点。

第四节 即期收益率曲线的构建

一、构建原理

对于到期期限相同、票面利率不同的国债,其到期收益率并不相同。在求债券的价格时,正确的做法是将所有的债券都视为由一些零息债券构成的组合,债券的价格等于组合内各零息债券的价格之和。现金流的贴现率则以国债即期收益率曲线提供的相同期限的即期利率为基准。

理论即期收益率曲线是以市场上国债的收益率为基础,通过从理论上推导出的无风险国债的即期收益率而画出的曲线。虽然从理论上来讲,似乎直接使用各不同到期期限的零息债券(包括剥离债券)收益率就可以绘制出即期收益率曲线,但在实际应用中,还存在一些问题。比如说,首先,零息债券的流动性通常比附息债券差,因此其存在流动性溢价的问题;其次,零息债券与附息债券的税收处理方式并不相同,这其中可能包含负现金流的问题;最后,二者之间涉及的剥离债券的税收规定也并不相同。因此,直接使用各不同到期期限的零息债券收益率绘制出即期收益率曲线的方法尽管在理论上成立,但实际可行性较差,难以付诸实践。

二、解鞋带法

解鞋带(Bootstrapping)法又被称为靴襻法或自助法,它是当我们无法得到足够的零息债券或者这些债券的流动性等不符合要求时,最常使用的一种构建即期收益率曲线的方法。

解鞋带法主要以新发行国债的收益率为基础进行收益率计算。以美国为例,其国债的发行频繁而有规律。这些国债包括3个月、6个月等期限的国库券,以及中期国债和长期国债。其中,国库券为零息债券,其他国债为附息债券。每只新发行国债都有一个可观察的收益率。对于每只新发行的附息国债,所采用的收益率是使附息国债按面值交易的收益率。由此得到的新发债券的收益率曲线也被称为面值收益率曲线。

用解鞋带法构建即期收益率曲线的具体做法见例5.2。

【例 5.2】

设当前期限为半年到 5 年的新发行国债的信息如表 5.1 所示。半年期和 1 年期的国债均为零息债券，其余的债券均为每半年付息一次的附息债券。用解鞋带法求出相应各期的即期利率。

表 5.1 新发行国债及其面值收益率

期限（半年）	期限（年）	面值收益率（%）	价格
1	0.5	2.50	
2	1	2.60	
3	1.5	2.75	1000
4	2	2.80	1000
5	2.5	2.90	1000
6	3	3.00	1000
7	3.5	3.20	1000
8	4	3.50	1000
9	4.5	3.80	1000
10	5	4.00	1000

解：半年与 1 年期债券的到期收益率就是相应期限的即期利率，因此，$r_1 = 2.50\%$，$r_2 = 2.60\%$。假设 1.5 年期的即期利率为 r_3，随后 2 年期、2.5 年期等期限的即期利率分别为 r_4、r_5 等。

1.5 年期债券的现金流模式：半年期的现金流为 $1000 \times 2.75\%/2 = 13.75$，1 年期的现金流也是 13.75，1.5 年期的现金流为 $1000 + 1000 \times 2.75\%/2 = 1013.75$。通过下面等式可求得 r_3：

$$1000 = 13.75/(1 + 2.50\%/2) + 13.75/(1 + 2.60\%/2)^2 + 1013.75/(1 + r_3/2)^3$$

$$r_3 = 2.7525\%$$

接下来，用 2 年期债券的数据可以求出 2 年期的即期利率 r_4。同理，依次可以求得此后各期限的即期利率，并且用前述即期利率与远期利率的关系式可求得后面每半年的远期利率。各期对应的即期利率与远期利率如表 5.2 最后两列所示。

表 5.2 国债及其利率的计算

期限（半年）	期限（年）	面值收益率（%）	价格	即期利率（%）	远期利率（%）
1	0.5	2.50		2.5000	
2	1	2.60		2.6000	2.7000
3	1.5	2.75	1000	2.7525	3.0578
4	2	2.80	1000	2.8030	2.9546
5	2.5	2.90	1000	2.9054	3.3155

(续表)

期限（半年）	期限（年）	面值收益率（%）	价格	即期利率（%）	远期利率（%）
6	3	3.00	1000	3.0085	3.5248
7	3.5	3.20	1000	3.2177	4.4774
8	4	3.50	1000	3.5363	5.7805
9	4.5	3.80	1000	3.8595	6.4636
10	5	4.00	1000	4.0761	6.0359

进一步，以时间为横轴，以利率水平为纵轴，可以画出据此计算出的即期利率与远期利率的走势图，具体如图 5.2 所示。

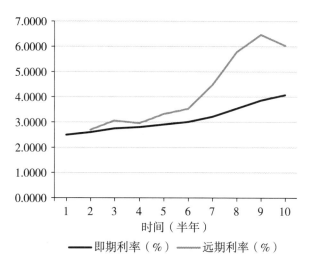

图 5.2 即期利率与远期利率对比

在收益率曲线的构建中，还需要明确的是，一个好的利率期限结构的拟合应该满足以下四个条件。

（1）准确性：估计得到的利率期限结构应该能够反映市场真实的收益率情形。

（2）平滑性：估计得到的利率期限结构应该尽量平滑。除曲线可导之外，其弯曲程度也不能太大，因为从经济视角分析，两个相邻期限的利率往往不会相差太大。

（3）稳定性：估计利率期限结构的模型结果对样本的变化不应太敏感。

（4）灵活性：所采用的模型应该能够捕捉到利率期限结构的变化。

需要注意的是，只用新发行国债构建即期收益率曲线存在国债期限种类太少、期限跨度太大以及无足够可用期限点等缺陷。即使在美国这种国债发行频繁而规律、发行国债的到期期限比较丰富的国家仍然存在这一问题。美国定期发行的国债有期限为 4 周、8 周、13 周、26 周、52 周的短期国库券，期限为 2 年、3 年、5 年、7 年、10 年的中期国债，以及期限为 20 年、30 年期的长期国债。如果构建以半年为时间单位的即期收益率曲线，新发行国债只有 26 周（半年）、52 周（1 年）短期国债以及 7 个中长期国债可用，这样就只有 9 个期限点可用，其他期限点的数值则需要用其他的方法得到。在实际操作中，人们经常利用线性插值法来处理这个问题。

三、线性插值法

顾名思义，线性插值法是指利用数学中的线性插值的方法，得到现实中没有的期限点所对应的利率，从而构建即期收益率曲线的方法。因其简单易用，所以线性插值法是收益率曲线计算中的常见方法之一。当给定面值收益率曲线上两个期限点的收益率时，其中间的期限点收益率差可以采用式（5.7）计算。

$$期限点收益率差 = \frac{较高到期日点的收益率 - 较低到期日点的收益率}{两个到期日点之间的半年期期数} \quad (5.7)$$

可见，通过加总较低期限点上的收益率，就可以插入中间期限点上的收益率。例如，假设在面值收益率曲线中，2 年期和 5 年期新发国债的收益率分别为 5% 和 5.6%，在这两个期限点之间有 6 个半年期，那么，推算 2.5 年、3.0 年、3.5 年、4.0 年和 4.5 年期限点的收益率方法如下：

$$\frac{5.6\% - 5\%}{6} = 0.1\%$$

据此则有

$$2.5 \text{ 年期限点的收益率} = 5\% + 0.1\% \times 1 = 5.1\%$$
$$3.0 \text{ 年期限点的收益率} = 5\% + 0.1\% \times 2 = 5.2\%$$
$$3.5 \text{ 年期限点的收益率} = 5\% + 0.1\% \times 3 = 5.3\%$$
$$4.0 \text{ 年期限点的收益率} = 5\% + 0.1\% \times 4 = 5.4\%$$
$$4.5 \text{ 年期限点的收益率} = 5\% + 0.1\% \times 5 = 5.5\%$$

从表面上看，线性插值法解决了无足够期限点可用的问题。但要注意的是，在可用期限点跨度太大的情况下，用这种简单方法可能导致算出的期限点收益率与实际情况存在较大偏离。此外，新发行国债的融资能力、流动性都要好于非新发行国债，其收益率可能本身就高于报价（或观察到的）收益率。这时，仅用新发行国债可能并不能满足构建一个良好的即期收益率曲线的要求。

为解决新发行国债期限太少、跨度太大的问题，研究者又提出了其他解决办法。其中较为常见的一种方法是在采用新发行国债的基础上，再选择一些其他期限的已发行国债，协助完成计算。比如，已发行的剩余期限为 25 年期的国债就可以在一定程度上缓解 20 年期新发行国债与 30 年期新发行国债之间期限跨度过大的问题。

理论上讲，选用新发行国债，并配以部分已发行国债，再加上线性插值法的处理，并不能使影响无风险即期收益率曲线的全部信息都被包含。更适当的方法是用所有附息国债和国库券来构建即期收益率曲线,但这样就必须使用统计方法,而不是前面所提到的解鞋带法。

四、统计方法

统计方法主要通过引入折现因子(Discount Factor),利用统计方法完成对不同期限收益率的统计回归计算,然后描绘出即期收益率曲线。

折现因子是未来时间点的1单位价值在0时点的价格,这里以 d_t 表示。t 为现金流的到期期限,单位为年,例如,3个月为0.25年;10天为10/365年,即0.0274年。折现因子与年有效收益率的关系为

$$d_t = \frac{1}{(1+y_t)^t} \tag{5.8}$$

假设市场上存在许多种附息债券,第 i 种债券的价格用 P_i 表示,其在时间 t 支付的现金流记为 c_{it},则可以将债券 i 的价格表示如下:

$$P_i = d_1 c_{i1} + d_2 c_{i2} + \cdots + d_n c_{in} + \varepsilon_i \tag{5.9}$$

其中,ε_i 为随机误差项。

基于以上模型,利用市场数据进行回归分析,可以求出各期折现因子,进而求出各期限的即期收益率,得到收益率曲线。

五、样条函数法

在实践中,人们常假设折现因子具有以时间为自变量的函数的形式,并从时间上进行分段,将函数假定为样条函数(Spline Functions)。样条函数法强调样条函数由一些相对简单的分段多项式连接而成,段内光滑,段间连接处也具有一定的光滑性。美国财政部公布的每日国债利率,就是以三次样条函数法计算得到的。以下就对该方法进行简要介绍。

假设折现因子是到期期限的三次多项式:

$$d(t) = 1 + at + bt^2 + ct^3 \tag{5.10}$$

需要注意的是,在这个函数中,$d(0)=1$。为估计式(5.10)中的参数,可将市场上债券的价格数据与式(5.10)代入式(5.9),进一步整理成关于这些参数的方程,用最小二乘法或其他统计方法即可估计出参数。这样,我们可以计算出不同期限对应的折现因子,进而可以得到利率的期限结构。

显然,如果把从短至半年、长至30年的折现因子都视为具有同样形式和参数的变量,这种处理显然太过草率。在现实中,研究者往往假设折现因子函数在不同的到期日时间段上有不同形式的三次多项式,换言之,就是在不同的时间段上,参数 a、b、c

有不同的取值。这样通过市场数据的统计回归求解，得出折现因子函数，从而得出即期利率曲线的方法，就被称为三次样条函数法。

假设根据市场经验，以5年和15年为分界点，我们可以将利率期限结构划分为短、中、长期，并构造以下三次样条函数：

$$d(t) = \begin{cases} 1 + a_1 t + b_1 t^2 + c_1 t^3, \forall t \in [0,5] \\ d_2 + a_2 t + b_2 t^2 + c_2 t^3, \forall t \in (5,15] \\ d_3 + a_3 t + b_3 t^2 + c_3 t^3, \forall t \in (15,30] \end{cases} \quad (5.11)$$

为了保证函数的连续性和平滑性，需要令式（5.11）中各个方程的函数值、一阶导数值和二阶导数值在5年和15年两个节点处分别相等。通过市场上的债券价格和期限数据进行回归统计求出各参数值。进一步，可以根据t的不同取值，构造出整个收益率曲线。

第五节　利用收益率曲线正确计算债券价值

债券价值是指进行债券投资时，投资者预期可获得的现金流入的现值。债券的现金流入主要包括两部分：利息、到期收回的本金或出售时获得的现金。一般而言，当债券的购买价格低于债券价值时，这只债券才值得购买。根据资产的收入资本化定价理论，任何资产的价值都是在投资者预期的资产可获得的现金流入的基础上进行折现决定的。因而，债券的价值就可以用以下公式表示：

债券价值 = 未来各期利息收入的现值合计 + 未来到期本金或售价的现值　(5.12)

未来的现金流入包括利息、到期的本金（面值）或售价（未持有至到期）；计算现值时的折现率为等风险投资的必要收益率。

一般来说，债券的价值与折现率成反比。当折现率至到期日一直保持不变时，随着到期日的接近，债券价值将向面值回归。对于溢价发行的债券，随着到期日的接近，其价值逐渐下降；对于折价发行的债券，随着到期日的接近，其价值逐渐上升；而对于平价发行的债券，随着到期日的接近，其价值保持不变。

在金融分析中，收益率曲线不仅是研判利率走势和进行市场定价的基本工具，也是投资的重要依据。当我们在市场上自由交易国债时，不同到期期限及其对应的不同收益率形成了债券市场的基准收益率曲线。市场也因此而有了合理定价的基础，其他债券和金融资产的定价均是在这条曲线的基础上考虑风险溢价后得到的结果。

一般而言，我们以纵轴代表收益率，横轴代表距离到期日的时间，可以在这样的空间内绘制收益率曲线。收益率曲线有很多种，如基于国债的基准收益率曲线、存款收益率曲线、互换收益率曲线及信贷收益率曲线等。收益率曲线并非静止不变的，随时都可能发生快速的变动。例如，当市场出现较高的通货膨胀预期时，长期债券价格下跌的幅度往往大于短期债券。在正常情况下，收益率曲线将向右上方倾斜，因为随着距离到期日期限的变长，收益率会上升，以此反映投资风险随到期期限拉长而升高的情形。就这种收益率曲线而言，若长期收益率的升幅大于短期收益率的升幅，收益率曲线会变陡。倒挂的收益率曲线则向右下方倾斜，反映短期收益率高于长期收益率的异常情况。一般而言，收益率曲线发生倒挂的原因包括投资者预期通货膨胀率长期要下降，或者债券的供给将大幅减少等。

综上可以发现，利用收益率曲线计算债券价值的正确方法如下：将债券的利息和本金所形成的每笔现金流都视为一个零息债券，对每笔现金流都采用与之期限相当的折现率计算现值，然后加总即可。以下就用一个算例进行具体说明。

【例 5.3】

设一只期限为20年的附息债券，面值为100，票面利率为7%，每年支付一次利息。利率期限结构如表5.3第二列所示，试计算债券的价值。

表5.3 附息债券利率期限结构

期限（年）	即期利率（%）	现金流	现金流现值
1	5.0000	7	6.6666667
2	5.1026	7	6.3368163
3	5.2070	7	6.0112409
4	5.3680	7	5.6788852
5	5.4763	7	5.3619604
6	5.5874	7	5.0515594
7	5.7256	7	4.7406395
8	5.8428	7	4.4443421
9	5.8475	7	4.197325
10	6.0007	7	3.9085053
11	6.1307	7	3.6378662
12	6.2803	7	3.3702707
13	6.4358	7	3.1114123
14	6.5983	7	2.8615026
15	6.7687	7	2.6208292
16	6.9484	7	2.3895129
17	7.1388	7	2.1677182
18	7.3418	7	1.9555022

(续表)

期限（年）	即期利率（%）	现金流	现金流现值
19	7.5596	7	1.7529263
20	7.7950	107	23.845775

解：根据表5.3第二列所给出的即期利率，我们可以分别计算出每一期现金流的现值。

第1年为 $\dfrac{7}{1+5.0000\%} = 6.6666667$

第2年为 $\dfrac{7}{(1+5.1026\%)^2} = 6.3368163$

第3年为 $\dfrac{7}{(1+5.2070\%)^3} = 6.0112409$

……

第20年为 $\dfrac{7}{(1+7.7950\%)^{20}} + \dfrac{100}{(1+7.7950\%)^{20}} = 23.845775$

因此，将每一年的现金流现值进行加总即可得到债券的价值，即

$$\dfrac{7}{1+5.0000\%} + \dfrac{7}{(1+5.1026\%)^2} + \dfrac{7}{(1+5.2070\%)^3} + \cdots + \dfrac{7}{(1+7.7950\%)^{20}} + \dfrac{100}{(1+7.7950\%)^{20}} = 100.11126$$

通过这个算例，我们可以更清晰地看到，如何利用收益率曲线找到不同期限对应的折现率，进而进行现金流折现并加总，最终计算出债券的价值。

第六节　互换收益率曲线

利率互换是一种常见的金融衍生工具。参与利率互换的交易双方约定在一笔名义本金的基础上定期交换按不同性质的利率计算的利息，即进行同种通货不同利率的利息交换。在普通的利率互换中，一方支付按固定利率计算的利息，另一方支付按浮动利率计算的利息。比如，一个2年期、每半年交换一次利息、名义本金为1000万元的普通利率互换，固定利率利息的支付方，按照互换合约规定的不变的固定利率每半年向对方支付按名义本金为1000万元计算的利息，同时接受对方按照同样本金以计息期初的市场半年期利率计算的浮动利息。浮动利率每半年根据确定的市场参考标准确定，半年期期末据此计息并交换。浮动利率的参考标准一般是约定俗成的，比如，在国际

上一般采用 LIBOR 作为参考利率，中国互换的参考利率有回购定盘利率、SHIBOR 等。

在利率互换中，我们习惯称支付固定利率的一方为互换交易的多头方或买方；而称浮动利率的支付方为互换的空头方或卖方。互换中的固定利率被称为互换利率。因此，市场上有多长期限的互换合约就有多长期限的互换利率。

互换利率的风险对应于其参考的市场利率的风险。比如，国际上互换的浮动利率主要参考 LIBOR，相应的互换利率的风险就对应于伦敦银行同业拆借的风险。互换利率相对互换期限的变化的曲线就是互换收益率曲线。从互换收益率曲线出发，也可以推导出相应的即期利率曲线。这与从国债收益率出发得到即期收益率曲线的推导方法是相同的。但是，互换收益率曲线是体现风险的，其风险也是金融市场参与者所熟知的。这样，金融市场又有了一条与由国债收益率推导出来的无风险即期收益率曲线不同的、有风险的即期收益率曲线作为参考标准。近年来，互换收益率曲线已得到投资者们越来越多的认可和应用。

互换利率反映的是利率互换的对手方的信用风险。由于利率互换的对手方通常为与银行有关的实体，因此互换利率反映了提供利率互换的代表性银行的平均信用风险。所以，以互换收益率曲线代表银行同业收益率水平是合适的。又因为相互借款的银行的评级至少为 AA 级，该曲线也被称为 AA 级收益率曲线。

相对于国债收益率曲线而言，互换收益率曲线具有一定的优势，主要包括以下三点：

（1）利率互换在很多期限上均有活跃的交易，而国债只在一些关键期限上有较大的交易量，这使得互换收益率曲线能够提供更多期限的利率信息；

（2）新的互换会在市场上不断产生，这使得特定到期日的互换利率具有延续性；

（3）互换是零成本合约，供给是不受限制的，不会受到发行量的制约。

有关互换收益率曲线的构建，我们将在后面的章节详细说明。

第七节　考虑利率非均衡变化下的久期

一、收益率重构久期

在第四章中，我们已经介绍了久期。作为衡量债券价格利率敏感性的重要指标，久期是以债券的到期收益率变化为依据的。也就是说，在第四章的介绍中，我们假设债券的所有现金流都以相同的折现率贴现。从本质上讲，那里的推导假设收益率曲线是水平的，且利率的变化是以上下平行移动的形式进行的。在本章中，我们可以看到，债券的价格应该以与债券的现金流相当的收益率曲线贴现得到，而反映利率期限结构的收益率曲线却通常不是水平的，不同期限利率的变化也不是同升或同降（平行移动）

的。当利率以非平行方式波动时，用前面所使用的以久期来衡量债券价格或投资组合价值变动的敏感性就不再合理了。特别是对于债券组合而言，这个缺陷更加突出。在这种情况下，收益率曲线重构久期、关键利率久期都是度量利率非平行移动的债券价格利率敏感性的常见指标。

收益率曲线重构久期法重点考察的是债券组合价值对收益率曲线形状变化的敏感性。该方法的第一步是定义收益率曲线的斜率。如果不同期限的曲线斜率变化不同，曲线的形状就会发生上下旋转，债券价值对长短期曲线斜率变化的敏感性也就反映了债券价值对收益率曲线非平行移动的敏感性。对于收益率曲线的斜率，有不同的定义方式。常用的方式是把收益率曲线的斜率定义为两个期限水平的国债收益率之差。期限分界点则可以根据市场情况或参与者自己的经验确定。下面，我们以美国所罗门兄弟（Salomon Brothers）公司的做法进一步说明这个问题。

20世纪90年代，美国所罗门兄弟公司提出收益率曲线重构久期的概念。其从收益率曲线上取三个关键点：2年、10年、30年，将10年期利率与2年期利率的差称为收益率曲线短端利差；将30年期利率与10年期利率的差称为收益率曲线长端利差。相应地，将投资组合对收益率曲线短端变化的敏感性称为短端久期（Short-end Duration，SEDUR）；将投资组合对收益率曲线长端变化的敏感性称为长端久期（Long-end Duration，LEDUR）。

为计算投资组合的短端久期，先计算下列情况每只证券的价格变动：

（1）收益率曲线短端利差变大 x 个基点，即收益率曲线短期变陡峭 x 个基点。

（2）收益率曲线短端利差变小 x 个基点，即收益率曲线短期变平缓 x 个基点。

然后加总收益率曲线变陡峭后投资组合中每只债券的价值，计算出收益率曲线短端变陡峭后投资组合的价值，用 $V_{SE,S}$ 表示，其中 V 表示投资组合的价值，SE 表示短端，S 表示曲线变陡峭。类似地，计算出收益率曲线短端变平缓后投资组合的价值，用 $V_{SE,F}$ 表示。由此知道短端利差变化时价值的变化，然后用久期近似公式计算短端久期，见式（5.13）。

$$\text{SEDUR} = \frac{V_{SE,S} - V_{SE,F}}{2V_0 x} \quad (5.13)$$

其中，V_0 为投资组合的初始价值（收益率曲线变化前的价值）。长端久期也可以照此计算，见式（5.14）。

$$\text{LEDUR} = \frac{V_{LE,S} - V_{LE,F}}{2V_0 x} \quad (5.14)$$

由短端久期和长端久期，我们就得到了收益率短端和长端斜率变化时组合价值变化的百分比变化值，也就是收益率曲线形状变化的敏感性。

二、关键利率久期

由于收益率曲线的非平性质，不同期限对应的收益率各不相同。每个期限的收益率发生的变化都会影响到相关期限的现金流以及债券的价格,因此,收益率曲线上每个点都对应着一个利率久期。为了更精确地度量债券价格对收益率变动的敏感性,有些学者提出了久期向量和多维久期的概念。但是,在实践中,我们不可能考虑所有期限的久期,而且考虑所有期限的久期也并无太大必要。后来,人们逐渐认识到某些关键期限的利率对债券投资的影响非常大,于是关键期限久期的概念应运而生。随后,有学者将其中最重要的期限对应的久期专门提出来,并称之为关键利率久期(Key-rate Duration)。

在关键利率久期的计算中,可以考察 3 个月、1 年、2 年、3 年、5 年、7 年、10 年、15 年、20 年、25 年及 30 年共 11 个关键期限的久期情况。目前一般认为,1 年期、5 年期和 10 年期利率可被视为这些关键期限利率的典型代表。

以这些关键期限利率为基础,关键利率久期成为度量固定收益证券价格对利率敏感性的一种分析工具。具体而言,它描述的是当关键期限利率发生变化时,债券价格的变动程度,即债券价格对关键期限利率变动的敏感性。在讨论多个关键期限利率之间的关系时,我们可以假定关键期限利率对其他非关键期限利率的影响是简单的线性影响(例如线性递减关系)。

具体到关键利率久期的计算,其基本原理可以归纳为:令特定期限的收益率改变,并且在其他期限收益率不变的情况下,确定某只债券的价格或债券投资组合的价值对该变动的敏感性,所得结果就是关键利率久期。所以,关键利率久期就是在保持其他所有期限的收益率不变时,特定期限收益率变化引致的债券价格或债券投资组合价值的变化率。

关键利率久期的计算可以分三步完成,具体步骤如下:

(1)选择利率水平变化的关键年,如默认可选择 1 年、3 年、5 年、7 年、10 年、15 年、20 年或 30 年。

(2)设定其他期限利率随关键期限利率变动的关系,可设关键期限利率对非关键期限利率的影响是单纯线性影响——关键年利率变动最大,其附近期限的利率变动线性递减,到邻近的关键年时这种影响已经递减为 0。

(3)假定第 n 个关键年的利率分别向上和向下发生一个微小的变动 Δy,债券价格相应变动 ΔV。根据上述关键年利率变动的关系,可构建新的债券利率期限结构,以及按以上规则变动后的到期收益率曲线,并据此分别计算关键利率变化后的债券价格,结合债券当前价格 V_0,得到该 n 年期的关键利率久期:

$$D_n = \frac{V_- - V_+}{2 V_0 \Delta y} \tag{5.15}$$

其中,V_+ 是利率上升 Δy 时债券的价格,V_- 是利率下降 Δy 时债券的价格,V_0 是债券的当前价格。

关键利率久期在实际中应用较为广泛,特别是在对债券进行风险评估后,可将其用于投资过程中的风险限额管理，如采用关键利率久期指标对投资风险限额进行监测或对利率风险进行分析。不过，在关键利率久期的计算过程中，还必须对以下技术细节加以明确：

（1）关键利率久期计算的收益率曲线采用的是市场基准收益率曲线还是自身价值对应的收益率曲线。

（2）关键利率久期采用的是近似算法还是根据即期收益率曲线计算出的理论的V_-和V_+。本书建议分别计算理论的V_-和V_+，因为关键利率变动会导致新的利率期限结构不再平滑，故不应利用泰勒一阶近似计算。

（3）关键利率久期计算时的V_0采用的是该债券的市场价格还是当前的理论价格。

（4）插值方法可以选择样条法、立方样条法和线性插值法等多种方法，需要进行市场验证，选择最佳方法。

（5）计算久期等风险指标时采用的债券价格是净价。

只有明确了上述问题，才能更好地了解所用的模型和参数，避免在投资或风险限额管理实务中执行的片面性或绝对性，真正发挥指标的预警作用。

本章小结

1. 两只可比期限债券的收益率之差被称为收益率利差，通常用基点表示。利差反映了市场对于有关风险的补偿水平。

2. 因期限不同形成的利率结构被称为利率的期限结构。利率期限结构可以通过收益率曲线的形式呈现。常见的收益率曲线主要包括到期收益率曲线、平价到期收益率曲线、即期收益率曲线、互换收益率曲线等。大多数收益率曲线是基于对国债市场价格与收益率的观测而构建的。

3. 即期利率是指当前时刻各种不同期限的零息债券的到期收益率，远期利率是指相对现在时刻的未来一定期限的利率，此二者是相互关联的。实际上，即期利率与远期利率的最大区别在于计息日的起点不同。即期利率的起点在当前，而远期利率的起点在未来的某一时刻。从计算角度而言，所有的远期利率都可以根据即期收益率曲线上的即期利率求得。

4. 利率期限结构理论可帮助我们更好地理解市场利率期限结构。利率期限结构理论大致可以分为四类：无偏预期理论、流动性偏好理论、市场分割理论和期限偏好理论。

5. 即期收益率曲线是以市场上的国债数据为基础，通过从理论上推导出无风险国债的即期收益率而画出的曲线。构建收益率曲线的方法主要包括解鞋带法、线性插值法、统计方法、样条函数法等。利用收益率曲线，我们可以正确计算出债券价值。

6. 互换利率主要基于银行间报价形成，其水平反映了银行间的信用和流动性风险。

因此，互换收益率曲线也被视为银行同业收益率曲线。相对于国债收益率曲线而言，互换收益率曲线因为互换交易的特点而具有一定的优势。

7. 为了考察收益率曲线形状对收益率变化的敏感性，投资者们利用收益率重构久期。在利率期限结构中，某些关键的整数期限的利率会对金融市场交易者心理产生较大影响，其中最重要的期限对应的利率久期被称为关键利率久期，可用于投资过程中的风险限额管理、风险监测和利率风险分析。

习 题

1. 如果预期即期利率_____，债券价值将被低估。
   A. 等于当前的远期利率
   B. 低于当前的远期利率
   C. 高于当前的远期利率

2. 下表列出了到期期限为1年、2年、3年的零息债券的即期利率。

到期期限（年）	1	2	3
即期利率（%）	5	6	7

(1) 计算从今天起1年后发行的1年期零息债券的远期利率 $f_{1,2}$。
(2) 计算从今天起2年后发行的1年期零息债券的远期利率 $f_{2,3}$。
(3) 计算从今天起1年后发行的2年期零息债券的远期利率 $f_{1,3}$。
(4) 根据（1）和（2）的计算结果，描述即期利率与隐含的1年期远期利率之间的关系。

3. 假设存在一个面值为100元的3年期附息债券，票面利率为10%且每年付息一次。若当前债券市场上1年期、2年期、3年期的即期利率分别为3%、4%、5%。
(1) 使用即期利率来计算该债券的价格。
(2) 计算该债券的到期收益率。

4. 利率期限结构的四种基本类型是什么？针对利率期限结构形状的理论解释有哪些？

5. 请用市场分割理论来解释中国短期利率和长期利率的差别。

6. 假设某2年期债券A的到期收益率为5%，而另一2年期的国债B的到期收益率为3%，计算二者的收益率的绝对利差和相对利差。

7. 下表为各期限债券的利率期限结构，请利用该表计算一个面值为1000元、票面利率为5%的附息债券在各个期限的到期收益率，若该债券每年折现一次，请画出到期收益率曲线。

期限（年）	即期利率（%）	到期收益率（%）
1	5.0000	
2	5.1026	
3	5.2070	
4	5.3680	
5	5.4673	
6	5.5874	
7	5.7256	
8	5.8428	
9	5.8475	
10	6.0007	

8. 某国债于2011年4月27日发行，到期期限为20年，每半年付息一次，票面利率为4.15%。2021年5月14日，该债券的价格为113.04元，当日的利率期限结构的信息如下表所示。试计算该债券的1年期关键利率久期；若此时1年期关键利率上升10个基点，该债券的价格将如何变化？

期限（年）	1	3	5	7	10
即期利率（%）	2.4750	2.6862	2.9344	3.0694	3.1900

第六章 利率模型

如我们所知，现实中各种期限的市场利率都是随着经济现实的演变而在不断变化的。因此，像其他经济变量一样，各种期限的利率都是随时间变化的随机变量，可视为定义在时间参数上的随机过程。

在金融市场中，固定收益证券及其衍生产品的价值都可被视为利率的函数。因此，当我们评估固定收益证券组合价值的大小或变化时，就必须研究利率随时间变化的规律，从而进一步设计、调整投资或其他经济决策。在这个过程中，各种利率模型（Interest-rate Models）应运而生，成为对这个问题的回应。

利率模型是对利率随时间变化的统计规律的描述。其包含的统计特征主要有：均值随时间的变化（即漂移）、波动率、均值回归。讨论和研究利率模型最常用的数学工具是随机微分方程（Stochastic Differential Equations）。考虑到随机微分方程超出了本书的范围，我们在此只对其概念和做法进行简单介绍。读者可通过数学或其他专业文献更深入地了解或学习相关内容。

利率模型分为静态利率模型和动态利率模型两类。静态利率模型以当天市场的债券价格信息为基础，通过构造收益率曲线得到理论价格来逼近债券的市场价格，从而得出符合当天价格信息的利率期限结构。第五章收益率曲线的构建属于利率静态模型的范畴。在本章中，我们把利率看作随机变量，研究作为随机过程的利率变化的动态利率模型。

第一节 均衡模型：单因素模型

动态利率模型通常分为两类：均衡模型（Equilibrium Models）和无套利模型（Arbitrage-free Models 或 No Arbitrage Models）。均衡模型是一种由经济学的均衡分析方法得出的模型，它从假设一些影响利率变化的基本经济变量出发，推出无风险利率的动态变化过程，然后将该过程用于债券价格和利率衍生品价格的求解。无套利模型则由无套利分析方法得出，主要利用市场上的价格信息推导出利率的动态变化过程。

我们首先介绍均衡模型。均衡模型主要通过三步为利率或有要求权定价：首先，利用已建立好的因子模型（由经济学以及随机过程理论推导而来）来推导出理论零息债券的收益率曲线；其次，利用参考债券的市场价格来校准模型并推出模型的参数值；最后，利用已确定的参数来为金融衍生品定价。根据状态变量集中随机变量的个数，可以将利率期限结构模型分为单因素模型和双（多）因素模型两大类。在本节中，我们重点介绍单因素模型。

在单因素模型中，我们假设短期利率是服从某种统计规律的；利率期限结构中的其他期限的利率与短期利率相关，并可以通过短期利率推导得到。正是因为短期利率是确定各个期限利率的唯一因素，所以该模型被称为单因素模型。

与单因素模型相对的，还有多因素模型，其中较为常见的是双因素模型，该模型将一定期限的长期利率设定为决定其他期限利率的第二个因素。对于多因素模型，本书不做过多介绍，感兴趣的读者可以研读相关资料。

在实际工作中，应用最多的就是单因素模型，原因主要在于：第一，多因素模型增加了模型复杂性，计算较为烦琐；第二，在实证检验中，单因素模型已经表现出了良好的适用性。当利率发生变化时，利率平移占主导地位，因此，单因素模型成为应用最为广泛的利率模型。接下来，就对这一模型做具体介绍。

单因素模型的一般建模方法是假定短期利率服从布朗运动，即

$$dr = \mu dt + \sigma dz \tag{6.1}$$

其中，r 表示短期利率；μ 表示短期利率漂移率，即均值变化率；σ 代表短期利率波动率；$dz = \varepsilon \sqrt{dt}$，表示标准布朗运动；$\varepsilon$ 服从标准正态分布。

另一种常见的设定是假设短期利率服从几何布朗运动，即

$$d\ln r = \mu dt + \sigma dz \tag{6.2}$$

在上述短期利率遵循布朗运动或几何布朗运动的模型中，短期利率漂移率 μ 和波动率 σ 都是与短期利率水平及时间无关的常数。当允许它们随着利率取值和时间的变化而变化时，即我们用 $\mu(r,t)$ 和 $\sigma(r,t)$ 分别表示漂移率和波动率时，式（6.2）过程就演变为伊藤过程。

如果假设漂移项遵循均值回归过程（Mean-reversion Process），以第一个布朗运动为例，可设：

$$\mu(r,t) = -a(r - \bar{r}) \tag{6.3}$$

其中，$\bar{r}$ 表示短期利率的长期稳定均值，a 代表调整速度（Speed of Adjustment），那么我们就可以根据式（6.3）来讨论漂移项的动态变化。

类似地，如果假设波动率不取决于时间，那么可以设定 $\sigma(r,t) = \sigma(r)$。通常波动

率可表示为

$$\sigma(r) = \sigma r^{\gamma} \tag{6.4}$$

其中，γ 被称为固定方差弹性（Constant Elasticity of Variance）。式（6.4）又被称为固定方差弹性模型（Constant Elasticity of Variance Models，CEV Models）。

随着 γ 取不同的值，其可以体现波动率变化的不同范式，具体如下：

$$\gamma = 0, \sigma(r,t) = \sigma, \quad \text{Vasicek 范式}$$
$$\gamma = 1, \sigma(r,t) = \sigma r, \quad \text{Dothan 范式}$$
$$\gamma = 1/2, \sigma(r,t) = \sigma \sqrt{r}, \quad \text{Cox-Ingersoll-Ross 范式}$$

在布朗运动假设下，Vasicek 范式波动率独立于短期利率，因此被称为正态模型。该模型形式比较简单，计算较为方便，但是有可能产生负利率。Dothan 范式被称为比例波动模型，在该模型下依然存在出现负利率的可能。而 Cox-Ingersoll-Ross 范式被称为平方根模型，在该模型下不可能出现负利率，从而弥补了前两个模型的缺陷。

需要注意的是，在实际应用中，考虑到均值回归的问题，并为了避免负利率，人们通常采用如下的利率模型进行建模计算，即

$$dr = -a(r - \bar{r})dt + \sigma \sqrt{r} dz \tag{6.5}$$

该模型被称为均值回归平方根模型（Mean-reverting Square-root Models）。根据该模型的设定，一方面，漂移项遵循均值回归过程，短期利率的长期稳定均值为 $\bar{r}$、调整速度为 a；另一方面，受到利率波动率动态变化设定的影响，在该模型下不会出现负利率的情况。

第二节 无套利模型

无套利模型由无套利分析方法得出，其主要研究思想是利用市场上的价格信息推导出利率随机微分方程，从而实现对市场中利率期限结构的刻画。可见，无套利模型是基于已知的市场债券或者其他利率衍生品的价格构造出收益率曲线，再利用得到的收益率曲线对其他利率产品进行定价的。因此，该模型得到的价格是一种相对价格，其也被称为相对定价模型。

一、一般无套利模型

利率模型分析的起点是一系列金融工具的市场观察值。这一系列金融工具主要包括现货市场产品和利率衍生产品等，它们分别被称为基础性工具与参考组。基本的做

法是，假设基础性工具定价公允，给定产生期限结构的随机过程，在随机过程中给定利率的漂移项和波动项，根据给定的随机过程形式及表示漂移项的参数的假设值，利用某个计算程序计算出使定价过程产生的基础性工具价格等于市场价格观察值的利率期限结构（即期收益率曲线），然后用得出的利率期限结构和假设的波动率来计算非基础性工具的价格。

在定价中，目前最常用的无套利模型主要包括以下几种：

（1）Ho-Lee 模型（Ho-Lee Model）。作为第一个无套利模型，该模型由 Thomas Ho 和 Sang-bin Lee 两人在 1986 年提出。在离散时间框架下，该模型假定市场满足标准完全资本市场假设，即市场无摩擦——无税收，无交易成本，所有的证券完全可分；市场在离散时间点出清；市场完全；对任意的时点，存在有限个状态。此外，该模型没有设定均值回归，并且认为波动率独立于短期利率水平。因此，该模型是一个正态模型。本节将较为详细地介绍这一模型，以便读者理解无套利模型的基本思路。

（2）Hull-White 模型（Hull-White Model）。该模型是由 John Hull 和 Alan White 两人在 1990 年建立的。与 Ho-Lee 模型类似，该模型也是一个正态模型，但是其设定了均值回归过程，因此，该模型是第一个无套利均值回归正态模型。

（3）KWF 模型（Kalotay-Williams-Fabozzi Model）。该模型由 Andrew Kalotay、George Williams 和 Frank Fabozzi 三人在 1993 年提出，由对短期利率变动自然对数建模得到，属于对数正态模型。该模型考虑了不允许均值回归的情况。KWF 模型在含权债券的定价中有较为广泛的应用。作为对 KWF 模型的一般化推广，对数正态模型中还有 Black-Karasinki 模型（Black-Karasinki Model）和 BDT 模型（Black-Derman-Toy Model），并允许均值回归。

（4）HJM 模型（Heath-Jarrow-Morton Model）。该模型是由 David Heath、Robert Jarrow 和 Andrew Morton 于 1992 年提出的，这是一个在连续时间框架下的一般化多因素无套利模型。该模型没有对投资者偏好进行特殊设定，只强调对远期利率的波动率结构的刻画和描述。因此，其他很多利率模型都可被视为该模型的特例。

二、Ho-Lee 模型

Ho-Lee 模型假定短期利率服从布朗运动的形式。以下将借助二叉树的形式，对该模型进行介绍。其中，令 r 为当前短期利率，τ 为以年为单位的利率变化涉及间隔长度，利率的变化可由以下利率二叉树表示：

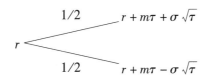

将下一时点的利率设为 r'，则

$$r' = r + m\tau + \sigma\sqrt{\tau} \text{ 或 } r' = r + m\tau - \sigma\sqrt{\tau}$$
$$E(r') = r + m\tau$$
$$D(r') = \sigma^2\tau$$

选择模型参数的标准是要保证模型是无套利模型，即应用该模型给债券及金融衍生产品确定的价格应等于债券及金融衍生产品的市场价格，波动率 σ 可以从利率波动的历史数据得到或使用隐含波动率。

我们假设 6 个月利率为 5%，1 年期利率为 5.2%，假设漂移系数为 m，$\sigma = 0.45\%$，利率变化的时间间隔长度为 6 个月，即 $\tau = 1/2$，则每一步的波动值为

$$\sigma\sqrt{\tau} = 0.0045 \times \sqrt{0.5} = 0.00318198$$

根据模型，1 年期零息债券价格变化情况如图 6.1 所示。

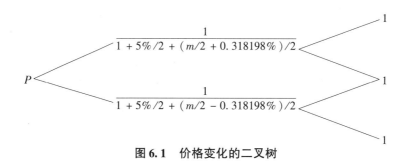

图 6.1 价格变化的二叉树

根据图 6.1，可以得到该债券价格的计算公式，具体如下：

$$P = \frac{0.5 \times \dfrac{1}{1 + 5\%/2 + (m/2 + 0.318198\%)/2} + 0.5 \times \dfrac{1}{1 + 5\%/2 + (m/2 - 0.318198\%)/2}}{1 + 0.05/2}$$

由于已知 1 年期即期利率为 5.2%，1 年期面值为 1 元的零息债券的价格为

$$\frac{1}{(1 + 0.052/2)^2} = 0.94996 \text{（元）}$$

又由于市场不允许套利的存在，故 $P = 0.94996$ 元。因此可以求出，$m = 0.38475\%$。将 $r = 0.05$，$m = 0.38475\%$，$\sigma = 0.45\%$ 代入 6 个月的利率二叉树模型，有

$$r' = r + m\tau + \sigma\sqrt{\tau} = 0.05 + \frac{1}{2} \times 0.38475\% + 0.318198\% = 5.51\%$$

同样，令 $r' = r + m\tau - \sigma\sqrt{\tau}$，得到它的另一个值为 4.87%。

此时，半年期利率二叉树形态如图 6.2 所示。

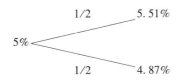

图 6.2 利率二叉树

为了将利率二叉树往后再延长一个时期，我们可以根据 Ho-Lee 模型假设：在整个讨论时间内利率波动基点波动率没有变化。因此，扩展的利率二叉树将具有如图 6.3 所展示的形式。

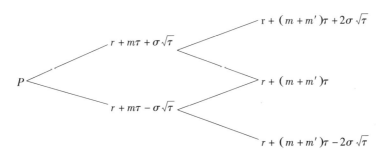

图 6.3 拓展的利率二叉树

继续沿用此前的推导方法，我们可以通过 1.5 年期零息债券的价格信息求出 m'，进而构建出 1.5 年期的利率二叉树。

通过本例可见，Ho-Lee 模型的优点在于它的简单性：任何一期的利率都是由前期利率加上一个漂移值再加上或减去某一固定的随机波动值得到的。

但是，由于服从正态分布的随机变量取值于 $(-\infty, \infty)$，故 Ho-Lee 模型的第一个不足之处在于允许利率取负值。当把随机波动值加到前期的利率上，或用前期的利率减去随机波动值时，如果波动值取足够大的负值时，利率就变为负数。Ho-Lee 模型的第二个不足之处是假定短期利率波动值不依赖于利率水平，即利率随机波动值是一个固定不变的确定值。

三、无套利模型与均衡模型的述评

无套利模型因其基于市场中已有资产的价格进行分析的特点，假设市场价格是可以依赖的。也就是说，无套利模型认为人们可以利用某个时点上的一系列市场价格观测值得到利率期限结构上的利率取值，然后构建出利率的期限结构。而均衡模型则是利用经济理论假定影响利率变化的基本经济变量，从而构建出描述利率期限结构变化的动力学模型。在均衡模型的建模过程中，我们需要施加一定的限制，以便可以根据模型推导出债券及利率衍生产品的闭合解。

需要注意的是，在对均衡模型的理解中，有两点非常重要：

（1）利率波动率的函数形式是给定的；

（2）利率漂移项随时间向上或向下漂移的方式也是依照规定确定的。

在具体区分无套利模型与均衡模型时，可以考虑以下两个方面：

（1）模型的设计是否旨在保持与初始的期限结构相一致；

（2）参数的设定是否显示出某类特定的利率期限结构，无套利模型的缺陷是初始结构就是模型的输入值，不可以由模型来解释。

当然，这两类模型都是为了解决不同的问题提出的。在实践中，当我们运用均衡模型时还要注意两个方面：

（1）许多经济研究理论皆归因于投资者的效用函数，均衡模型建模时也必须规定假设的效用函数形式；

（2）模型不是根据市场校准的，根据模型得到的价格会使当前的期限结构中出现套利，也就是说，计算结果可能会与市场值有异。

第三节 二叉树模型及无套利定价分析方法

如前所述，无套利模型是由无套利分析方法得出的，其假设市场中已知的资产价格可以依赖，因此可以通过根据已有债券或者其他利率衍生品的价格构造出收益率曲线，再利用得到的收益率曲线对其他的利率产品进行定价。为帮助读者更好地理解这类利率模型的思想，并加深对无套利定价分析方法的认识，本节将继续以二叉树模型为基础，重点介绍无套利定价分析方法及其应用。

我们以一个算例对无套利定价分析方法做具体展示。

【例 6.1】

假设已知半年期和 1 年期的即期利率分别为 1.89% 和 1.95%，与此同时，假设从现在开始，半年之后，半年期利率将以同样的概率上升到 1.90% 或 2.05%。该假设以二叉树形式表示如下：

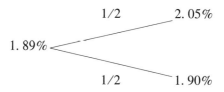

分析 100 元面值的半年期零息债券和 1 年期零息债券的价格变化情况。

解：（1）首先，面值为 100 元的半年期零息债券价格为

$$\frac{100}{1+\frac{0.0189}{2}}=99.06\text{（元）}$$

所以，计算得到的价格树为

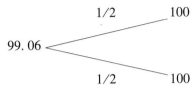

（2）继续分析 1 年期债券的价格变化情况。

以半年为一期，以 $t=0$ 为始，将该问题分解成为一个三时点问题。

$t=0$ 时，由于 1 年期利率为 1.95%，因此，1 年期零息债券的价格是

$$\frac{100}{(1+\frac{0.0195}{2})^2}=98.08\text{（元）}$$

$t=1$ 时，1 年期零息债券变成半年期零息债券，而 1 年后的半年期利率分为 2.05% 与 1.90% 两种情况，因此，1 年期债券这时的价格因上下分支而不同。

在上半支，其价格为

$$\frac{100}{1+\frac{0.0205}{2}}=98.99\text{（元）}$$

在下半支，其价格为

$$\frac{100}{1+\frac{0.0190}{2}}=99.06\text{（元）}$$

将时间轴标注在二叉树的下方，该债券价格变化过程的情况为

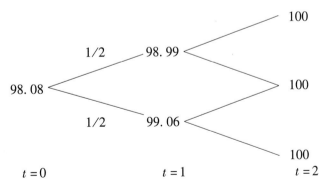

又因为当 $t=1$ 时，1 年期零息债券的期望价格是

$$\frac{98.99+99.06}{2}=99.025\text{（元）}$$

将所得价格以半年期利率折现到 $t=0$，得到基于步骤（1）中利率二叉树的理论价格：

$$\frac{99.025}{1+\frac{0.0189}{2}} = 98.10 \text{（元）}$$

可以发现，98.10≠98.08，即根据利率二叉树得到的计算价格与实际价格并不相等。这里的原因在于，从投资半年的角度考虑，1年期债券半年之后的价格可能是98.99元或者是99.025元，这是有风险的。而投资者是厌恶风险的，因此要求获得风险补偿，所以以其期望值折现得到的价格会高于其实际的价格，高出的部分就是风险补偿。

现在我们接续上面的例题，通过为基于上述债券的看涨期权定价，进一步讨论无套利分析定价方法。

【例6.2】

假设已知一只看涨期权的标的资产正是例6.1中所讨论的1年期零息债券，期权的到期日（即期权的执行日）是半年后，期权的执行价格为99.00元。

由前文可知，1年期零息债券的价格二叉树为

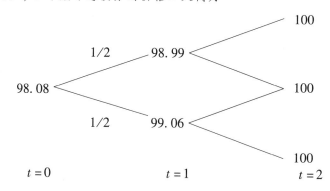

将该看涨期权的价格变动情况也采用二叉树的方法进行展示，其价格变动情况如下图所示。问：该看涨期权的价格是多少？

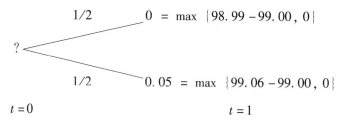

解： 此处我们利用无套利分析方法对这一期权定价。

首先，我们必须构造复制该期权的证券组合并对这个证券组合进行估价。在$t=0$时，构造一个由半年期零息债券和1年期零息债券组成的证券组合，设$V_{0.5}$和V_1分别表示复制的证券组合中半年期零息债券和1年期零息债券的面值，为了与

期权到期时的现金流情况完全等价，这些面值必须满足下列方程组：

$$\begin{cases} V_{0.5} + 0.9899\, V_1 = 0 \\ V_{0.5} + 0.9905\, V_1 = 0.05 \end{cases}$$

由此解得

$$\begin{cases} V_{0.5} = -82.49 \\ V_1 = 83.33 \end{cases}$$

在市场不存在套利机会的情况下，按照一价原则，期权价格必须等于该复制证券组合的价格，即

$$0.9906 \times (-82.49) + 0.9808 \times 83.33 = 0.02 \text{（元）}$$

所以，该看涨期权价格为 0.02 元。

我们必须强调的是，期权的价格不是由期权的最终期望收益折现而得到的，这一点非常重要。例如，半年期期权可能的取值为 0 或 0.05 元，它的期望值为

$$0.5 \times 0 + 0.5 \times 0.05 = 0.025 \text{（元）}$$

将其折现到当前，其价值为

$$0.025 / (1 + \frac{0.0189}{2}) = 0.0248 \text{（元）}$$

由于看涨期权具有风险，因此期权真实的价格应低于它期望收益的折现，导致投资者购买期权所支付的费用应小于期权到期价值的折现值。这与前面讨论 1 年期债券的价格的情况是相同的。

第四节 风险中性定价

风险中性定价（Risk-neutral Valuation）属于无套利定价分析方法，或者说，风险中性定价是由无套利定价分析方法得到的自然结果。因此，作为前述部分的拓展延伸，我们将以债券定价为例，介绍风险中性定价方法的基本原理和计算特点。

一、风险中性定价的基本原理和计算特点

【例 6.3】

假设 1 年期债券利率为 5.2%，半年期债券利率为 5%，半年期利率在半年之后按以下二叉树所示的规律变化：

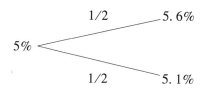

问：(1) 考虑一只面值为1000元的半年期零息债券，其价格变动情况如何？

(2) 若换作一只面值为1000元的1年期零息债券，其价格又将如何变动？

解：(1) 一个面值为1000元的半年期零息债券价格为

$$\frac{1000}{1+\frac{0.05}{2}}=975.61\text{（元）}$$

以二叉树形式展示计算所得的该债券价格变化情况为

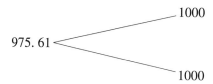

(2) 若讨论对象换作一只面值为1000元的1年期零息债券，根据已知的利率变动情况，将每半年作为一期，$t=0$时，该债券的价格为

$$\frac{1000}{\left(1+\frac{0.052}{2}\right)^2}=949.96\text{（元）}$$

$t=1$时，上半支价格为$\frac{1000}{1+\frac{0.056}{2}}=972.76\text{（元）}$，下半支价格为$\frac{1000}{1+\frac{0.051}{2}}=975.13\text{（元）}$。

将该价格变动以二叉树形式进行展示，具体为

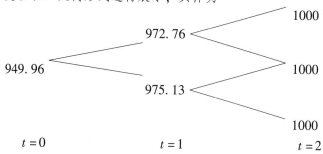

那么，1年期债券在半年后价格的期望值为

$$\frac{972.76+975.13}{2}=973.95\text{（元）}$$

其折现值为

$$\frac{973.95}{1+\frac{0.05}{2}}=950.20\ (\text{元})$$

上例中，950.20 > 949.96，这又一次显示，1 年期零息债券在半年后价格的期望值的折现并不等于该零息债券的价格。但是，经济理论证明，在不存在套利机会的情况下，市场必然存在某一利率变化的概率分布。应用此概率分布求半年后该零息债券的期望值，再把其折现后就等于它的初始价格，此概率被称为虚拟概率或者风险中性概率。我们可以先得到这一概率，然后，用这一概率对期望值折现得到债券的价格。这种定价方法被称为风险中性定价方法。风险中性概率在这里可以根据以下方法求得。

在例 6.3 中，如果我们设 P 为利率取值于上升状态值的概率，$1-P$ 为利率取值于下降状态值的概率，然后选择 P，使得

$$\frac{972.76P+975.13(1-P)}{1+\frac{0.05}{2}}=949.96$$

可见，此处我们是在寻找一组新的概率测度，以代替实际利率上升的概率，使得在此新概率下，债券价格的期望值折现就是债券的价格。求解上述方程可得 $P=0.585$，即上升概率为 0.585，下降概率为 $1-0.585=0.415$。在这组新的概率测度之下，债券的定价只考虑了货币的时间价值，而未有风险补偿，因此这组新的概率测度就是风险中性概率测度，这一定价方法就是风险中性定价方法。

二、无套利定价与风险中性定价的关系：以看涨期权定价为例

如前所述，风险中性定价方法是基于无套利假设得出的一种定价方法。此处将继续以基于债券的看涨期权定价为例，探讨无套利定价与风险中性定价的关系。

【例 6.4】

设一只看涨期权的标的资产是如例 6.3 中展示的 1 年期的零息债券，期权的到期日（即期权的执行日）是半年后，期权的执行价格为 973 元。该看涨期权的价格是多少？

解：将该看涨期权的价值以二叉树形式展示，具体为

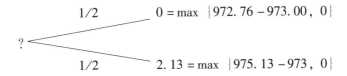

构造复制该期权的证券组合并且对这个证券组合进行估价。在 $t=0$ 处,构造一个由半年期零息债券和 1 年零息债券组成的证券组合,设 $V_{0.5}$ 和 V_1 分别表示复制的证券组合中半年期零息债券和 1 年期零息债券的面值,则这些面值必须满足下列两个方程

$$\begin{cases} -V_{0.5} + 0.97276 V_1 = 0 \\ -V_{0.5} + 0.97513 V_1 = 2.13 \end{cases}$$

进一步解得:
$$\begin{cases} V_{0.5} = 874.2 \\ V_1 = 898.7 \end{cases}$$

需要注意的是,此处我们在 $V_{0.5}$ 前面加一个负号,意为 $V_{0.5}$ 取正值则表示在复制的证券组合中卖空半年期零息债券; $V_{0.5}$ 取负值则表示在复制的证券组合中买入半年期零息债券。而 V_1 则相反。

按照一价原则,期权价格必须等于该复制证券组合的价格,即

$$V_1 \times 0.94996 - V_{0.5} \times 0.97561 = \frac{[0.97276P + 0.97513(1-P)]V_1}{1 + \frac{0.05}{2}} - \frac{V_{0.5}}{1 + \frac{0.05}{2}}$$

$$= \frac{(-V_{0.5} + 0.97276 V_1)P + (-V_{0.5} + 0.97513 V_1)(1-P)}{1 + \frac{0.05}{2}}$$

$$= \frac{P \times 0 + (1-P) \times 2.13}{1 + \frac{0.05}{2}}$$

根据例 6.3 中 $P = 0.585$,可得该看涨期权的价格为 0.86 元。

由此可得出下列命题:用复制证券组合技术与用风险中性定价方法给任一债券定价的效果是等价的。

总结上述计算,可以得到用风险中性定价方法给金融衍生产品定价的过程如下:第一,寻找风险中性概率,使标的债券的价格等于其期望值的折现值;第二,在这个概率下计算其他衍生产品的期望值的折现值,所得就是该衍生产品的价格。

第五节 多期的无套利定价

一、二期利率树模型的拓展

二期利率树是以树形展示利率变化特征最简单的形式。此处,我们对其进行拓展,

以适应多期情形下的固定收益证券的定价问题。

引入两个基本概念：不可重合的树和可重合的树。

不可重合的树是另一类二叉树模型。顾名思义，它强调的是随着二叉树分支的延展，节点并不重合。其示例如图6.4所示。

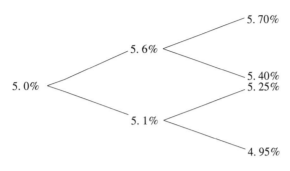

图6.4　不可重合的树

可重合的树则与我们此前了解的二叉树特点相同，即随着二叉树分支的延展，节点会出现重合的情况。其示例如图6.5所示。

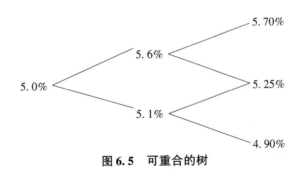

图6.5　可重合的树

可重合的树和不可重合的树作为二叉树模型的不同形式，都可以用于对债券或利率衍生品进行定价。当然，选取何种二叉树形式，则取决于债券的基本情况、利率波动特征等因素。

例如，如果我们要给 $n+1$ 个半年到期的债券定价，则可采取下列步骤：

(1) 获得以半年为时间间隔的当前利率期限结构，例如：0.5年、1年、1.5年和2年；

(2) 在 $n+1$ 个半年的时间中，假设半年利率的变化规律已知；

(3) 求解所有半年期利率树的风险中性概率；

(4) 给债券定价，也就是从它们的到期日的价值开始，在风险中性概率条件下，计算其期望值的折现值。

在实践中，有两个原因使得人们需要选择其他的时间步长，而通常选择的时间间隔会更短一些。其原因主要在于：第一，债券很少是从现在起半年才支付的，但是，在前面提供的定价技术下只能在树的节点集合上估计所收到的现金流价值，若把时间间隔减少到一个月、一个星期甚至一天，就能够保证所有的现金流可以尽可能地靠近树的节点；第二，在半年之后，半年期利率只能取两个值的假设过于简单，不一定能够产生正确的定价模型，缩短步长能够更加合理地模拟出未来利率变化的规律，从而有助于定价模型的建立。

但是，减少时间间隔会面临两个问题：第一，利率期限结构的时间长度必须对应于模型所选择的时间长度，例如以一周为步长，需要每周到期的零息债券的价格信息；第二，利率树一定要反映相应时间间隔的利率变化规律。

所以，我们在决定每步时间间隔时应该考虑以下几个因素：

（1）随着时间间隔的缩短，计算量会增加；

（2）计算债券价格的计算量越大，我们就越要注意数字的近似结果，如四舍五入等；

（3）时间间隔的选择依赖于要处理的实际问题。

本章小结

1. 动态利率期限模型通常分为两类：均衡模型和无套利模型。均衡模型基于均衡分析方法得出，它从假设一些经济变量开始，推出短期无风险利率的运动过程，然后寻找该过程对债券价格和期权价格的含义。无套利模型则由无套利定价分析方法得出，利用市场上的价格信息推导出利率的随机微分方程，从而对其他产品进行定价。

2. 在实际工作中，应用最多的就是单因素模型。构建单因素模型的一般方法是假设短期利率服从布朗运动或几何布朗运动，并对短期利率的漂移项和波动率进行设定。

3. 无套利模型基于已知的市场债券或者其他利率衍生品的价格构造收益率曲线，再利用得到的收益率曲线对其他的利率产品进行定价，因此，该模型得到的价格是一种相对价格。

4. 在金融市场中，基于二叉树模型的无套利定价方法应用得非常广泛。我们可以借助利率二叉树，完成对债券或其他利率衍生品的定价工作。

5. 在产品定价过程中，如果存在某一利率变化的概率分布，应用此概率分布求出的折现期望值等于产品的初始价格，此概率则被称为风险中性概率，这种定价方法也被称为风险中性定价方法。风险中性定价方法是基于无套利定价分析得到的，在实践中有重要的应用价值。

6. 可重合的树和不可重合的树作为二叉树模型的不同形式，都可以用于对债券或者其他利率衍生品的定价。

习　题

1. 利率模型的含义是什么？

2. 利率模型中有三个因素非常重要：短期利率的漂移项、波动率和均值回归。试说明这三者对利率模型形式的影响。

3. 经典的均衡模型与无套利模型有哪些？两类模型最大的区别体现在哪？

4. 以下关于 Vasicek 模型的哪一句陈述最准确？

A. 单个因子，长期利率

B. 单个因子，短期利率

C. 两个因子，短期利率和长期利率

5. 一般情况下，下列哪一个可以为观察到的期限结构提供最准确的建模？

A. CIR 模型　　　　B. Ho-Lee 模型　　　　C. Vasicek 模型

6. 参考如下图所示的利率二叉树，假设利率上升的风险中性概率 $P=0.5$，单期步长为半年，试求一只半年期国债的预期收益率。

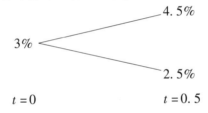

7. 已知 3 年期利率的二叉树如下图所示，假设利率上升的风险中性概率是 $P=0.5$，计算一只票面价值为 100、利率为 5%、每年付息一次的 3 年期债券的价格。

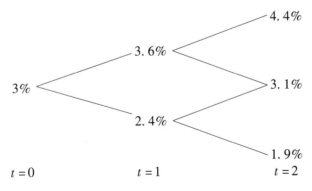

8. 下图是已经估计好的风险中性的二叉树模型，其中利率是连续复利率，上升和下降的概率均为 0.5。

(1) 计算所有可能期限的零息债券在 $t=1$ 的即期收益率曲线。

(2) 计算 3 年期票面利率为 4% 的债券价格。

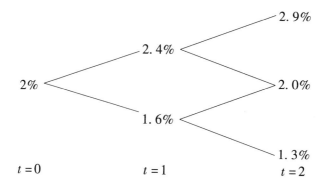

第七章 嵌期权债券

第一节 嵌期权债券概述

前面章节中我们研究的固定收益证券，主要是类似长期国债那样的附息债券以及到期一次还本付息的零息债券。附息债券在未来若干年里，每隔一定的时间会按照债券事先确定的票面利率支付一定的利息，到期时偿还债券的票面本金。前面提到过，美国长期国债习惯上每半年付息一次，中国国债大多每年付息一次。零息债券则会到期一次性支付债券持有者事先确定的金额。这些债券在不违约的情况下给其持有者在未来带来的现金流是固定的，而这一点也正是固定收益证券名称的由来。随着经济金融理论和实践的发展，债券的付息和偿还方式适应投融资市场的需要，在不断地发生着变化。在传统债券的基础上，通过加入其他金融思想，债券的未来现金流变得不再那么固定，甚至很不固定，这就使得债券从投资和融资的角度极大地增加了灵活性。但同时，也使得对于债券投资收益和风险的分析变得更加复杂。其中，一个重要的变化就是在原有债券的基础上加上期权因素，使得债券可以被提前赎回、提前回售，或者债券可以在一定条件下转化为公司的股票等其他金融工具。这类债券被称为嵌期权债券。

理论上讲，任何期权都可以根据需要而被嵌入债券中。期权的嵌入，可能影响债券现金流的大小，还可能影响债券未来现金流的方向和时间。例如，可赎回债券可以在未到期前的时间里以事先确定的价格赎回，给予债券发行人在对其有利的情况下以赎回价格买回自己发行的债券的权利。比如，一个到期期限为10年，并规定5年后可以按一定价格赎回的债券，5年后的某个时间，如果赎回对发行人有利，发行人可能就会选择提前赎回。赎回价格与同等条件的债券的市场价格不一致，就会影响债券现金流的大小。赎回期与到期期限的不同，会影响现金流发生的时间。利率上下限的设定，则影响了债券适用的利率，从而改变了债券的利息流。例如，利率上限浮动债券，本来当市场利率上升的时候，债券的付息利率应该随之向上浮动，但是利率上限的设定使得这种浮动只在一定的范围内有效，一旦到达规定的上限，付息利率就停止浮动，不再上升了。利率下限浮动债券则正好相反，利率的下浮受到利率下限的限制。

常见的嵌入债券的期权主要有赎回权、回售权、转股权、利率上下限选择权等，分别使债券成为可赎回债券、可回售债券、可转换债券、利率上限浮动债券、利率下限浮动债券等。嵌期权债券在普通债券的基础上增加了期权的元素，分析上大同小异。以下就以可赎回债券为例，分析嵌期权债券的收益风险特征，以及嵌期权债券的定价等问题。

第二节 可赎回债券分析

一、可赎回债券及其投资特点

可赎回债券在债券发行时加入了赎回条款，给予债券发行人在债券到期日之前赎回债券的权利。比如，本来是10年到期的债券，假如规定5年以后就可以提前以某一价格赎回，则债券的权利义务就可能因发行人的意愿而提前终止。这样一来，对债券的持有人就可能造成以下不利影响：

第一，使可赎回债券的持有人面临比持有普通附息债券更大的再投资风险。因为赎回权属于债券发行人，只有在市场利率走低，再融资成本低于原融资成本时，也就是在债券的市场收益率低于债券的票面利率时，发行人才会行使赎回权而以预定的赎回价格买回债券，这样就会使债券持有人面临被动提前收回的资金再难找到较高收益的金融资产进行投资的风险。例如，如果公司发行的可赎回债券的票面利率为10%，而当前的市场利率仅为7%，那么发行人就会发现赎回这一高利率的债券，重新发行票面利率为7%的债券更加划算。从投资者的角度看，收回投资后则不得不按较低的利率进行投资。

第二，在利率下降时，可赎回债券价格上升的潜力受到限制。我们知道，利率下降，固定收益证券的价格上升。但是，对于可赎回债券而言，当市场利率下降时，市场会越来越强烈地预期债券会按赎回价格被提前赎回。在这种强烈预期下，债券价格的上升受到了限制，这种现象被称为价格抑制（Price Compression）。也就是说，本来如果没有提前赎回权，市场利率下降会带来债券价格的上升而有利于债券持有人，现在由于赎回权的存在，这种债券价格上升的潜力被大大地打了折扣，从而使债券持有人丧失了获得更高收益的机会。

由于以上两点，可赎回债券通常附有一个不可赎回的保护期，在保护期内，债券不可被赎回。那么，既然存在价格抑制和更高的再投资风险，债券的可赎回性显然对投资者不利，要想吸引投资者投资，就得给予投资者相应的补偿。如果可赎回债券在定价上使得投资者可以获得比较高的潜在收益，投资者能够以高潜在收益的形式获得足够多的补偿，投资者就会愿意承担可赎回风险，购进可赎回债券。

二、可赎回债券的传统定价方法

当债券可赎回时，债券在未来相当长的一段时间内都有被提前被赎回的可能。比如，一个到期期限为 10 年、5 年后可赎回的债券，5 年后可能随时会被提前赎回。既然这样，我们该怎样确定债券的到期期限呢？哪个到期期限计算出来的收益率是这个债券的收益率呢？通常，我们要计算最差收益率（Yield to Worst），并且把最差收益率作为债券的定价依据。最差收益率是到期收益率与每个可能赎回日的赎回收益率中的最低的收益率。最差收益率是可赎回债券以到期收益率形式计量的收益率的底线。计算最差收益率是投资者对可赎回债券进行相对价值分析时采用的一种传统方法。

最差收益率作为赎回收益率（可能有若干个）和到期收益率之中最差的一个，在反映可赎回债券收益率时，不仅反映了收益率的最低值，而且作为衡量债券潜在收益高低的指标受到与到期收益率同样的计算方法的限制。前面讲过，到期收益率是在假定债券持有期间收到的所有利息之类的现金流都可以按此收益率进行再投资的收益率；而赎回收益率就是将赎回期作为到期日的到期收益率，同样也假定所有现金流都可以按此收益率进行再投资，直至假定的赎回日，且假定投资者在假定的赎回日前一直持有债券，债券发行人则在该日赎回债券。

通常，对赎回收益率的上述假定是与实际不相符的，而且也没有考虑如果债券被赎回，投资者将如何对收回的资金进行再投资。例如，考虑两只债券：M 和 N。假定 5 年期不可赎回债券 M 的到期收益率为 10%，而可在 3 年后赎回、到期期限为 8 年的可赎回债券 N 的赎回收益率为 10.5%，那么对一位投资期限为 5 年的投资者来说，投资哪一只债券更好呢？假如投资者购买了债券 N，而确实发生了发行人在 3 年后赎回债券的行为，那么，在剩下的两年里，收回的资金未必有好的投资机会使得再投资至 5 年投资期满能够获得相当于 10% 的收益率，尽管其前 3 年的投资收益率为 10.5%。因此，仅仅知道两只债券的上述信息不足以做出合理的投资决策。

三、可赎回债券的价格 – 收益率关系

未附期权债券的价格 – 收益率关系在前文已分析过，是凸曲线。图 7.1 显示了其他条件相同的不可赎回债券和可赎回债券的价格 – 收益率关系。凸曲线 AC 表示不可赎回债券（未附期权债券）的价格 – 收益率关系。利率上升，价格下降；利率下降，价格上升，是一条典型的凸曲线。而曲线 BC 则反映了可赎回债券的价格 – 收益率关系。

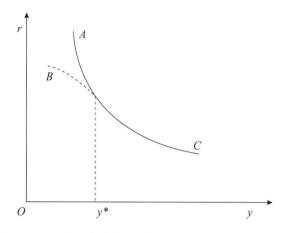

图 7.1　不可赎回债券与可赎回债券的价格 – 收益率曲线

可赎回债券的价格 – 收益率曲线呈现这种形状的原因在于，当可比债券当前的市场收益率高于可赎回债券的票面利率时，债券发行人不太可能赎回债券。例如，如果债券的票面利率为 6%，可比债券当前的市场收益率为 12%，那么，债券的发行人绝不可能赎回低利率的债券再发行高利率的债券进行再融资。所以，由于债券被赎回的可能性很小，从图 7.1 中可以看到，当市场收益率高于 y^* 时，可赎回债券与不可赎回债券的价格 – 收益率曲线将具有相同的凸性。但是，当市场收益率降低时，即使市场收益率刚好低于 y^*，投资者也不会对可赎回债券支付与不可赎回债券相同的价格，因为只要市场收益率继续降低，可赎回债券被赎回的可能性就会增大，这将对发行人有利。

随着市场收益率的降低，发行人赎回债券的可能性进一步增大。我们可能无法确知从哪个收益率水平起，投资者认为债券会被赎回，但是我们知道的确存在这样一个水平。在图 7.1 中，当收益率水平低于 y^* 时，可赎回债券的价格 – 收益率与不可赎回债券的价格 – 收益率曲线之间将产生背离。举例来说，考虑某只可以按 104 元的价格赎回的债券，如果根据市场收益率计算出的不可赎回债券的价格为 109 元，可以想见，所有理性的投资者都不会为这种可赎回债券支付 109 元，因为发行人可以以 104 元赎回。因此，当利率低到一定水平时可赎回债券价格上升的势头将受到压制，曲线变为负凸性。

凸性指收益率变动同样幅度时，债券价格上升与下降的幅度不对称。未附期权债券的价格 – 收益率曲线表现出正凸性特征，即市场收益率下降时，债券价格上升的幅度大于市场收益率同样幅度上升时债券价格下降的幅度。对于可赎回债券，由于市场利率下降到一定水平时债券价格会受到抑制，对于给定的收益率的波动，收益率下降导致的债券价格上升的幅度小于收益率上升导致的债券价格下降的幅度，而表现出与普通债券正好相反的变化趋势，这就是负凸性。由债券价格曲线的不同凸性导致的价格变化总结如表 7.1 所示。

表 7.1 正凸性和负凸性的价格波动性含义

利率变动	价格变动百分比的绝对值	
	正凸性	负凸性
-100bp	X	小于 Y
100bp	小于 X	Y

当然，即使债券很有可能被赎回，债券的市场价格也并不一定低于赎回价格。

【例 7.1】

假设 10 年期债券的收益率为 6%，1 年期债券的收益率为 5%。每半年付息一次、票面利率为 10%、面值为 100 元的 10 年期可赎回债券，在 1 年后可以以 104 元的价格赎回，计算其市场价格。

解：容易计算，如果债券不可赎回，1 年后债券的价格高于 104 元。这样，1 年后债券必被赎回。这样，债券将被视为 1 年期债券，而据此定价。债券价格将是以下两笔现金流的现值之和：①之后半年的息票利息，为 5 元；②1 年后的利息与赎回价格之和，为 109 元。因此，债券的价格为

$$P = \frac{5}{1+2.5\%} + \frac{5+104}{(1+2.5\%)^2} = 108.63 \text{（元）}$$

该价格高于债券面值，也高于赎回价格。

四、嵌期权债券的分解

为了建立嵌期权债券的分析框架，我们先对债券进行分解。可赎回债券相当于债券持有人向债券发行人出售了一项期权，或者说，债券发行人在发行债券时为自己保留了一项提前赎回的选择权（更具体地说，是赎回期权），该期权允许债券发行人在债券的首个可赎回日与到期日之间回购债券合约规定的随后的现金流。

考虑以下两只债券：

（1）票面利率为 8%、5 年后可按 104 元的价格赎回的 20 年期债券；

（2）票面利率为 9%、可随时按面值赎回的 10 年期债券。

拥有第一只债券相当于拥有一只 20 年期不可赎回债券，且债券持有人给债券发行人一项赎回期权，使发行人拥有 5 年后可按 104 元的价格赎回随后 15 年的现金流的权利。

拥有第二只债券相当于拥有一只 10 年期不可赎回债券，且债券持有人出售给债券发行人一项赎回期权，使发行人拥有以 100 元的价格随时赎回合约中规定的现金流，

或债券被赎回时所有剩余现金流的权利。

因此，债券持有人购买可赎回债券相当于进行了两笔独立的交易：以某个价格从债券发行人那里购买了不可赎回债券，同时，又向债券发行人出售了一项赎回期权。

因此，从价格的角度看，可赎回债券的价格等于两个组成部分的价格之和。

$$可赎回债券的价格 = 不可赎回债券的价格 - 赎回期权的价格$$

在任意给定的收益率水平下，不可赎回债券与可赎回债券之间的价格差就是嵌入期权的价格。

图 7.2 显示了可赎回债券与不可赎回债券价格-收益率的关系。图 7.2 中，AA' 是不可赎回债券的价格-收益率关系曲线，AB 是可赎回债券的价格-收益率关系曲线。在收益率等于 y^{**} 的利率水平上，不可赎回债券的价格为 P_{NCB}，可赎回债券的价格为 P_{CB}，$P_{NCB} - P_{CB}$ 等于赎回期权的价格。

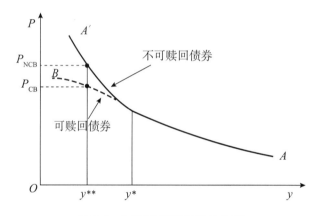

图 7.2　可赎回债券的价格分解

同样，可回售债券相当于投资者从债券发行人那里购买了一个普通债券的同时，还购买了一个以债券条款中规定的回售价格提前卖回债券、收回资金的看跌期权。因此：

$$可回售债券的价格 = 不可赎回债券的价格 + 回售期权的价格$$

第三节　嵌期权债券的定价模型

到目前为止，我们已经了解了从理论上理解和分析嵌期权债券的方法。也就是说，可赎回债券的价格等于可比的不可赎回债券的价格减去嵌入期权的价格；可回售债券的价格等于可比的不可回售债券的价格加上嵌入期权的价格；其他如可在一定时间后转化为发行公司股票的可转换债券、利率上下限浮动债券等，也大多是在普通债券的基础上加上一定形式的期权。这样，从理论上讲，运用我们已经学过的债券定价和期权定价方法，就可以为附有期权的债券定价。但是，市场中的含权债券往往具有一些较为复杂的条款，考虑到利率波动对所含期权价值的影响，现实中为嵌期权债券定价最常用的方法是数值方法，其中反映利率波动情况的利率树图方法最为常用。第六章中我们已经学习了几种不同的利率模型。这里，我们还是以可赎回债券为例，介绍实践中常用的为嵌入期权的债券定价的无套利二叉树模型。具体做法如下：

第一，选定某个动态利率模型来刻画利率的变动，并且根据市场数据估计模型参数，绘出利率树图。

第二，采用倒推法，利用利率树图进行逐步贴现，得到各节点债券应有的价值（可赎回债券取行使赎回权与不行使赎回权二者之中的价值低者，可回售债券相反）。

第三，最后推导计算出的树图第一个节点的债券价格就是可赎回债券（可回售债券）的价格。

一、利率二叉树图的构建

假设市场不存在套利机会，利率的变化符合下列条件：第一，利率在下一期只有上升或下降两种可能；第二，各期利率的分布符合对数正态分布；第三，各期利率的波动性保持不变。

如图7.3所示，假设r_0是开始时刻的1年期利率；1年以后，利率要么变为较低的r_{1L}，要么变为较高的r_{1H}；2年以后，利率在前两个利率的基础上，要么变为r_{2LL}，要么变为r_{2HL}，要么变为r_{2HH}。往后以此类推。这就是我们前面阐述的短期利率模型。

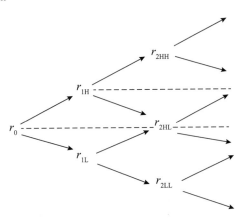

图7.3 利率二叉树

假设利率的年波动率为σ，则

$$r_{1H} = r_{1L} e^{2\sigma}$$

2年后的情况为

$$r_{2HL} = r_{2LL}e^{2\sigma}, \quad r_{2HH} = r_{2HL}e^{2\sigma} = r_{2LL}e^{4\sigma}$$

随后各年，利率的变化以此类推。用市场债券数据，通过不断试算即可构建起利率二叉树。

【例 7.2】

假设市场上存在 4 只面值均为 100 的债券，均按年付息，具体数据如表 7.2 所示。假设市场利率年波动率 σ 为 10%。

表 7.2　4 只面值债券相关参数

到期期限	到期收益率（%）	市场价格
1	3.5	100
2	4.2	100
3	4.7	100
4	5.2	100

假定当前的利率为 r_0，且 r_0 是已知的，为 3.5%。假设 1 年后、2 年后、3 年后的 1 年期远期利率的最小值分别为 r_1、r_2、r_3，我们用 2 年、3 年债券的数据推算前两个远期利率展示这种方法的具体步骤。加上 4 年期债券的数据，可以用同样的步骤继续推算接下来的远期利率，读者可以自己课下练习。

2 年期债券的现金流是确定的：1 年后支付利息 4.2；2 年后偿付本金 100 并支付利息 4.2，共计 104.2。

（1）假设 $r_1 = 4.4448\%$。

（2）1 年后较高的远期利率值为

$$4.4448\% \times e^{2 \times 10\%} = 5.4289\%$$

（3）计算 1 年后债券的两个可能价值。

债券 2 年后的价值是确定的，为 104.2；则可知 $V_H = 104.2/1.054289 = 98.834$，$V_L = 104.2/1.04448 = 99.766$。

继续利用上式求得债券当前的价值：

$$V = \frac{1}{2}\left(\frac{98.834 + 4.2}{1 + 3.5\%} + \frac{99.766 + 4.2}{1 + 3.5\%}\right) = 100$$

（4）因此，$r_1 = 4.4448\%$，$r_1 e^{2\sigma} = 5.4289\%$。

再利用 3 年期债券的信息计算 2 年后的远期利率的可能取值（最小值为 r_2，其余两个可能的取值为 $r_2 e^{2\sigma}$、$r_2 e^{4\sigma}$）。进而用同样的方法可以求出 r_3。

这样，我们就可以构建起利率变化的二叉树图，如图 7.4 所示。

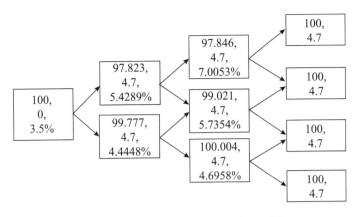

图7.4 面值债券推导出的利率二叉树

每一个远期利率我们都是通过试错法推导而来的。例 7.2 中,我们假定 r_1 = 4.4448%,然后得出 1 年后较高的利率值,直至求出在这一假定下债券的价格恰好为其市场价格,这就是我们用无套利原理得出的 1 年之后远期利率的两个可能值。如果求出来的债券价格与债券的市场价格不相等,就要重新设定 r_1 的值,并重复上面的过程,直至相等为止。2 年后的远期利率、3 年后的远期利率都是如此。这种试错法在计算技术不甚发达的几十年前应用起来是很困难的,但是在当前变得不再困难。

利率变化的二叉树图建立起来之后,我们就可以为债券定价了。普通债券当然无须用这种方法,但是这样的方法也同样适用于普通债券。

二、为未附期权债券定价

为说明用利率二叉树模型为未附期权债券定价的过程,我们考虑一只票面利率为 5.25%、3 年到期的未附期权公司债券。假设利率二叉树图已经求出,各节点利率标注在图 7.5 中,如当前的 1 年期利率 $r_0 = 3.5\%$,$r_{1L} = 4.074\%$。

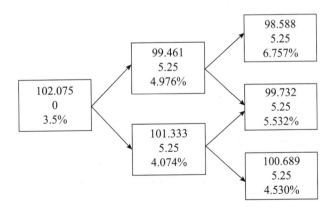

图7.5 为未附期权债券定价举例

利用例 7.2 中从后往前折现并求均值的方法，最后求出当前债券的价格为 102.075。读者可以用我们前面讲的传统债券的定价方法——求出市场收益率曲线后，把债券各期的现金流用与之对应的即期利率折现后求和——来求债券的价格，求出的结果应该是相等的。这说明，这种债券定价与未附期权债券的标准定价模型是一致的。

三、为可赎回债券定价

利用利率二叉树模型为可赎回债券定价，其过程与上面的为未附期权债券定价的过程基本相同。其不同之处在于，在节点处要判断发行人是否会行使赎回权赎回债券。当发行人行使赎回权时，节点处的债券价格将发生变动。也就是在使用上述递归方法定价时，各节点债券的价格要使用计算价格与赎回价格中的低者，然后再向前推进。

上文中的债券如果在 1 年后可按 100 赎回，则定价过程如图 7.6 所示。整个过程与上面未附期权债券基本相同，但是在某些价格节点上根据递归方法求出的债券价值（第二年年末第三个节点为 100.689，第一年年末第二个节点为 101.001）高于赎回价格。如果发生这样的事情，发行人必然以赎回价格 100 赎回，因此要用赎回价格取代此处的债券价值。这样自后往前递推，最后便可求出债券应有的价格，这就是考虑了债券可赎回性的价格，或者考虑了赎回期权的价格。

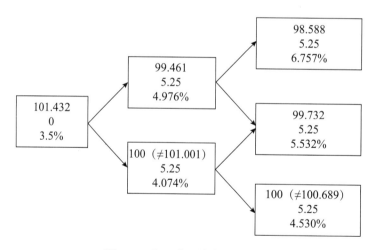

图 7.6　为可赎回债券定价举例

四、确定赎回期权的价值

由于可赎回债券的价值等于可比的不可赎回债券的价值与赎回期权的价值之差，即

$$可赎回债券的价值 = 不可赎回债券的价值 - 赎回期权的价值$$

因此,

赎回期权的价值 = 不可赎回债券的价值 – 可赎回债券的价值

知道了可赎回债券的价值以及不可赎回债券的价值,求嵌期权债券的价值就容易了。在例 7.2 中,不可赎回债券的价值为 102.075,可赎回债券的价值为 101.432,债券内嵌期权的价值为 0.643。

五、扩展分析

(一) 其他嵌期权债券

上述方法同样可以用于对其他形式的嵌期权债券的分析和计算,如可回售债券、带上下限的浮动利率债券,以及发行人为满足偿债基金要求而嵌入加速赎回权的债券等。以可回售债券为例,假如上面的债券是在 1 年后可按面值 100 回售的债券。并假定其他条件不变,则债券价格的计算如图 7.7 所示。

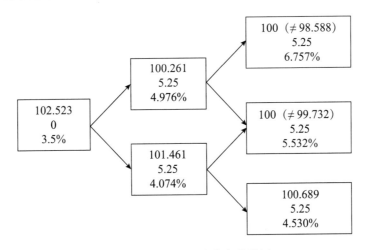

图 7.7　为可回售债券定价举例

在各节点处债券的价格取倒推出来的价值与回售价格 100 之间的大者,最后求出债券的价格为 102.523。此时,回售期权的价值等于可回售债券的价值减去不可回售债券的价值,这里等于 102.523 – 102.075 = 0.448。其他嵌期权债券价格的分析和计算的原理都是一样的,只要注意各节点由嵌期权而导致的债券价格的变化,做出相应的变动就可以了。

(二) 利率动态模型的扩展应用

为嵌期权债券定价比较关键的一点就是利率变化模型的假设和构建。前述利率二叉树模型的原理和构建都比较简单,我们也可以做其他假定,使用其他利率模型,如第六章中我们所介绍的那些模型。但是,不论用什么样的模型,核心的问题都是要保证基础假设与基本市场情况相一致。因此,在构建利率动态模型的时候,往往要进行模型风险评估,进行风险压力测试。比如我们这里使用的利率二叉树模型,为了讲解简单,我们假定每年利率变化一次,这当然是非常不切实际的,现实中利率变化的周期应该尽可能短一些。如果假定利率变化周期短于1年,比如每周变化一次,这时计算量就大大增加了,还有短期利率与年利率的转化等问题都是要考虑的。又如利率波动率 σ 的设定,现实中一般有不同的估计方法,也要特别注意。对于可赎回债券,其利率波动率高,求出来的债券的价格就低,而可回售债券则相反。

关于利率动态模型定价的基本思路和方法,人们不仅仅用在对嵌期权债券的定价上,后来还应用于债券违约风险等相关问题的分析中。例如,债券违约同样是改变债券未来现金流的支付金额、支付时间,也就同样可以借助利率动态模型来处理。处理的方法就是在利用前面的利率二叉树模型时,加入对各节点债券违约概率和发生违约时现金流改变状况的预期和计算,以改变节点处的债券价值,来倒推债券的价格,原理与前面嵌期权债券价格的推算是一样的。同样的道理,也可以用动态利率模型倒推债券价格的方法处理其他预期债券未来现金流变化的问题,这里不再详细介绍。

第四节 期权调整利差

用前面的定价模型为嵌期权债券定价看上去理由充足,应该能够给出债券公允合理的价格,投资者因而能够据此判断债券的市场价格是被高估了还是被低估了,从而为其投资提供依据。但是,这个定价模型还存在一个问题,就是所用的利率二叉树模型是根据市场上的非嵌期权债券的收益价格数据构建起来的,是在未来现金流固定不变的情况下推导出来的。我们现在却用它为未来现金流可能变化的嵌期权债券定价,这样就很可能不完全满足嵌期权债券现金流的情况。事实也证明,这样求出来的嵌期权债券的理论价格往往与市场价格有一个系统性的偏差。也就是说,对于嵌期权债券来讲,与其相适应的利率动态模型与用非嵌期权债券构建的利率动态模型存在差异,我们应该对用非嵌期权债券构建的利率动态模型进行调整。调整后的利率模型才更符合嵌期权债券的情况,我们才能得出嵌期权债券的更为合理的价格。因此,对于嵌期权债券,有期权调整利差的概念。

一、期权调整利差的定义和理解

在传统的公司债券价值分析中,有静态利差(Static Spread)的概念。静态利差也称零波动率利差(Zero-volatility Spread)。为某一债券定价时,如果以某一即期收益率期限结构曲线（如国债收益率曲线、互换收益率曲线等）加上某个利差进行贴现，所得到的这一债券的现金流的现值之和恰好等于债券的价格，那么该利差就是这一债券相对于该收益率曲线的静态利差。比如，我们以付息频率为 2 的国债收益率曲线为基准，为 A 公司的 10 年期、付息频率为 2 的债券定价。假如我们将国债收益率曲线整体向上平移 110 个基点，以其对 A 公司债券未来的利息和本金折现得到的价格正好等于债券的价格，那么该债券与国债收益率的静态利差就是 110 个基点。静态利差反映了公司债券与国债的收益率的差别，这当然是由于公司债券相对于国债存在信用风险、流动性风险等。

静态利差反映了期限相同、现金流结构相似的无现金流变动的债券之间的收益率差别。假如我们用非嵌期权国债构建的利率二叉树模型为非嵌期权的公司债券定价，则只考虑静态利差，将国债构建的利率二叉树模型整体移动一个静态利差就可以了。但是，我们在前面为嵌期权债券定价时缺少了对嵌期权债券未来现金流变化的因素的考虑。对于嵌入期权的公司债，除静态利差外，还有一个由公司债券嵌有期权，其现金流可能不固定而造成的利差，这个就是期权调整利差（Option-adjusted Spread, OAS）。因此，所谓期权调整利差是指在根据嵌入期权调整未来的现金流之后，为了使未来现金流的折现值之和正好等于债券的市场价格，基准收益率曲线需要平移的幅度，可以通过对如下方程求解得出：

$$P = \frac{1}{N} \sum_{n=1}^{N} \sum_{t=1}^{T} \frac{CF_{t,n}}{\prod_{i=1}^{t}(1 + r_{i,n} + OAS)} \tag{7.1}$$

其中，P 是嵌期权债券的价格，N 表示利率变动可能的路径数目，T 表示债券的期限，i 表示利率变化的间隔时间点，$r_{i,n}$ 表示对应时间和路径上的短期基准利率水平，$CF_{t,n}$ 表示 t 时刻在第 n 条路径上的期权调整现金流。

从式（7.1）中可以看到，计算期权调整利差所使用的未来现金流是考虑了期权影响调整后的现金流，因此，期权调整利差表示的是剔除期权影响现金流后嵌期权债券相对于基准收益率曲线的利差。由于静态利差是未来现金流不调整、固定不变时债券的收益率利差，因而，期权调整利差、静态利差以及用收益率形式表示的期权价值三者之间的关系为

$$静态利差 = 期权调整利差 + 期权价值 \tag{7.2}$$

或者，

$$期权价值 = 静态利差 - 期权调整利差$$

因此，对于嵌期权债券，静态利差是相对于基准收益率曲线的总利差，而期权调整利差则表示总利差在剔除期权价值后剩余的部分。

【例 7.3】

一只票面利率为 6% 的 10 年期可赎回债券的价格为 116 元,而同样期限同样票面利率的附息国债的到期收益率为 3.10%。假设该可赎回债券隐含期权的价值为 3.50 元。计算这一可赎回债券的静态利差与期权调整利差。

解:假设该可赎回债券的到期收益率为 y,则

$$116 = \sum_{i=1}^{10} \frac{6}{(1+y)^i} + \frac{100}{(1+y)^{10}}$$

求得,

$$y = 4.04\%$$

该债券与国债的利差为

$$4.04\% - 3.10\% = 0.94\%$$

即与本例相对应的静态利差为 0.94%。

由于该债券隐含期权的价值为 3.50 元,可比较的不含权债券的价格为

$$116 + 3.50 = 119.50 \,(元)$$

将其代入到期收益率的计算公式,可计算得出与这个价格对应的到期收益率为 3.65%。

$$期权调整利差 = 3.65\% - 3.10\% = 0.55\%$$

即与本例相对应的期权调整利差为 0.55%。

二、期权调整利差的计算

期权调整利差的计算可以使用前文中的利率动态模型:构建基准利率变动模型,然后不断调整利差,对债券在各节点的现金流进行调整折现,直到最后求出来的债券价值等于其市场价格,这时的利差就是期权调整利差。我们用一个例子来展示期权调整利差的计算步骤。

【例 7.4】

假设市场上存在一个 4 年期的可赎回国债,当前市场价格为 100.20 元,息票率为 4%,每年支付一次利息,并且债券发行人有权在债券到期的前 1 年以面值 100 元赎回该债券。设当前 1 到 4 年的市场零息债券的到期收益率期限结构如表 7.3 所示。求解本债券的期权调整利差。

表 7.3　零息债券到期收益率和波动率期限结构

期限（年）	1	2	3	4
到期收益率（%）	3.10	3.20	3.40	3.60
波动率（%）		15.00	13.00	12.00

解：利用零息债券的到期收益率和波动率期限结构构建基准利率的二叉树图。

当前的 1 年期利率为 3.10%，设 1 年以后的 1 年期远期利率的较低的数值为 r_1，则较高的一个值为

$$r_1 \cdot e^{2\sigma_1} = r_1 \cdot e^{2 \times 15.00\%}$$

因此有，

$$(1+3.20\%)^2 = \frac{1}{2}[(1+3.10\%) \times (1+r_1) + (1+3.10\%) \times (1+r_1 \cdot e^{2 \times 15.00\%})]$$

求出

$$r_1 = 2.81\%, \quad r_1 \cdot e^{2 \times 15.00\%} = 3.79\%$$

这里的原理与我们前面用附息国债收益率期限结构构建基准收益率曲线的做法相同。我们可以依次求出各年年末的可能利率，从而建立利率二叉树图，如图 7.8 所示。

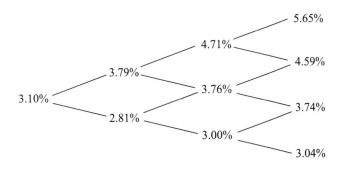

图 7.8　国债利率期限结构

接下来，我们用上面的利率二叉树图计算可赎回债券的价格，比较计算出来的数值与其市场价格的大小。如果相同，说明利率结构无须调整，期权调整利差等于 0。否则，根据二者的差距给定一个利差，再次计算，再次比较。如果结果与市场价格仍不相等，则调整利差，直至计算出来的数值与债券的市场价格相等为止。

用上述利率期限结构计算债券的价值，如图 7.9 所示。

在这一步的计算中，我们根据图 7.8 所示的利率二叉树图，从后往前倒推出债券的价格。注意图 7.9 的结果是将图 7.8 上下倒置计算得到的。在这里我们的做

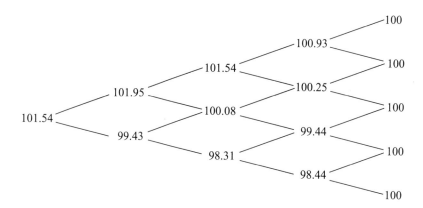

图 7.9　使用国债利率二叉树图计算的可赎回债券价格树（单位：元）

法与上一节略有不同，我们在推导中计算出了每个节点上的不含权债券的价值与嵌入期权的价值，前者是每一个节点上方的数值，后者是下方的数值。本债券内嵌的期权可理解为一个期限为3年、执行价格为100元的看涨期权。我们看图7.9中倒数第二个时间最上面一个节点处的情况，也就是第3年年末，远期利率为3.04%的债券价格。如果债券不被赎回，则其市场价格是最后的本金加上利息再用3.04%折现的值，为

$$\frac{100+4}{1+3.04\%}=100.93（元）$$

这一价格大于赎回价格100元，高出来的部分就是该期权的价值。因此，嵌入期权在这一节点上的价值是0.93元。在图7.9倒数第二个时间最下面两个节点处，远期利率分别为4.59%和5.65%，不行权赎回债券，折现的债券价值分别为99.44元和98.44元，都低于行权价100元，因此，这两处期权价值都为0。继续往前按照前文所讲的定价方法折现计算，最后得出可赎回债券的价格为

$$101.54-0.19=101.35（元）$$

由于计算得出的债券的理论价格为101.35元，大于市场价格100.20元，说明使用的利率二叉树利率偏小了，加上一个利差，调整后重新计算。通过不断调整直至得出的理论价格与市场价格相等。最终得出当调整利差为35个基点时，债券价格为

$$100.27-0.07=100.20（元）$$

在误差范围内等于市场价格。这就是这一可赎回债券相对于国债收益率的期权调整利差。对应的根据期权调整利差调整后的利率二叉树以及价格树图分别为图7.10和图7.11。

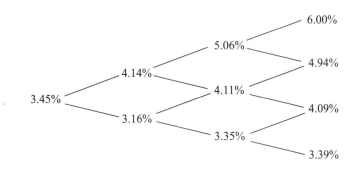

图 7.10 经期权调整利差调整后的利率二叉树

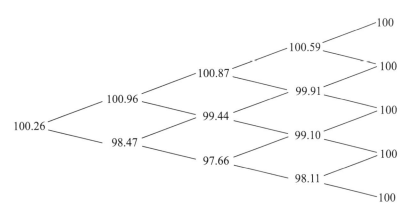

图 7.11 经期权调整利差调整后的可赎回债券价格树（单位：元）

第五节 基于期权调整利差的风险管理——有效久期和有效凸性

一、有效久期与有效凸性

在第五章中我们引入了久期和凸性的指标，测度固定收益证券价格随市场利率变化的敏感性。在那里，债券的未来现金流不随利率的变化而变化。对于嵌期权债券价格对利率变化的敏感性，我们要考虑未来现金流随利率的变化可能发生变化的情况，这时，我们可以使用近似久期和近似凸性的概念，让利率围绕当前的利率上下浮动几个基点，并观察价格的变化，用下面的公式计算债券的久期与凸性：

$$近似久期 = \frac{P_- - P_+}{2P_0 \Delta y} \tag{7.3}$$

$$近似凸性 = \frac{P_+ + P_- - 2P_0}{P_0(\Delta y)^2} \tag{7.4}$$

其中，P_- 为收益率降低 x 个基点时的价格，P_+ 为收益率增加 x 个基点时的价格，P_0 为初始价格（每 100 元面值），Δy 为利率变动。

当我们将近似久期和近似凸性公式应用于嵌期权债券时，与较高或较低收益率水平对应的新价格应能反映根据定价模型求出的价值。用这种方法算出的久期和凸性被称为有效久期和有效凸性。

二、有效久期与有效凸性的计算

运用二叉树模型计算嵌期权债券的有效久期与有效凸性的步骤如下：

第一步，计算正确的期权调整利差；

第二步，将新发行债券的收益率曲线向上移动少量基点；

第三步，根据第二步中的新收益率曲线构建利率二叉树图；

第四步，将期权调整利差与利率二叉树图上的每个短期利率相加，得到调整后的利率二叉树；

第五步，利用第四步求出的调整后的利率二叉树图来确定债券价格，即 P_+；

第六步，将第二步的收益率曲线由上移改为下移，使用相同的步骤即可确定 P_-，然后用式（7.3）和式（7.4）求出有效久期与有效凸性。

【例 7.5】

接例 7.4，根据以上步骤计算例子中的可赎回债券的有效久期和有效凸性。假设当前基准利率期限结构平移 10 个基点，那么向上与向下平移 10 个基点后的基准利率的期限结构如表 7.4 所示。

表 7.4 平移后的利率期限结构

期限（年）	1	2	3	4
上移 10 个基点（%）	3.20	3.30	3.50	3.70
下移 10 个基点（%）	3.00	3.10	3.30	3.50

第一步，根据例 7.4 我们已经得到该债券的期权调整利差为 35 个基点。

第二步，根据表 7.4，重新估计利率二叉树图。图 7.12 给出基准利率期限结构向下平移 10 个基点后新的利率二叉树图。

第三，将上述利率加上 35 个基点，得到调整后的利率二叉树图如图 7.13 所示。

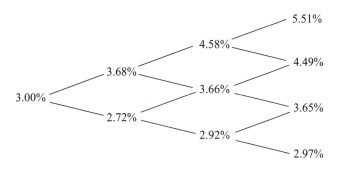

图 7.12 向下平移 10 个基点的利率二叉树

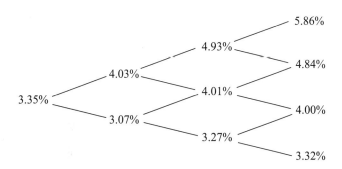

图 7.13 加上 35 个基点的利率二叉树

根据调整的利率二叉树重新定价，得到价格树如图 7.14 所示。

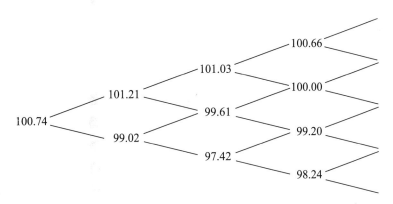

图 7.14 经期权调整利差调整后的可赎回债券价格树（单位：元）

由此得到

$$P_- = 100.74 - 0.08 = 100.66 （元）$$

同样的方法可以求出

$$P_+ = 99.83 （元）$$

根据式（7.3）和式（7.4），求得

$$\text{有效久期} = \frac{P_- - P_+}{2P_0 \Delta y} = \frac{100.66 - 99.83}{2 \times 100.20 \times 0.001} = 4.14$$

$$\text{有效凸性} = \frac{P_+ + P_- - 2P_0}{P_0 (\Delta y)^2} = \frac{99.83 + 100.66 - 2 \times 100.20}{100.20 \times (0.001)^2} = 898.20$$

本章小结

1. 在原有普通债券的基础上加上期权因素，使得债券可以被提前赎回、提前回售，或者债券可以在一定条件下转化为公司的股票等其他金融工具，这类债券就是嵌期权债券。期权的嵌入，可能影响债券现金流的大小，也可能影响债券未来现金流的方向和时间。

2. 常见的嵌入债券的期权主要包括赎回权、回售权、转股权、利率上下限选择权等，分别使债券成为可赎回债券、可回售债券、可转换债券、利率上下限浮动债券等。

3. 可赎回债券是在债券发行时加入了赎回条款，给予债券发行人在债券到期日之前赎回债券的权利。可赎回债券的投资者承担了发行人在规定的债券到期日之前赎回债券的风险，因此必须获得相应的补偿。可赎回债券与普通债券相比，主要面临两种风险：因债券可能被提前赎回而增大的再投资风险，以及收益率下降时价格的上升潜力减小的价格抑制风险。可赎回债券的价格-收益率曲线存在负凸性。

4. 传统的嵌期权债券的定价依赖于最差收益率。后来人们意识到这种方法的局限性，因为传统方法没有考虑未来的利率波动如何影响所嵌入的期权的价值。

5. 嵌期权债券可分解为一个未附期权的普通债券与一个期权头寸的组合。可赎回债券的投资者相当于持有一个普通债权，同时持有一个看涨期权空头；而可回售债券相当于持有一个普通债券，同时持有一个看跌期权多头。

6. 现实中为嵌期权债券定价最常用的方法是数值方法，反映利率波动情况的利率二叉树方法最为常用。用利率二叉树图为嵌期权债券定价的步骤如下：第一，选定某个动态利率模型来刻画利率的变动，并且根据市场数据估计模型参数，画出利率二叉树图。第二，采用倒推法，利用利率二叉树图进行逐步贴现，得到各节点债券应有的价值（可赎回债券取行使赎回权与不行使赎回权二者之中的价值低者，可回售债券相反）。第三，最后推导计算出来的二叉树图的第一个节点的债券价格就是嵌期权债券的价格。

7. 为嵌期权债券定价比较关键的一点就是利率变化模型的假设和构建。在构建利率动态模型的时候，往往要进行模型风险评估，并进行风险压力测试。

8. 期权调整利差的计算所使用的未来现金流是考虑了期权影响调整后的现金流，因此，期权调整利差表示的是剔除期权影响现金流后嵌期权债券相对于基准收益率曲线的利差。期权调整利差、静态利差以及用收益率形式表示的期权价值三者之间的关

系为

$$静态利差 = 期权调整利差 + 期权价值$$

9. 修正久期和凸性可以用来衡量未附期权债券的利率敏感性。但是，这些指标不适用于衡量嵌期权债券。嵌期权债券的利率敏感性需要用近似计算得到的有效久期和有效凸性来衡量。

习 题

1. 传统的嵌期权债券的定价方法有什么缺陷？
2. 债券的价格–收益率曲线为什么会有负凸性？
3. 已知两只可立即赎回的可赎回债券具有相同的到期期限，一只债券的票面利率为6%，另一只债券的票面利率为9%。假设两只债券的发行人的收益率曲线都是水平的，为7%；还知道当利率发生波动时，两只债券的价格变动的情况如下表：

债券	利率波动导致的价格变动	
	–100 个基点	+100 个基点
A	+5%	–7%
B	+16%	–12%

请问哪只债券是高息票利率债券？为什么？

4. 下述观点是否正确：对于一只可能被赎回的可赎回债券，其市场价格不会超过赎回价格。

5. 有一只票面利率为5%的可赎回债券的剩余期限为3年，第二年年底可按面值赎回。假设即期利率期限结构如下：1年期利率为4.8%、2年期利率为4.9%、3年期利率为5.0%、4年期利率为5.1%。利率的年波动率均为10%。计算该债券百元面值的价格。

6. 如果上述债券是可回售债券，计算其价格。

7. 某公司新发行债券的收益率等情况如下：

期限（年）	到期收益率（%）	市场价格（元）
1	6.5	100
2	7.0	100
3	7.3	100

假设利率的年波动率为10%。

（1）试计算该公司发行的票面利率为8%的3年期未附期权的债券的价格。

（2）如果（1）中的债券是可赎回债券，可在每年年末按面值赎回，计算其价格。

（3）请问（2）中赎回权的价值是多少？

8. 说明预期波动率的变化对可赎回债券以及可回售债券价格的影响。

9. 说明嵌期权债券的修正久期、凸性与其有效久期、有效凸性的区别和联系。

第八章 资产证券化

在国际固定收益证券市场上,资产证券化产品是其中的一大类别,大概占整个市场价值的1/4—1/3。资产证券化是银行、储蓄机构、其他金融中介等提高资金利用效率、扩大金融业务的重要手段之一,证券化产品也是投资者投资的一类重要的金融工具。资产证券化起源于美国,之后迅速在美国与西方其他国家兴起,逐渐成为固定收益证券市场的重要产品。20世纪90年代后,资产证券化的理念被引入中国,资产证券化产品开始在中国有所发展,并发挥了一定的作用。目前,各种资产证券化产品在国际固定收益证券市场上已司空见惯,中国的资产证券化产品也在迅速发展。

不同于债券等传统的固定收益证券产品,资产证券化产品有许多自身独有的特性,其产品从创造、设计、发行到风险收益特征都不同于传统的固定收益证券,不断显示出其作为一种特有的金融工具的独特作用,同时也曾因不当使用对经济发展造成过负面影响。2008年爆发的波及全球的金融危机源于美国的次贷危机,而后者就产生于美国的资产证券化过程中。

本章在对资产证券化做一般介绍的基础上,重点介绍住房抵押贷款支持证券。一是因为住房抵押贷款支持证券是最早发展起来的资产证券化产品;二是因为它一直以来都是众多资产证券化产品中的主力产品。我们理解了住房抵押贷款支持证券,也就掌握了其他资产证券化产品的基本原理,理解与使用其他资产证券化产品也就不难了。

第一节 资产证券化概述

一、资产证券化概念及发展

资产证券化的过程是金融机构或其他经济体将其能产生现金收益的资产组合成资产池(Pooling),以资产池为支撑向市场发行证券,将证券出售给有兴趣的投资者,发行人借此过程筹措资金。也就是说,资产证券化的过程是把各种能产生现金流,却缺乏流动性的金融资产标准化,使其能为众多的投资者所接受、让众多的投资者购买投资的过程。银行发放的住房抵押贷款、信用贷款等,都是未来能带来现金流收益的金融资产,但是都缺乏流动性,难以在市场上转卖流通,因为它们无论是规模,还是现金流归还时间和方式,都是个性化、差异化的,不是一般投资者所能接受的标准化形式。银行如果要提前收回这样的贷款,直接转让给其他投资者显然是行不通的。这样,就必须将它们打包、组合,以这些资产组成的资金池为支撑,将其做成标准化的债券,然后出售给投资者,银行才能收回这些贷款。因此,资产证券化也是打包个性化金融资产,将它们转变为能在众多投资者之间自由转让的形式的过程。

资产证券化兴起于美国的住房抵押贷款证券化。美国政府为扩大不动产放款的金融体系的资金来源,自20世纪30年代起通过联邦国民抵押协会,来推动当时大萧条后的不动产市场与金融市场。成立于1938年的"房利美"当时具有联邦政府公债级的债信,筹措资金的成本非常低。这一机构开始的主要功能是以低成本的资金收购附有联邦住宅管理局(Federal Housing Administration,FHA)保险的住房抵押贷款债权,并借由此种收购将资金转给承做住房抵押贷款的金融机构,同时承担一些落实政府房屋政策的政策性功能。"房利美"的运作促成了住房抵押贷款债权二级市场的兴起和发展,并将低廉的资金源源不断地提供给第一线放款的银行或储蓄贷款机构。银行或储蓄贷款机构可以在放款之后卖掉贷款债权,收回资金,再继续放款。

到了20世纪70年代,美国迎来了第二次世界大战之后的婴儿潮,庞大的购房需求要求更多的资金支持。在这种情况下,华尔街的投资银行业发展了资产证券化的做法。而在1970年首度发行的住房抵押贷款转付(Mortgage Pay Through,MPT)证券成为最早的资产证券化产品,从而正式揭开了抵押贷款债权证券化的序幕。之后,比住房抵押贷款转付证券更细致的金融技术发展起来,住房抵押贷款债权之外的金融资产,诸如汽车贷款、信用卡贷款、学生贷款等都被作为资产证券化的金融资产。以这些资产为支撑发行的证券被称为资产支持证券。而资产证券化发挥的作用也从最初的提前收回资金、扩大住房贷款的资金来源,扩展为更多的功能。之后,资产证券化在美国以外的国家也逐渐发展起来,并成为国际固定收益证券市场的主要组成部分。

二、资产证券化的参与者

资产证券化中的债权证券化的过程可由图8.1说明。

图8.1包含了资产证券化的各种重要参与者,它们的角色如下:

(1)借款人。借款人向承贷机构(如商业银行、储蓄银行等金融机构)举债,形成债权。此后按时偿付利息和本金,构成证券化的担保品,成为证券化资产的现金流来源。

(2)贷款承做机构(出售机构/发起机构/服务机构)。贷款承做机构(承贷机构)

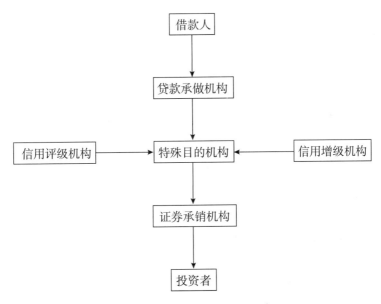

图 8.1　债权资产证券化的基本架构

在承做贷款后，可以出售贷款给其他机构，或自行组建贷款组合，发起证券化，成为出售机构或发起机构。发起机构依其手上债权种类而发起不同形式的证券化。例如，汽车金融服务公司从事汽车贷款证券化；储贷机构从事住房抵押贷款证券化。商业银行的贷款种类繁多，包括信用卡贷款、住房抵押贷款、商业性不动产抵押贷款及学生贷款等。出售机构在发起证券化之后，必须自资产负债表中挑选出资产，并将这些资产组合成资产组合。在构建资产组合时要以性质、特点相近的资产放在一起为原则。这是因为异质性资产的现金流可能会有相当大的差异，造成投资者估计现金流的困难，使投资者面临的风险增加。

出售机构转移资产后，资产即从出售机构的资产负债表中移出。出售机构必须确实做到真实出售（True Sale）。所谓真实出售是指资产真实转到代表投资者权益的特殊目的机构手中。这样才能使证券化后的资产与出售机构实现财务隔离，避免证券化产品遭受出售机构财务风险的影响。

贷款承做机构在出售贷款后可以成为服务机构，其主要任务是协助证券化的具体运作，包括向借款人收取每期应付本金与利息，以支付投资者应得之款项，以及制作报表，并在借款人违约时处理违约事宜。

除住房抵押贷款之外，在其他证券化产品中，出售机构必须参与服务，以保证证券化运作平顺。在住房抵押贷款证券化中，有较活跃的服务权交易市场。许多小银行因为规模小，住房抵押贷款数量少，无法享受规模经济，于是将手中的贷款服务权出售给其他银行。服务机构因其提供的服务而获取服务报酬。其报酬多为本金的某一固定比率，比率高低则反映了服务机构提供服务的多少和复杂水平。如果服务机构失职，信托机构可以根据服务合约的规定，以后备服务机构替换原服务机构。

（3）特殊目的机构（Special Purpose Vehicle，SPV）。特殊目的机构代表所有投资者承接债权出售者所售出的债权并发行证券化的受益凭证，是证券化的主角。特殊目的机构的组织形式不一，可为信托、公司或其他形式。形式的选择多由税收情况而定。

（4）信用增级机构。证券化的主要产品是信用评级优良的债券。为了使发行的债券信用评级优良，使投资者乐于投资，必须对其信用风险加以控制，以优化证券发行的财务结构。美国的"房利美"开始运作住房抵押贷款证券化时，由于其政府机构的性质，有联邦政府的背书，因而不需要特别的信用增级。但是，对于后来的多数资产证券化产品，没有政府保证，因此需要一定的方法或者与某些机构合作进行信用增级，比如可以用第三方担保等方式。

（5）信用评级机构。信用评级机构的工作是审核资产组合能承受的风险强度并公平地赋予评级，以利于投资者做决策。评级机构对每一项证券化工作都有一套数量化与非数量化的评级依据。在架构资产组合与切割债券时，出售机构与承销机构密切合作，找出符合投资者需求的具有最好评级与最低成本的资产组合及证券结构。

（6）证券承销机构。证券化后的证券，必须交由证券承销机构以公开上市交易或私下募集方式销售出去。证券承销机构依据其经验与专业，分析市场状况并提供定价的咨询服务。

以上就是资产证券化过程的主要参与方。证券化的过程是参与各方各司其职的过程。在这个过程中，各方各自实现自己的经济目的，对整个经济也发挥了其应有的作用。

三、资产证券化的作用

资产证券化之所以得以迅速发展并成为固定收益证券市场的一大主力产品，自然是由于这种产品为市场所需要，能够为市场参与者以及整个市场带来益处。以下就从相关参与者的角度来讨论资产证券化的作用。

1. 从发起人（或原债权资产持有人）的角度

证券化能够使储贷机构、商业银行等发起人将其所拥有的债权资产出售给投资者，对于发起人来讲主要有以下作用：

第一，有利于提升资产负债管理能力，确保流动性。一般商业银行的主要资金来源是其吸收的存款，而以房地产抵押贷款等方式贷出去的资金则成为其长期的债权资产。如果资产和负债期限差异过大，则很容易造成流动性不足。有了资产证券化的手段，银行就可以在债权二级市场上出售贷款，这样就提高了其资产负债的管理能力，确保了银行的流动性。

第二，拓展了资金的来源，有助于降低金融机构的资金成本。证券化的过程是一个外部融资的过程，证券化机制为发起人提供了一种获得资金的渠道。没有证券化的时候，金融机构承做贷款的资金，主要依靠吸收来的存款或者在金融市场上的借款。这样获得的资金的成本主要取决于金融机构本身的信用水平，以及取得的信用评级。有了证券化后，金融机构以承做的贷款债权为担保，经由适当的信用增级措施后发行证券，使该证券取得比发起人本身更高的信用评级，因此可获得较低成本的资金。而且，金融机构资金来源多样化，也有助于找出低成本的资金来源组合。

第三，达到资产负债表外化的目的。从会计角度来看，证券化的结果会使表内的资产通过证券化而表外化。表外化的结果主要有二：一是风险性资产比例下降，使得金融机构整体资产风险下降，从而使金融机构风险资本准备（Risk Based Capital, RBC）得以下降；二是风险资本准备下降后，原有资本可以产生更高的利润，因此可以提升权益报酬率（Return on Equity, ROE）的表现。

第四，稳定的服务费。由于发起人在出售资产后，通常仍保留收付款服务等业务，因此可赚取稳定的服务费。这就像商业银行扩展了中间业务一样，扩展了发起人的盈利业务范围。

2. 从投资者的角度

从投资者的角度来看，资产证券化的出现为投资者提供了更加丰富的投资选择。特别是退休基金、养老保险等机构投资者，它们握有长期的资金，希望能找到长期、高收益而且评级优良的投资渠道。不动产抵押贷款支持证券就能在很大程度上满足这些投资者的需求。此外，在担保住房抵押贷款凭证问世之后所衍生的一些短期、浮动利率产品，也广受一些拥有短期资金者的喜爱。因此，对多数投资者而言，资产证券化可以提供风险收益更加多样化的金融产品，不但可以令投资者选择长、短期资产组合，使理财渠道更为丰富、金融产品更加充实，而且机构投资者可充分利用这些产品，增加其分散风险、提高收益的机会。此外，一些衍生出来的利率产品，如本息分离的纯本金（Principal Only, PO）债券、纯利息（Interest Only, IO）债券等产品，更具有对冲风险的针对性，使资本市场更趋完善。

3. 从借款人的角度

不论是住房抵押贷款、汽车贷款，还是信用卡贷款，借款人都希望能够获得充裕而低利率的贷款，以维持其消费理财的需要，这就需要有比较充足的资金供给。资产证券化正是解决资金来源不足的一个不错的方法。资产证券化之后，贷款银行可以将其债权出售收回资金，并以新取得的资金发放新的贷款。如此周而复始，银行能够不断有资金以供贷款。此外，金融机构利用证券化的过程可以开发出新的贷款方式，借款人可依其个人财务状况做出最有利的选择。

4. 从证券公司或投资银行的角度

对证券公司或投资银行而言，资产证券化提供了一个庞大的商业机会。证券化的过程必然包含产品的设计、评价、承销以及二级市场交易。因此持续稳定的资产证券化意味着客观而稳定的服务费收入，而在资产证券化的制度中潜藏着庞大的金融创新机会，代表了市场扩张的可能性与高获利性。

以上是我们从资产证券化各参与者的角度讨论资产证券化所带来的益处。资产证券化对于宏观经济也有着积极的影响。举例来说，由资产证券化衍生出来的金融产品在金融市场上被销售给投资者，与其他金融产品竞争资金来源，在金融市场的竞争与监下，能使借款人的资金使用成本更准确地反映其机会成本，从而提高资金使用效率。同时由于资产证券化后的产品流动性强，销售范围为一个国家甚至国际市场，故其资金来源十分广泛，有互通资金之效果。证券化除使社会的有限资金能找到更有效的投资渠道外，还使整个经济体系的分工更加细致有效。

四、资产证券化产品的类型

根据原始资产类型的不同，资产证券化产品划分为住房抵押贷款证券和资产支持证券两大类。前者的基础资产是住房抵押贷款，而后者的基础资产则是除住房抵押贷款之外的资产。

住房抵押贷款证券化产品一直是资产证券化产品中的主导。最早的住房抵押贷款支持证券是抵押贷款转付证券。该产品项下的抵押贷款池产生的现金流扣掉服务费后不做任何处理就直接转手给证券投资者。抵押贷款担保证券（Collateralized Mortgage Obligation Security，CMO Security）是以抵押贷款组合为基础发行的具有多个债券级别的抵押贷款证券组合。其特点是对贷款池原始现金流进行重新组合，把住房抵押贷款支持证券按照现金流的稳定性进行了分组，不同的投资者购买不同级别的债券，承担不同的风险，按照不同的息票率收取利息。另外，住房抵押贷款证券化产品还有本息剥离抵押贷款证券，分别以贷款的本金收入流和利息收入流为基础发行纯本金证券和纯利息证券。

资产支持证券则包括住房抵押贷款以外的基础资产证券化的产品，主要有信用卡贷款支持证券、学生贷款支持证券、汽车贷款支持证券、担保债券凭证（Collateralized Bonds Obligation，CBO）、担保贷款凭证（Collateralized Loans Obligation，CLO）。如果支持资产既有债券也有贷款，新发行的债券被称为担保债务凭证（Collateralized Debt Obligation，CDO）。

五、资产证券化产品的风险

整个资产证券化的过程就是创造以固定收益型产品为主的各类型证券的过程，而好的固定收益型产品的主要特点在于其风险控制的优势。资产证券化产品所面临的风险类型主要有四类，分别为违约风险、现金流风险、经营风险与市场风险。

（1）违约风险。违约风险是指资产证券化产品构建中的原始债务人未能履行合约而导致现金流量不足，无法支付所产生的证券所需要的现金流的风险。处理违约风险的方法可分为两类：政府担保和信用增强。美国联邦机构"房地美"等开始发行的住房抵押贷款支持证券就有政府担保，因此其信用等级很高。信用增强的处理方法分为两种：内部法（Internal Methods）与外部法（External Methods）。内部法从资产组合本身的资源出发增强信用；外部法则是借助保险、担保等外力增强信用。

（2）现金流风险。对于住房抵押贷款证券，现金流风险主要是贷款债务人的提前还本风险。提前还本是住房抵押贷款证券的一个特色，也是它与其他债券在性质上的最大差异。提前还本问题是住房抵押贷款证券需要处理的一大问题。信用卡贷款支持证券也存在还本不稳定的问题。信用卡应收账款的平均寿命较短，还本步调随个人的消费和举债习惯的不同而不同。因此，信用卡贷款支持证券需要对现金流安排进行一番规划。处理现金流风险的方法主要包括：证券发起机构或服务机构的保证与垫付；发行不同到期日的证券；分期还本型付款转换为弹性结构付款；设立准备金调节账户。

（3）经营风险：经营风险是指实际负责执行证券化业务的各级机构，因作业不当而导致债券投资者未能获取应有的现金流的风险。包括参与机构破产风险、行政风险、服务机构风险、资产池风险、结构风险、法律与规范风险等。对此类风险需要区分不同情况有针对性地加以处理。

（4）市场风险：市场风险是指证券化后的证券因为数量少而无法在市场上形成足够的流动性，或发行时市场条件急剧转变，而造成定价上的损失的风险。资产证券化产品的市场风险与一般公司债券的市场风险类似。

第二节 住房抵押贷款转付证券

诞生于1968的美国政府国民抵押协会是一家归美国联邦住房与城市发展部（Department of Housing and Urban Development，HUD）管辖的机构。该部门的基本目标是通过将资本引入美国住宅市场，扩大美国住房贷款的供给，帮助美国有购房需求的中低收入者获得住房贷款以购买住房。其最初的基本做法是，对商业银行或储贷机构等金融机构发放由联邦住宅管理局或退伍军人事务部（Department of Veterans Affairs，VA）保险过的贷款，提供及时偿付本息之保证。这些不仅获得了FHA或VA的保险，而且又得到了"吉利美"担保的贷款，具有很高的债信等级，从而可以组成贷款组合，再通过发放股份权益证券的方式转卖给投资者。这些权益证券就成了住房抵押贷款转付证券。贷款人转卖贷款后收回了资金，可以接着进行下一轮的住房贷款发放，这样就实现了持续的住房抵押贷款业务经营，实现了持续供给住房抵押贷款的目的。1970年，第一份由"吉利美"担保的住房抵押贷款转付证券在美国产生，并随之受到市场的欢迎。后来其他形式的抵押贷款转付证券也发展起来。不同住房抵押贷款转付证券的信用等级有所差异，但是，它们的构建和管理大同小异，最大的问题就是处理偿付现金流的不稳定问题。后来发展起来的其他资产证券化产品的基本构建原理也是在这个基础上发展起来的。本节就来介绍住房抵押贷款转付证券（以下简称转付证券）的基本知识。

一、转付证券的构建

简单讲，住房抵押贷款转付证券就是将一组住房抵押贷款的现金流组合在一起形成现金池，并等比例地分成权益份额，分售给全部投资者。投资者以其持有股份的份额分配贷款池定期产生的现金流。抵押贷款集合可能有数千笔贷款，也可能由较少笔数的贷款组成。转付证券的现金流取决于作为其发行基础的贷款现金流。最初，发行转付证券所要求的资产池中的抵押贷款，一般非常相似，以便于计算与分析。转付证券中，基础贷款的本金和利息将直接"转手支付"给证券的投资者。当然，二者并不相等，因为还要扣除相应的服务费和担保费。比如原贷款银行在出售自己发放的住房抵押贷款后，成为组建的转付证券的服务机构，会定期收取原贷款的本金和利息并转付给投资者，这一服务需要收取一定的服务费；为了提高转付证券的信用等级，需要采取信用加强措施，比如第三方机构的担保等，这就需要支付担保费。扣除这些服务费和担保费后，贷款资金池产生的现金流才转付给证券的持有者。因此，转付证券的利率低于原贷款的利率。除了数量上的不同，转付证券的现金流与抵押贷款的现金流在支付时间上也不尽相同。一般抵押贷款的现金流发生在每月月初，而转付证券的现金流支付一般在月中以后。

转付证券的基本结构如图 8.2 所示。

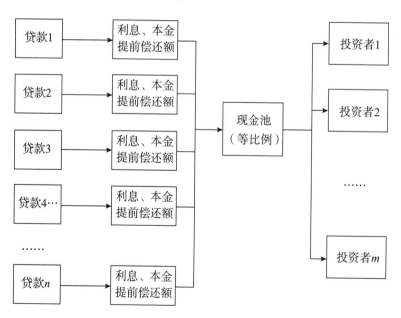

图 8.2 转付证券结构

二、转付证券的提前偿付

提前还本是转付证券的一个重要特色,因为通常期限很长的住房抵押贷款是允许提前偿还的。这样,几乎无可避免地,每一个转付证券都有提前还本的困扰。因此,对转付证券必须合理地估计其提前还本速度,这样才可以预测证券每期的现金流,评估证券的价格或收益率高低。

在美国,由于转付证券市场比较发达,其对各种不同的作为转付证券基础的住房抵押贷款都有比较具体的要求,因此各种不同的转付证券的提前还本速度都有比较稳定的数据,发展起来了多种估计提前还本速度的方法。这里以使用比较广泛的由美国公共证券业协会(Public Securities Association,PSA)提出的 PSA 模型标准探讨处理转付证券提前还本问题的基本做法。

PSA 模型中的第一个基本概念是条件提前还款率(Conditional Prepayment Rate,CPR),它是年提前还款率,也就是住房抵押贷款池每次除计划偿还的本息款项外,另外提前偿还的金额占剩余本金的比例。它是根据同类贷款的历史财务数据以及对现实和未来经济状况的判断给出的标准。对于年提前还款率,PSA 的假设如下:

(1)在前 30 个月里,第 t 个月的年提前还款率为

$$\frac{t}{30} \times 6\%$$

(2)从第 31 个月起,每个月的年提前还款率为 6%。

将年提前还款率转换为月提前还款率(SMM):

$$\text{SMM} = 1 - (1 - \text{CPR})^{1/12} \qquad (8.1)$$

例如,第 10 个月的年提前还款率为

$$\frac{10}{30} \times 6\% = 0.02$$

折算成月提前还款率为

$$1 - (1 - 0.02)^{\frac{1}{12}} = 0.0017$$

从第 31 个月起,月提前还款率为

$$1 - (1 - 0.06)^{\frac{1}{12}} = 0.0051$$

之所以将年提前还款率转换成月提前还款率,是因为住房抵押贷款习惯上是每月等额还款的。

在实践中可以根据实际情况对 PSA 模型进行适度调整。上述基本的 PSA 标准一般被称为 100% PSA 或 100PSA。如果认为某贷款组合的提前还款速度会快于基本标准,

则可以将原 PSA 乘以一个大于 1 的乘数而得到较大的年提前还款率；反之，则乘以一个小于 1 的乘数得到较小的年提前还款率，如图 8.3 所示。

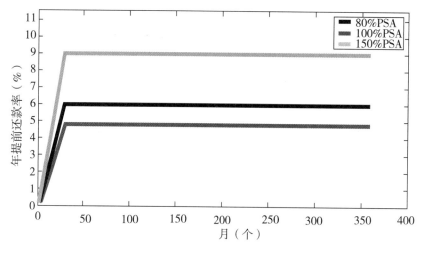

图 8.3　不同年提前还款率的比较

三、转付证券的现金流

服务机构在收到贷款池中的抵押贷款的还款后，扣掉服务费和担保费后即按持有份额转付给转付证券的投资者。提前还本可能导致投资者每次收到的现金流具有不稳定性。以下我们以一个例子说明转付证券的现金流状况。

【例 8.1】

假设美国市场上 ABC 银行将承做的一组住房抵押贷款组合为一个贷款组合，其本金共 100000 美元。所有贷款的年利率皆为 9.5%，年限均为 30 年（360 个月）。假设贷款采取每月等额还款方式，银行找到"吉利美"为贷款承做"准时付款担保"，银行本身担任服务机构，负责贷款组合的业务。银行收取 0.5% 的服务费作为其服务及相关保险费用。这样，转付证券的票面利率就是 9%。假设提前还本速度为 80%PSA。此贷款组合的资料如表 8.1 所示，计算其现金流。

表 8.1　转付证券相关资料

原始贷款总额（美元）	贷款利率（年）	服务费率
100000	9.5%	0.5%
PSA	贷款利率（月）	贷款期限（月）
80%	0.79166%	360

根据表8.1中的资料，我们以表8.2列示贷款的现金流。

表8.2 转付证券的现金流

月数	本金余额 (MB$_{t-1}$, 美元)	提前还款率 (SMM$_t$)	应付贷款本息 (MP$_t$, 美元)	应付本金 (SP$_t$, 美元)	应付利息 (I_t, 美元)	提前还本 (PP$_t$, 美元)	服务费 (S_t, 美元)	现金流 (CF$_t$, 美元)
1	100000.00	0.000133	840.85	49.19	791.67	13.33901	41.66667	812.53
2	99937.47	0.000267	840.33	49.55	790.78	26.68574	41.64061	825.37
3	99861.24	0.000401	839.69	49.90	789.79	40.03475	41.60885	838.11
4	99771.31	0.000535	838.93	50.25	788.68	53.38058	41.57138	850.74
5	99667.68	0.000670	838.06	50.60	787.46	66.71773	41.52820	863.25
6	99550.36	0.000804	837.07	50.94	786.14	80.04073	41.47932	875.63
7	99419.39	0.000939	835.97	51.27	784.70	93.34406	41.42474	887.89
8	99274.77	0.001075	834.76	51.60	783.15	106.6222	41.36449	900.01
9	99116.55	0.001210	833.43	51.93	781.50	119.8697	41.29856	912.00
10	98944.75	0.001346	831.98	52.25	779.73	133.0810	41.22698	923.84
11	98759.42	0.001482	830.42	52.56	777.86	146.2507	41.14976	935.52
12	98560.61	0.001618	828.75	52.87	775.88	159.3732	41.06692	947.06
13	98348.36	0.001754	826.97	53.18	773.79	172.4430	40.97848	958.43
14	98122.74	0.001891	825.07	53.47	771.59	185.4548	40.88448	969.64
15	97883.81	0.002028	823.06	53.77	769.29	198.4031	40.78492	980.68
……	……	……	……	……	……	……	……	……
355	9517.50	0.004114	80.03	76.33	3.70	38.84485	3.965626	114.91
356	9402.33	0.004114	79.06	76.00	3.06	38.37232	3.917636	113.51
357	9287.95	0.004114	78.10	75.67	2.42	37.90309	3.869979	112.13
358	9174.37	0.004114	77.14	75.34	1.80	37.43716	3.822656	110.76
359	9061.60	0.004114	76.19	75.00	1.19	36.97454	3.775666	109.39
360	8949.62	0.004114	75.25	74.66	0.59	36.51522	3.729009	108.04

注：本表为期末数字，且有进位误差。

以下说明表8.2各列的意义及计算过程。

第一列：月数，共计360个月。

第二列：每个月的本金余额，是由上个月的月初本金余额扣除上个月的总还本额得到的。

第三列：每个月的提前还款率，本例中由式（8.1）乘以80%。

第四列：每个月的应付贷款本息，是利用固定付息的应付贷款本息公式（由年金现值公式而来，可参见第二章内容）计算得出的。

$$\mathrm{MP}_t = \mathrm{MB}_{t-1}\left[\frac{i(1+i)^{n-t+1}}{(1+i)^{n-t+1}-1}\right] \tag{8.2}$$

其中，i 代表组合的平均贷款利率（本例为9.5%）；n 为贷款月数（本例为360）；MB 为贷款本金余额；MP 为每月应付本息和。

第五列：每个月的应付本金，每个月应付本利和中的本金部分，从本利和中扣除每个月应付利息即可得出。

第六列：每个月的应付利息，每个月应付本利和中的利息部分，即

$$I_t = MB_{t-1} \cdot i \tag{8.3}$$

第七列：每个月的提前还本，按 80% PSA 计算，即

$$PP_t = SMM_t (MB_{t-1} - SP_t) \tag{8.4}$$

第八列：每个月的服务费，即

$$S_t = MB_{t-1} \times 服务费率 \tag{8.5}$$

第九列：每个月的现金流，即

$$CF_t = MP_t + PP_t - S_t \tag{8.6}$$

这样，就算出了转付证券每个月获得的现金流。接下来就可以用我们前面讲过的已知未来现金流的固定收益证券的定价法则求得证券的理论价格。

四、转付证券的定价

最早的转付证券的定价方法是静态现金流法。该方法假设证券要求的收益率（或内在收益率）为 y，则证券的价格为

$$B = \sum_{t=1}^{n} \frac{CF_t}{(1+y)^t} \tag{8.7}$$

其中，B 为证券价格，n 为到期的总期数，y 为要求的收益率，CF_t 为第 t 期的现金流。这正是我们前面讲的已知一般固定收益证券的到期收益率求价格的方法。这一方法的难处在于要求的收益率的估计缺乏依据。由于提前偿付问题的存在，转付证券的未来现金流和期限都存在很大的不确定性，很难找到相应的可比收益率参照估计。这实际上与第七章中的可赎回债券、可回售债券有一定的相似性，因此转付证券的定价也可以用第七章介绍的方法。

对静态现金流法的一个改进是静态利差法。利用静态利差法计算转付证券价格的公式为

$$B = \sum_{t=1}^{n} \frac{CF_t}{(1+r_t+r_s)^t} \tag{8.8}$$

其中，B 为证券价格，n 为到期的总期数，r_t 为同样到期期限的基准债券（如国债）的到期收益率，r_s 为转付证券与基准债券的收益率差，CF_t 为第 t 期的现金流。这一改进

不过是找到了比较的标准，然后给出转付证券与比较标准的利差，把收益率的评估向前推进了一步。

造成转付证券到期收益率难以估计的原因其实就是贷款的提前偿付性。转付证券实际上是可赎回债券，因此其定价也可以用相应方法，如期权调整利差法、动态利率模型法（如二叉树模型）、蒙特卡罗模拟法求得。这与前面讲的嵌期权债券的定价原理是相同的。读者可以自行推导和理解，也可以进一步查阅专业资料。

第三节　住房抵押担保贷款证券

一、住房抵押担保贷款证券的基本架构

转付证券作为第一个资产证券化产品，刚刚推出时由于良好的信誉与高于政府公债的收益率而吸引了不少债券投资者。但是也因为投资者必须承担提前还本的风险，许多投资者为此裹足不前。如何化解提前还本风险是摆在资产证券化产品发展面前的一个关键。当然，后来资产证券化产品的不断突破和发展不仅涉及提前还本风险的处理，还涉及其他导致现金流不稳定的问题的技术处理。为了处理提前还本问题，首先对原来的转付证券的现金支付做了细化改进，发展出住房抵押担保贷款证券。不同于转付证券发行同样的债券，投资者根据持有份额获得资金池同比例的现金流，住房抵押担保贷款证券发行多组债券，各组债券的到期期限不同，投资者获得的现金流有先后次序的分别。也就是说，贷款资金池每次收到贷款的本息现金流之后，对现金流进行进一步细分，依各组债券的条款分配现金流量。如此，长、短期债券投资者可视其需要投资于到期期限、获得本息次序等方面规定不同的债券，满足各自的投资偏好。住房抵押担保贷款证券并未将提前还本风险完全化解，只是将提前还本做了重新分配。其基本架构如图8.4所示，现金池定期收回的本息等现金流在扣除服务费后按照投资的层级依各组债券条款分配现金流。

二、住房抵押担保贷款证券的基本特点

住房抵押担保贷款证券通过发行期限长短不一、现金流偿还次序有别的多组债券的方法，一定程度上解决了不同要求的投资者对投资收益的现金流获得数额、获得时间稳定性要求各异的问题，而且不同组债券偿还优先次序的安排还一定程度上实现了发行债券的内部信用增级，为发行的债券细分了信用等级市场。投资期限短、要求现金流稳定的投资者可以选择其中期限短、信用等级高的债券组进行投资，而对现金流稳定性要求较低、风险承受力较强的投资者则可以选择期限长、现金流稳定性差，但却收益率高的债券投资。我们以表8.3的资产负债表说明一个标准住房抵押担保贷款

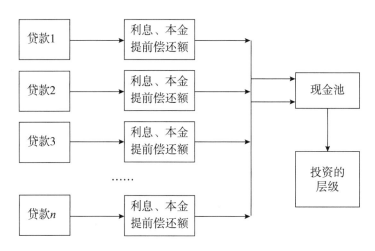

图 8.4　住房抵押担保贷款证券的基本架构

证券的特点。

表 8.3　住房抵押担保贷款证券资产负债表释例

资产	负债		
	到期期限（年）（在100%PSA下）	票面利率（%）	面值（元）
贷款组合：10500000元 （平均利率：10.5%；服务费率：0.5%；估计提前还本速度：100%PSA；所有债券未清偿前，残值组不得还本）	A组债券：2.9	8.00	2000000
	B组债券：6.0	8.25	3000000
	C组债券：8.5	9.00	2500000
	Z组债券：27.5	10.00	2500000
	权益：		
	残值组（或自有资本）：		500000

在表 8.3 中，资产负债表的左侧是住房抵押担保贷款证券的资产，包括面值为 10500000 元的住房抵押贷款，按月产生现金流，平均利率为 10.5%，服务费率为 0.5%，提前还本速度预计为 100%PSA；资产负债表的右侧为住房抵押担保贷款证券所发行的债券，包括 A、B、C、Z 四组债券，在提前还本速度 100%PSA 之下，确定各组债券的到期期限分别为 2.9 年、6 年、8.5 年、27.5 年，账面总价值为 10000000 元。而住房抵押贷款中多出 500000 元作为上述各组债券的超额担保，可视为发行人的权益参与，以残值组表示其价值。

表 8.3 中列出了各组债券的到期期限、票面利率与面值。其票面利率低于贷款组合的贷款利率，其间的利差是服务费与残值组收益的来源。

表 8.3 右侧的四组债券的现金流来自左侧所列的贷款组合。当住房抵押贷款组合收到本金和利息并扣除服务费后，即配发利息给 A、B、C 三组债券。但是整组住房抵

押贷款的还本,包括应付本金与提前还本,都先拨给 A 组债券。除此之外,Z 组债券虽有 10% 的利息可领,但都先拨给 A 组债券,Z 组债券的应收利息则以每月复利累计滚入本金。因为住房抵押担保贷款证券是以整个贷款组合的本金收入(本例为 10500000 元)来偿还 A 组债券本金的,A 组债券很快就会完成清偿。B 组债券和 C 组债券在 A 组债券完成清偿前只能收取利息,A 组债券清偿完之后,B 组债券即接手领取整个贷款组合的本金收入以及 Z 组的应付利息。而 C 组债券则在期初即可领取利息,但必须等 A、B 两组债券都被清偿后,才可以接手领取本金与 Z 组利息。A、B、C 三组债券都被清偿之后,Z 组才开始领取本金和利息。

表 8.4A 至表 8.4E 分别展示了是贷款组合及各组债券的现金流量部分的计算情况。

表 8.4A 贷款组合现金流量表释例

月数	月底本金余额(MB,元)	每月提前还款率(SMM)	应付贷款本息(MP,元)	应付本金(SP,元)	应付利息(I,元)	提前还本(PP,元)	服务费(S,元)	现金流量(CF,元)
0	10500000	—	—	—	—	—	—	—
1	10494076	0.000167	96048	4173	91875	1751	4375	93424
2	10486365	0.000334	96032	4208	91823	3503	4373	95162
3	10476866	0.000501	96000	4244	91756	5256	4369	96886
4	10465579	0.000669	95951	4279	91673	7007	4365	98593
5	10452508	0.000837	95887	4313	91574	8758	4361	100284
……	……	……	……	……	……	……	……	……
355	80907	0.005143	16695	15844	850	418	40	17072
356	64672	0.005143	16609	15901	708	334	34	16909
357	48464	0.005143	16523	15957	566	251	27	16747
358	32283	0.005143	16438	16014	424	167	20	16585
359	16129	0.005143	16354	16071	282	83	13	16424
360	0	0.005143	16270	16129	141	0	7	16263

注:本表为期末数字,且有进位误差。

表 8.4B A 组债券现金流量计算

月数	(1)贷款余额(元)	(2)应收利息(元)	(3)当期还本(元)	(4)Z 组利息(元)	(5)提前还本(元)	(6)A 组当月总还本(元)	(7)=(2)+(6)总现金流入(元)
0	2000000	—	—	—	—	—	—
1	1973243	13333	4173	20833	1751	26757	40090
2	1944525	13155	4208	21007	3503	28718	41873
3	1913843	12963	4244	21182	5256	30681	43644
……	……	……	……	……	……	……	……
33	120208	1340	5042	27170	48634	80847	82187
34	39393	801	5060	27396	48358	80815	81616
35	0	263	5078	27625	48084	39393	39656

注:本表为期末数字,且有进位误差。

表8.4C B组债券现金流量计算

月数	(1)贷款余额(元)	(2)应收利息(元)	(3)当期还本(元)	(4)Z组利息(元)	(5)提前还本(元)	(6)B组当月总还本(元)	(7)=(2)+(6)总现金流入(元)
0	3000000	—	—	—	—	—	—
1	3000000	20625	—	—	—	—	20625
2	3000000	20625	—	—	—	—	20625
3	3000000	20625	—	—	—	—	20625
……	……	……	……	……	……	……	……
33	3000000	20625	—	—	—	—	20625
34	3000000	20625	—	—	—	—	20625
35	2958606	20625	—	—	—	41394*	62019
36	2877845	20340	5097	27855	47810	80762	101102
37	2797105	19785	5115	28087	47538	80740	100525
……	……	……	……	……	……	……	……
71	40784	844	5772	37243	39016	82031	82875
72	0	280	5792	37554	38786	40784	41064

*41394 由表8.4B最后一列数字计算得到:(3)+(4)+(5)-(6)。

注:本表为期末数字,且有进位误差。

表8.4D C组债券现金流量计算

月数	(1)贷款余额(元)	(2)应收利息(元)	(3)当期还本(元)	(4)Z组利息(元)	(5)提前还本(元)	(6)C组当月总还本(元)	(7)=(2)+(6)总现金流入(元)
0	2500000	—	—	—	—	—	—
1	2500000	18750	—	—	—	—	18750
2	2500000	18750	—	—	—	—	18750
……	……	……	……	……	……	……	……
72	2458652	18750	—	—	—	41348*	60098
73	2376416	18440	5813	37867	38556	82236	100676
……	……	……	……	……	……	……	……
101	15787	769	6422	47772	32549	86742	87511
102	0	118	6445	0	32348	15787	15905

*41348 由表8.4C最后一列数字计算得到:(3)+(4)+(5)-(6)。

注:本表为期末数字,且有进位误差。

表 8.4E　Z 组债券现金流量计算

月数	(1)贷款余额(元)	(2)应收利息(元)	(3)未收利息(元)	(4)当期还本(元)	(5)提前还本(元)	(6)Z组当月总还本(元)	(7)=(2)+(6)总现金流入（元）
0	2500000	—	—	—	—	—	—
1	2520833	20833	20833	—	—	—	—
2	2541840	21007	21007	—	—	—	—
3	2563022	21182	21182	—	—	—	—
……	……	……	……	……	……	……	……
101	5780382	47772	47772	—	—	—	—
102	5757376	48170	—	—	—	23006*	71176
103	5718760	47978	—	6467	32149	38616	86594
104	5680320	47656	—	6491	31950	38440	86096
……	……	……	……	……	……	……	……
328	30791	399	—	14394	2744	17138	17537
329	13690	257	—	14445	2656	17101	17358
330	0	114	—	14497	2567	17064	17188

*23006 由表 8.4D 最后一列数字计算得到：(3)+(4)+(5)-(6)。

注：本表为期末数字，且有进位误差。

由上述计算，可以清楚地看出，住房抵押贷款组合收到本息并扣除服务费后是如何分配的。A 组债券首先获得利息和本金偿付，而 Z 组债券每月的应付利息开始则是分配给了 A 组债券和 B 组债券，作为 A 组债券和 B 组债券的本金收回，对 Z 组债券则计入本金下期计算利息。残值组在每月按上述规则分配给前面组别的现金流之后收到剩余资金。比如第一个月总现金流量是 93424 元，A 组债券收到 40090 元，B 组债券收到 20625 元，C 组债券收到 18750 元，Z 组债券的利息计入下月本金。残值组收到的现金流为：

$$93424 - 40090 - 20625 - 18750 = 13959（元）$$

这样依次偿付 A、B、C、Z 组债券现金流，后面的债券对前面的债券形成保护，而残值组则起到了对上面各组债券担保增信的作用。A 组债券 35 个月偿付完毕，B 组债券 72 个月偿付完毕，C 组债券是 102 个月的债券，而 Z 组是 330 个月（长达 27 年半）的长期债券。残值组对以上各组债券提供保护，但是在没有贷款违约的情况下，有望获取最高的收益。

由此可见，住房抵押担保贷款证券的成功之处就在于对原始的现金流进行了重新安排，从而形成了期限不同、风险不同的多组债券，以组间担保的方式区分了提前还本、贷款信用风险的承担，满足了投资者各自不同的投资需求。这里的例子是一个具有一般意义的住房抵押担保贷款证券现金流分配情况，美国资产证券化的过程中发展出多种现金流支付方式，如按顺序偿还、按计划偿还、按目标偿还等。现金流支付的具体方式为适应不同的需求也有所不同，但是基本目的都是处理原始资产现金流不稳定、原始资产风险不可控等问题，基本原理都是按需要细分现金流，发行不同期限、不同支付顺序的多组债券。读者可以自行查阅和进一步学习这方面专业资料。

三、剥离式抵押贷款支持证券

剥离式抵押贷款支持证券（Stripped Mortgage-backed Securities，以下简称剥离证券）是住房抵押贷款支持证券的另一种变化。转付证券将来自基础抵押贷款组合的现金流按比例分配给证券投资者，而剥离式证券则将资金池中的本金和利息从按比例分配转化为不均等的分配。在价格和到期收益率方面，某些剥离证券与其标的资产有着天壤之别。

第一代剥离证券是复合票面利率的转付证券，即发行的转付证券有的票面利率高，有的票面利率低，现金流按照一个特殊的结构分配。

第二代剥离证券是纯利息与纯本金证券，即将原来的转付证券一分为二，发行两种证券：纯利息证券获得担保品产生的全部利息，纯本金证券获得担保品产生的全部本金。对于纯利息证券而言，所获利息的多少直接与本金余额相关，而本金余额则与贷款资金池的提前还本速度直接相关。提前还本速度越快，本金余额下降越快，未来的利息额就越少。相反，提前还本速度越慢，本金余额下降就越慢，未来的利息额就越多。对提前还本速度影响最大的是市场利率的变化。市场利率上升时，投资者提前还本的动力就减弱；而当市场利率下降时，投资者则会产生举新债还旧债的动力。因此，市场利率下降，纯利息证券的投资者获得的收益下降；市场利率上升，纯利息证券的投资者获得的收益上升。这使得纯利息证券有了一个与普通债券相反的价格特征，即纯利息证券的价格与市场利率呈正相关关系。这一特征常常被投资者利用，以构建相关的投资组合。

由于纯本金证券只获得本金的偿付额，并不获得其间所生成的利息，因此，纯本金证券都是折价发行的。投资纯本金证券所获得的到期收益率，依赖于本金的偿还速度，偿还速度越快，纯本金证券所获的收益就越高。例如，假设一个平均期限为30年的住房抵押贷款资金池本金总额为8000万美元，以其为支撑发行转付纯利息证券与纯本金证券。假定纯本金证券的总价值为3000万美元，这意味着纯本金证券的投资者按规划应能获得5000万美元的收益。但是，投资者不能准确确定这些收益会在什么时间取得。如果资金池的借款人提前支付，例如第二天就偿还了所有的本金，那么纯本金证券的投资者投资3000万美元，一天就获得了5000万美元的收益。这时投资纯本金证券的收益就非常高。这当然是不太可能发生的极端的情况。另一个极端的情况是，如果住房抵押贷款资金池的借款人完全按贷款合同偿还借款，这5000万美元的收益就会分摊在30年里，这时的收益率就很低了。由于市场利率下降会加快投资者还本的速度，所以市场利率下降对纯本金证券的投资者是有利的。也因此，纯本金证券的收益率与市场利率呈负相关关系。市场利率变化与转付证券、纯利息证券及纯本金证券的价格的关系如图8.5所示。

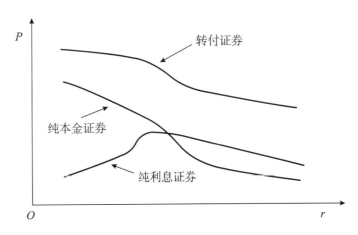

图8.5　转付证券、纯利息证券及纯本金证券的价格特征

一般而言，转付证券的整体价格随市场利率的上升而下降，但纯利息证券的价格则随市场利率的上升而上升，纯本金证券的价格随市场利率的上升而下降。不过纯本金证券的价格随利率上升而下降的幅度大于纯利息证券的价格随利率上升而上涨的幅度，所以整体上讲，转付证券的价格随市场利率的上升而下降。将转付证券拆分为纯利息和纯本金证券两个部分，证券的整体风险并不会因之而变化，但是，风险和收益特征的拆分则给了投资者选择的机会。因此，对转付证券的发行人而言，分与不分在风险和收益上没有区别，但却扩大了投资对象，从而为证券的顺利发行创造了条件。

本章小结

1. 资产证券化产品是固定收益证券市场上的主要产品之一。资产证券化是银行、储蓄机构，以及其他金融中介等借以提高资金利用效率、扩大金融业务的重要手段之一，资产证券化产品也是投资者投资的一类重要金融工具。

2. 资产证券化是金融机构或其他经济体将其能产生现金收益的资产组合成资产池，以资产池为支撑向市场发行证券，并向投资者筹措资金的过程。资产证券化的过程是把各种能产生现金流但却缺乏流动性的金融资产标准化，转化为投资者可以接受的金融工具的过程。

3. 资产证券化的参与者主要包括借款人、贷款承做机构、特殊目的机构、信用评级机构、信用增级机构、证券承销机构、投资者等。资产证券化无论从各微观参与者的角度，还是从宏观经济的角度都适应了经济发展的要求，增加了市场融资和投资的手段，加强了金融市场的完备性。

4. 资产证券化产品可以分为住房抵押贷款证券和资产支持证券两大类。前者的基础资产是住房抵押贷款，而后者的基础资产则是除住房抵押贷款之外的资产。住房抵押贷款证券化产品一直是资产证券化产品中的主导。最早的住房抵押贷款支持证券是住房抵押贷款转付证券。

5. 资产证券化所面临的风险主要有四类，分别为违约风险、现金流风险、经营风险与市场风险。而其中现金流风险尤为突出，提前还本风险是普遍存在且需要恰当处理的关键问题。西方主要市场经济国家的不同机构总结出了几种计算提前还本速度的方法。

6. 住房抵押贷款转付证券是最早发展起来的资产证券化产品，其对原始现金流不做进一步的处理，服务机构在收到贷款池中的抵押贷款的还款后，扣掉服务费和担保费后即按持有份额转付给转付证券的投资者。

7. 住房抵押担保贷款证券发行多组债券，各组债券的到期期限不同，投资者获得现金流有先后次序的分别。也就是说，贷款资金池每次收到贷款的本息现金流之后，对现金流进行进一步的细分，依各组债券之条款分配现金流量。如此，长、短期债券投资者可视其需要投资于到期期限、获得本息次序等方面规定不同的债券，满足各自的投资偏好。

8. 剥离式抵押贷款支持证券是住房抵押贷款支持证券的另一种变化。住房抵押贷款转付证券将来自基础抵押贷款组合的现金流按比例分配给证券投资者，而剥离式抵押贷款支持证券则将资金池中的本金和利息从按比例分配转化为不均等分配。

9. 可以将转付证券拆分为纯利息证券和纯本金证券两个部分。从整体上讲，转付证券的价格随市场利率的上升而下降。纯利息证券的价格随市场利率的上升而上升，纯本金证券的价格随市场利率的上升而下降。

习 题

1. 简述资产证券化的基本结构。
2. 特殊目的机构在资产证券化过程中发挥了什么作用？
3. 信用增级有哪几种方法？比较不同方法的利弊。
4. 试述资产证券化产品得以迅速发展的原因。
5. 相对于住房抵押贷款转付证券，住房抵押担保贷款证券做了什么改进？解决了什么问题？
6. 假设抵押贷款的服务费率为0.5%，抵押贷款总额为30万元，利率为6%，贷款期限为30年，按每月等额还款。提前还本率为100%PSA，试填写下表：

月数	本金余额 (MB_{t-1})	提前还款率 (SMM_t)	应付贷款本息 (MP_t)	应付本金 (SP_t)	应付利息 (I_t)	提前还本 (PP_t)	服务费 (S_t)	现金流量 (CF_t)
1								
2								
3								
4								
5								

7. 纯利息债券与纯本金债券的收益风险特征有何不同？

8. 谈谈你对中国资产证券化的看法。

第九章 利率衍生品

以固定收益证券或其他利率敏感性金融资产为标的资产的衍生产品常被称为利率衍生品，包括利率远期、利率期货、利率互换、利率期权等金融工具。利率衍生品在衍生金融工具市场上占有最大的份额，是经济参与者规避利率风险、投机套利，以及构建、调整资产组合的重要工具。在这一章里，我们介绍利率远期、利率期货、利率互换和利率期权几个基本利率衍生品的知识和应用。

第一节 利率远期

一、利率远期的相关概念

利率远期是远期交易的一种。远期交易以远期合约的形式进行，而远期合约是交易双方签订的在未来某一确定的时间以确定的价格买入或卖出确定数量的某种资产的合约。利率远期包括各种债券的远期交易以及远期利率协议（Forward Rate Agreement，FRA）。远期交易是债券的一种市场交易形式，具有远期交易固有的规避风险、投机套利等功能，而更有影响力和市场应用更加广泛的是远期利率协议。在国际衍生品市场上，远期利率协议与远期外汇合约一起构成交易规模巨大的两个远期交易品种。远期利率协议是以利率为标的金融变量的远期合约。

【例 9.1】

某公司计划在 3 个月后向银行借款 5000 万元人民币，为期 6 个月。因担心未来利率上升，融资成本增加，公司与其开户行达成协议：3 个月后银行向公司发放 6 个月期的贷款 5000 万元，贷款利率为 6.2%。这就是一个典型的远期利率协议，称为 3 月×9 月远期利率协议。

假设 3 个月后市场 6 个月期银行贷款利率为 6.48%。原则上，3 个月后，公司可以有两种做法：

（1）履行协议，从银行以 6.2% 的利率获得 6 个月期贷款 5000 万元人民币，期满后还本付息。

（2）与银行以现金交割的方式履行协议。计算出以协议利率借款的利息与以市场利率借款的利息之间的差额，结清盈亏，了结协议。然后，如果公司仍需要贷款，则直接以市场利率贷款。这种方式下，公司借款利率为 6.48%，但是银行因远期利率协议要支付给公司

$$5000 \times \frac{6.48\% - 6.2\%}{2} \times \frac{1}{1 + \frac{6.48\%}{2}} = 6.7803 \text{（万元）}$$

从例 9.1 看，远期利率协议可以锁定未来的利率，规避未来利率波动的风险。现实中，远期利率协议的使用者的目的多数也是利用它的这一功能。因此，在实践中，远期利率协议的结算都采用第二种方式，以现金结算。这样，远期利率协议虽可被视为以固定利率授予的一笔远期贷款，但现实中并无实际的贷款义务。协议确定的本金不过是用来计算双方盈亏的名义金额，并不发生本金的实际交割活动。也正是由于这一点，远期利率协议无须纳入资产负债表，从而为金融机构提供了一种有效对冲利率风险的表外工具，而不受资本充足要求的约束。

远期利率协议是重要的衍生金融工具，国际市场上美元、英镑、欧元、日元等货币的远期利率协议都有着规模巨大的交易，是国际化企业规避利率风险或从事套利等活动的重要金融工具。也正是因其重要性，早在 1985 年英国银行家协会（British Bankers Association）就制定了远期利率协议的规范条款文本——远期利率协议对英国银行家协会（Forward Rate Agreement on British Bankers Assciation，FRABBA）条款，以供市场交易者参考，便利交易的达成。虽然 FRABBA 条款对远期利率协议市场的参与者并不具有强制力，但远期利率协议市场的参与方基本接受这一条款，在全球远期利率协议市场上，除非事先声明采用其他条款规范或完全自定条款，所有的交易都是按 FRABBA 条款来进行的。当然，国际远期利率协议市场上还有国际互换与衍生品协会（International Swaps and Derivatives Association，ISDA）制定的条款规范。

FRABBA 条款是一种场外合约母本，设定了协议的基本框架和应包含的主要条款，单次交易在母本条款的基础上进行各种条款的具体设定就可以了。FRABBA 条款的主要条款包括：对交易的定义、报价标准、建议条款、交易文件样式。而其中的建议条款又包括"代理""确认""结算""取消""协定利率""参照利率"等数十条详细的条款标准。规定的重要术语有：

协议货币：协议的货币币种；

协议本金：名义上的本金；

交易日：协议成交的日期；

结算日：协议借贷开始的日期，也就是协议中规定的贷款的起息日，是交易双方计算并交付利息差额的日期；

确定日：确定参照利率的日期；

到期日：名义借贷到期的日期；

参照利率：在协议中确定的某种市场利率，用以在确定日确定结算金额，国际市场上通常为 LIBOR 或其他货币市场主要利率；

结算金：在结算日根据协议利率与参照利率的差额计算出来的，由交易一方付给另一方的金额；

pa：per annum，指利率以年利率的方式表达。

远期利率协议的表示方法是 M 月 × N 月，M 表示远期合约到结算日的期限，$N-M$ 表示协议的贷款时间，如图 9.1 所示。

图 9.1 远期利率协议

二、远期利率协议的报价与定价

银行常作为远期利率协议的做市商同时报出远期利率协议的买卖价格。远期利率协议的报价以远期利率为基础，这种利率包含了现货市场收益率和利率期货价格因素。实际交易价格由银行决定。表 9.1 是 2011 年 5 月 20 日兴业银行报出的 FRA 市场价格。

表 9.1 2011 年 5 月 20 日兴业银行 FRA 市场报价

FRA	3 个月期 SHIBOR	
	买入价(%)	卖出价(%)
1M×4M	4.5055	4.6055
2M×5M	4.4655	4.6655
3M×6M	4.4255	4.7255
4M×7M	4.4588	4.7255
5M×8M	4.4922	4.7255
6M×9M	4.5255	4.7255
9M×12M	4.5655	4.7655

资料来源：中国外汇交易中心网站（www.chinamoney.com.cn）。

远期利率的确定有两种具体的做法：一种是从现货市场的收益率曲线求得；另一种是从利率期货市场求得。

(一) 远期利率协议的收益率曲线定价法

远期利率可以从市场上现实的收益率曲线中求出,前提是该收益率曲线反映了各个期限的投资收益率,并且市场如我们一贯的假设,是无摩擦的市场。在这种情况下,根据无套利原理,现实的收益率曲线就隐含了远期利率。

用 t 表示现在时刻,T 和 T^* ($T^* > T$) 是两个未来的时刻,r 表示 T 时刻到期的即期利率,r^* 表示 T^* 时刻到期的即期利率,$\hat{r}$ 表示现在时刻 t 签订的 T 到 T^* 期间的远期利率协议利率。根据无套利原理,一笔资金一次性投资 2 年与投资 1 年后再按照远期利率投资 1 年,这两种投资方式最终的结果应该相同。因此有

$$(1+r)^T (1+\hat{r})^{T^*-T} = (1+r^*)^{T^*} \tag{9.1}$$

例如,1 年期即期利率为 8%,2 年期即期利率为 9%,那么 1 年到 2 年的远期利率满足

$$(1+\hat{r})^{T^*-T} = \frac{(1+r^*)^{T^*}}{(1+r)^T} = 1+\hat{r} = \frac{(1+9\%)^2}{(1+8\%)}$$

可求出

$$\hat{r} \approx 10\%$$

这里的例子当然计算的是每年计息一次的利率,如果每年计息若干次,则需要进行相应的变换。如果是连续复利,这时的公式反而变得更加简单了。在连续复利下,远期利率与即期利率的关系为

$$\hat{r} = \frac{r^* T^* - rT}{T^* - T} \tag{9.2}$$

在得出 1 月×4 月、3 月×6 月等各未来区间的远期利率后,远期利率协议的报价便在该水平上进行调节,让买价略低于该远期利率,卖价略高于该远期利率,而买卖差价的大小又取决于各家银行利用现货交易或利率期货交易对远期利率协议头寸进行套期保值的能力和对利润的要求。当然,具体的远期利率协议报价还要依据银行当时对未来利率走势的预测以及头寸情况进行调节。

(二) 远期利率协议的短期利率期货定价法

远期利率还可以通过利率期货的价格求出。利率期货本身具有价格发现功能,因此一般认为利率期货所反映的利率水平是远期利率较准确的估计。

观察各国货币市场的发展情况可以看出,在国债和国债期货市场非常发达的国家,如美国,有各种期限的国债期货价格。这些价格反映了未来一段时间利率的高低,因此,债券市场本身有其现成的远期利率价格。该价格在市场高度发达、摩擦较小的情况下,比较灵敏地反映了远期利率的价格水平,可以作为远期利率协议的主要参考。

实证研究也发现,美国的同业拆借市场与国债期货市场对2年期以内的远期利率的估计基本趋同。而在国债及其期货市场不甚发达的欧洲和亚洲,金融机构更倾向于选择同业拆借市场的收益率曲线来对远期利率协议进行定价。

第二节 利率期货

利率期货是以债券或其他固定收益类金融产品作为标的资产的期货产品。与固定收益证券的分类相似,利率期货也分为短期利率期货与中长期利率期货。以短期固定收益产品为标的资产的利率期货为短期利率期货,以中长期固定收益产品为标的资产的期货为中长期利率期货。目前,中国金融期货交易所挂牌交易的2年期国债期货、5年期国债期货和10年期国债期货按这种分类都是中长期利率期货。在利率期货上,同样是美国市场最发达,期货种类最多。其中,中长期国债期货包括2年期、5年期、10年期,以及超长期国债期货;短期国债期货包括欧洲美元期货、美国联邦基金利率期货等。利率期货是国际金融市场上除利率远期外另一应对利率风险的重要金融工具,在套期保值、投机套利等方面有着广泛的应用。

一、短期利率期货

在国际市场上,代表性的短期利率期货有欧洲美元期货、欧洲银行间拆借利率期货、美国联邦基金利率期货等。下面以芝加哥商品交易所(Chicago Mercantile Exchange,CME)国际货币市场(International Monetary Market,IMM)交易的欧洲美元期货为例介绍短期利率期货的一些基本特征和应用。

欧洲美元期货的标的资产是自期货到期日起3个月期的欧洲美元存款。所谓欧洲美元存款是指存放于美国境外的非美国银行或美国银行境外分支机构的美元存款,3个月期的欧洲美元存款利率主要基于3个月期的LIBOR。表9.2是CME的欧洲美元期货交易的主要条款。

表9.2 欧洲美元期货交易的主要条款

合约单位	2500美元×合约IMM指数
点数	1点=0.01%=25美元
最小变动价位	最近月份:1/4点=6.25美元;其他月份:1/2点=12.50美元
合约月份	40个季月以及最近的4个不是季月的序列月
交易时间	场内为周一至周五上午7:20至下午2:00,线上平台Globex为周五至周日的下午5:00至隔日下午4:00

(续表)

最后交易日与结算日	合约月份第三个周三之前的第二个伦敦银行营业日
结算方式	根据到期结算日伦敦时间上午11：00英国银行家协会提供的利率概览中的3个月期LIBOR进行现金结算，最后结算价将四舍五入至小数点后4位，即0.0001%，意味着每份合约为0.25美元

短期利率期货的报价是以IMM指数的方式报出的。下面结合CME报价（表9.3）予以说明。

表9.3 2016年2月13日CME欧洲美元期货报价

到期月	最新价（美元）	涨跌（美元）	前结算价（美元）	开盘价（美元）	最高价（美元）	最低价（美元）	成交量（手）
2016.2	99.3825	+0.0025	99.380	99.3800	99.3850	99.3800	10520
2016.3	99.3600	0	99.360	99.3550	99.3700	99.3550	197488
2016.4	99.3500	+0.005	99.345	99.3600	99.3650	99.3450	4454
2016.5	99.3450	+0.005	99.340	99.3450	99.3450	99.3450	1
2016.6	99.3300	0	99.330	99.3450	99.3650	99.3300	316282
2016.7	99.3400	+0.015	99.325	99.3400	99.3400	99.3400	75
2016.8	—	—	99.315	—	—	—	0
2016.9	99.2950	−0.005	99.300	99.3350	99.3500	99.2900	298775
2016.12	99.2400	−0.015	99.255	99.2950	99.3150	99.2400	350302
2017.3	99.2000	−0.015	99.215	99.2700	99.2900	99.2000	325035
2017.6	99.1500	−0.015	99.165	99.2350	99.2550	99.1500	216937
2017.9	99.0900	−0.015	99.105	99.1800	99.2100	99.0900	183009

根据表9.3，2016年2月13日，即将到期的2月份合约的欧洲美元期货合约最低成交价为99.3800美元。这意味着相应的合约到期的期货利率为0.62%（1年按360天计算的1年计4次复利的年利率），这是因为欧洲美元期货的报价IMM指数满足：

$$IMM = 100 \times (1 - 期货利率)$$

因此，

$$期货利率 = (100 - IMM)/100 = (100 - 99.3800)/100 = 0.62\%$$

由于欧洲美元期货合约的规模为本金100万美元，因此一份合约的价格为

$$10000 \times [100 - 0.25 \times (100 - IMM)]$$

上述合约99.3800美元成交价对应的合约价格为

$$10000 \times [100 - 0.25 \times (100 - 99.3800)] = 998450 （美元）$$

而期货利率每个基点（0.01个百分点）的变动，意味着期货报价（IMM指数）变动0.01，一份合约价值变动：

$$10000 \times 0.01 \times 0.25 = 25 （美元）$$

也就是说，对于一份欧洲美元期货合约来说，期货利率每下降0.01个百分点，IMM指数就上升0.01，期货多头盈利（期货空头亏损）25美元；期货利率每上升0.01个百分点，IMM指数下跌0.01，期货多头亏损（期货空头盈利）25美元。

例如，投资者以98.580美元的价格买入欧洲美元期货10手，以99.000美元的价格平仓。若不计交易费用，其收益为42点/手，即$25 \times 42 = 1050$美元/手，总收益为10500美元。

其他短期利率期货合约的报价方式与此类似。但是，短期国债期货采用的是实物交割。而欧洲美元期货由于其标的资产是虚拟的欧洲美元定期存款，只能现金交割。

短期利率期货同样可以套期保值，也可以投机套利。其原理与远期利率协议的情况是一样的，读者可以自己思考，兹不赘述。

二、中长期国债期货

由于期限在1年以上的债券，又常被细分为到期期限小于10年的中期债券与到期期限在10年及10年以上的长期债券，因此以此类国债为标的资产的期货也同样常常被分为中期国债期货和长期国债期货。在美国市场，长期国债期货专指标的国债期限在15年以上的一种国债期货，具体情况见下面的介绍，这种国债期货交易活跃。而10年期、5年期、2年期中期国债期货也非常受欢迎。美国中长期国债与国债期货的报价、交易机制等都很成熟。全球其他地区中长期国债与国债期货的交易规模也很大，报价、交易机制与美国大同小异。中国2013年9月推出5年期国债期货交易，2015年推出10年期国债期货交易，2018年8月推出2年期国债期货交易。下面对美国中长期国债期货和中国的两个国债期货做重点介绍，以认识中长期国债期货的基本特征和实际应用。

（一）美国中长期国债期货

表9.4是美国长期国债期货合约的主要条款。每个中长期国债期货合约都设有一个标准交割券，而到期可供实际交割的国债则是在期货到期时剩余到期期限落在某一范围内、票面利率不限的多种国债。每一个可供交割的国债，都有与标准交割券的换算比率，称为转换因子。实际交割时，先通过转换计算出实际交割的价格，然后进行实物交割。这么做是为了使国债期货到期时现货市场有充足的债券可供交割。标准交割券只是一个换算的标准，市场上可能并没有标准券的交易。美国长期国债期货合约的标准交割券是自交割月份第一天起期限为15年、息票率为6%的长期国债（2000年以前息票率为8%）。而可交割债券为剩余到期期限自交割月份第1天起至少为15年，但少于25年的长期国债期货。

表 9.4　美国长期国债期货合约的主要条款

标的单位	1 份到期面值为 10 万美元的美国长期国债
可交割等级	·2011 年 3 月之前的规定为，在自交割月份第一天起至少 15 年不可提前赎回（如果可赎回）的美国长期国债，或者剩余到期期限自交割月份第一天起至少为 15 年（如果不可赎回）的美国长期国债 ·自 2011 年 3 月，长期国债期货可交割等级为剩余到期期限自交割月份第一天起至少为 15 年但少于 25 年的长期国债期货 ·发票价格等于期货结算价格乘以转换因子，再加上应计利息；转换因子为可交割长期国债（1 美元面值）按 6% 的收益率计算的价值，再扣掉累计利息
报价	点数（1000 美元）加 1 点的 1/32，例如，134 – 16 表示 134 又 16/32，109 – 8 表示 109 又 8/32（票面值以 100 点为基础）
最小变动价位（最低波幅）	1 点的 1/32（31.25 美元），跨月价差除外，其中最低波幅为 1 点的 1/32 的 1/4（7.8125 美元/合约）
合约月份	3 月、6 月、9 月和 12 月季度周期中的最初 3 个连续合约月份
最后交易日	交割月份最后营业日之前的倒数第 8 个营业日（到期合约的交易于最后交易日中午 12:01 收市）
最后交割日	交割月份的最后交易日
交割方法	美联储记账式电汇系统

资料来源：CME 网站（www.cmegroup.com）。

1. 美国中长期国债及国债期货的报价

在第二章中，我们曾经讲过债券交易的报价问题，此处我们再对美国国债及国债期货的报价做简单说明。美国的中长期国债报价是以美元和 1/32 美元报出每 100 美元面值债券的价格。中长期国债期货合约的报价方式与现货相同。由于每一份期货合约的债券面值为 100000 美元，因此 80 – 16 的报价意味着一份长期美国国债期货合约的价格是

$$1000 \times 80\frac{16}{32} = 80500（美元）$$

如前所述，债券的报价是不包含累计利息的净价，与购买者实际支付的现金价格（或称发票价格、全价）不同，两者之间的关系为

$$现金价格 = 报价 + 上一付息日以来的累计利息 \quad (9.3)$$

【例 9.2】

2015 年 10 月 3 日，将于 2037 年 11 月 15 日到期、息票率为 6.125% 的长期国债收盘报价为 118 – 8 美元。由于美国长期国债半年支付一次利息，从到期日可以

判断，该债券上一次付息日为 2015 年 5 月 15 日，下一次付息日为 2015 年 11 月 15 日。由于 5 月 15 日到 10 月 3 日之间的天数为 141 天，5 月 15 日到 11 月 15 日的天数为 184 天，因此，2015 年 10 月 3 日，该债券每 100 美元面值的应计利息为

$$\frac{6.125}{2} \times \frac{141}{184} = 2.347 \text{（美元）}$$

该国债 100 美元面值的现金价格为

$$118 + 8/32 + 2.347 = 120.597 \text{（美元）}$$

2. 转换因子

由于有多种国债可供交割，因此当进入交割并选定交割债券后，需要利用选定债券的转换因子，通过换算得到实际交割价格。如前所述，转换因子就是各可交割债券价格与合约报价的转换比例，因此，可交割债券的交割价格的计算公式为

$$\text{可交割债券的交割价格} = \text{合约报价} \times \text{转换因子} \tag{9.4}$$

因此，期货空方交割 100 美元面值的特定债券应收到的现金为

$$\text{空方收到的现金} = \text{期货报价交割债券的转换因子} + \text{交割债券的应计利息} \tag{9.5}$$

【例 9.3】

假设国债期货报价为 96-8 美元，交割债券的转换因子为 1.12 美元。面值为 100 美元的该债券的累计利息为 2.3 美元，交割时空方收到的现金为

$$96\frac{8}{32} \times 1.12 + 2.3 = 110.1 \text{（美元）}$$

每份期货合约的债券面值为 100000 美元，因此空方每份期货合约收到的现金为 110100 美元。

可交割债券的转换因子等于面值为 1 美元的债券在存续期限内产生的现金流，按标准债券的息票率 6% 贴现到交割月第 1 天的价值，再扣掉该债券的累计利息。在计算转换因子时，债券的剩余期限只取 3 个月的整数倍，多余的月份舍掉。如果取整数后，债券的剩余期限为半年的倍数，就假定下一次付息是在 6 个月之后，否则就假定在 3 个月后付息。

【例 9.4】

2015 年 12 月，代码为 USZ5 的长期国债期货到期，例 9.2 的债券在 2015 年 12

月 1 日的剩余期限为 21 年 11 个月又 15 天，且不可提前赎回，是该国债期货合约的可交割债券。根据规则，在计算转换因子时应取 3 个月的整数倍，从而该债券在 2015 年 12 月 1 日的剩余期限取 21 年 9 个月。下一次付息日假设为 2016 年 3 月 1 日，那么面值为 1 美元的该债券未来现金流按 6% 到期收益率贴现至 2015 年 12 月 1 的价值为

$$\frac{\sum_{i=0}^{4/3} \frac{6.125\%}{2 \times 1.03^i} + \frac{1}{1.03^{4/3}}}{1 + (\sqrt{1.03} - 1)} = 1.0150 (美元)$$

式中的分子是面值 1 美元的债券未来所有现金流贴现到 2016 年 3 月 1 日的价值。由于 1 年计息两次的复利的年收益率为 6%，3 个月的到期收益率就是 $\sqrt{1.03} - 1$。因此再用此收益率折现到 2015 年 12 月 1 日，然后减去累计利息就得到转换因子。在计算转换因子的假设条件下，该债券有 3 个月的应计利息，这样，就得到该国债的转换因子。

$$转换因子 = 1.0150 - \frac{6.125\%}{4} = 0.9997 （美元）$$

转换因子一般由交易所根据可交割债券计算并列示，交易者不用自己计算。

3. 最便宜可交割债券

在交割月份，空方拥有在众多可交割债券中选择具体债券用于交割的权利。由于具有不同的息票利率和到期期限，这些债券在交割成本上有一定的差异，空方自然应该选择最便宜的债券进行交割，即最便宜可交割债券（Cheapest-to-deliver Bond，CTD Bond）。最便宜可交割债券就是对空方来说交割成本最小的债券。

在交割日，

$$交割时空方收到的现金 = 期货报价 \times 转换因子 + 应计利息$$
$$债券的购买成本 = 债券报价 + 应计利息$$
$$交割成本 = 债券报价 - 期货报价 \times 转换因子$$

但是，在交割日之前，业界通常以债券至期货交割日的隐含回购利率（Implied Repo Rate，IRR）作为确定最便宜交割债券的依据。隐含回购利率最大的债券为最便宜交割债券。假设当前为 t 时刻，隐含回购利率满足：

$$t \text{ 时刻现券全价} \times \left(1 + \text{IRR} \times \frac{T-t}{360}\right)$$
$$= 期货期限内债券付息 \times \left(1 + \text{IRR} \times \frac{T-\tau}{360}\right) + t \text{ 时刻期货全价}$$

$$IRR = \frac{t\text{时刻期货全价} - t\text{时刻现券全价} + \text{期货期限内债券付息}}{t\text{时刻期货全价} \times \dfrac{T-t}{360} - \text{期货期限内债券付息} \times \dfrac{T-\tau}{360}} \quad (9.6)$$

其中，T 表示期货交割时刻，τ 为期货期限内债券付息的时刻，回购累计利息天数计算惯例以实际天数/360 计。

4. 中长期国债期货的理论价格

上面的内容告诉我们，在已知中长期国债期货价格和交割日期的情况下，可以通过计算确定最便宜可交割债券。反过来，如果知道了最便宜可交割债券及其交割日期，也可以计算中长期国债的理论价格。

与其他期货品种的理论价格的确定方式一样，中长期国债期货的理论价格也同样适用持有成本理论，即

$$\text{国债期货理论价格} = \text{调整后的最便宜可交割券现货价格} + \text{净持有成本}$$

其中，调整后的最便宜可交割券现货价格是最便宜可交割券的现货价格除以其转换因子后得到的价格，净持有成本由持有债券的机会成本减去债券在持有期内获得的利息得到。但是，这一关系严格讲来并不精确，因为空方享有交割债券的选择权，这相当于多方给予空方一个看跌期权。更严格地，应该把此期权的价值考虑在内。但是，由于这一因素影响不大，我们予以忽略，或者说，在这个问题中假定交割债券选择权的价值为 0。

假设当前时间为 t，国债期货的交割时间为 T，面值为 1 美元的最便宜可交割债券的市场报价为 CP_t^*，转换因子为 CF^*，息票利率为 Y。

面值 1 美元的最便宜可交割债券在 t 时的全价为 $CP_t^* + AI$，AI 为面值为 1 美元的债券上次利息支付以来的累计利息。

从 t 到 T 的持有成本为

$$R_t (CP_t^* + AI) \frac{T-t}{360} - Y \cdot \frac{T-t}{365}$$

其中，R_t 为 t 到 T 的无风险利率（一般使用回购利率）。

因此，最便宜可交割债券理论上到 T 的远期价格为

$$CP_t^* + (CP_t^* + AI) \frac{T-t}{360} - Y \cdot \frac{T-t}{365}$$

相应国债期货的价格还应通过转换因子进行换算，因此，国债期货的理论价格 $FP_{t,T}$ 为

$$FP_{t,T} = \frac{1}{CF^*} \left(CP_t^* + (CP_t^* + AI) \cdot R_t \cdot \frac{T-t}{360} - Y \cdot \frac{T-t}{365} \right) \quad (9.7)$$

(二) 中国国债期货

表9.5与表9.6是中国市场上交易的5年期和10年期两个国债期货合约的主要条款。

表9.5　5年期国债期货合约摘要

合约标的	面值为100万元人民币、票面利率为3%的名义中期国债
可交割国债	合约到期月份首日剩余期限为4至5.25年的记账式附息国债
报价方式	百元净价报价
最小变动价位	0.005元
合约月份	最近的三个季月（3月、6月、9月、12月中的最近三个月循环)
交易时间	09:15—11:30，13:00—15:15
最后交易日交易时间	09:15—11:30
每日价格最大波动限制	上一交易日结算价的±1.2%
最低交易保证金	合约价值的1%
最后交易日	合约到期月份的第二个星期五
最后交割日	最后交易日后的第三个交易日
交割方式	实物交割
交易代码	TF
上市交易所	中国金融期货交易所

表9.6　10年期国债期货合约摘要

合约标的	面值为100万元人民币、票面利率为3%的名义长期国债
可交割国债	合约到期月份首日剩余期限为6.5至10.25年的记账式附息国债
报价方式	百元净价报价
最小变动价位	0.005元
合约月份	最近的三个季月（3月、6月、9月、12月中的最近三个月循环)
交易时间	9:15—11:30，13:00—15:15
最后交易日交易时间	9:15—11:30
每日价格最大波动限制	上一交易日结算价的±2%
最低交易保证金	合约价值的2%
最后交易日	合约到期月份的第二个星期五
最后交割日	最后交易日后的第三个交易日
交割方式	实物交割
交易代码	T
上市交易所	中国金融期货交易所

如表 9.5 和表 9.6 所示，中国 5 年期国债期货合约标的债券为面值为 100 万元人民币、票面利率为 3% 的名义中期国债，可交割国债为合约到期月份首日剩余期限为 4 至 5.25 年的记账式付息国债；10 年期国债期货合约标的债券为面值为 100 万元人民币、票面利率为 3% 的名义长期国债，可交割国债为合约到期月份首日剩余期限为 6.5 至 10.25 年的记账式付息国债。两者均采用百元净价报价和交易，合约到期进行实物交割。

中国两个国债期货的报价、转换因子、最便宜可交割券、理论价格等方面与美国中长期国债原理相同。作为期货的一种，国债期货同样可以用来套期保值、投机套利等。表 9.7 是 2016 年 2 月 1 日 5 年期国债期货行情数据。表 9.8 是 TF1512 合约可交割国债及转换因子。

表 9.7　2016 年 2 月 1 日 5 年期国债期货行情数据

合约代码	今开盘价(元)	最高价(元)	最低价(元)	成交量(手)	成交金额（元）	持仓量(手)	今收盘价(元)	今结算价(元)	涨跌1(元)	涨跌2(元)
TF1603	100.790	100.870	100.725	13127	1323100.285	16449.0	100.760	100.750	0.020	0.030
TF1606	100.505	100.545	100.425	2435	244697.150	13124.0	100.470	100.470	0.015	0.015
TF1609	100.250	100.250	100.200	11	1102.400	1132.0	100.205	100.210	0.000	0.005
合计				15573	1568899.835	30705.0				

表 9.8　TF1512 合约可交割国债及转换因子

序号	国债全称	国债代码			票面利率(%)	到期日期	转换因子
		银行间	上交所	深交所			
1	2005 年记账式（十二期）国债	050012	010512	100512	3.65	2020.11.15	1.0295
2	2010 年记账式附息（二期）国债	100002	019002	101002	3.43	2020.2.4	1.0167
3	2010 年记账式附息（七期）国债	100007	019007	101007	3.36	2020.3.25	1.0142
4	2010 年记账式附息（十二期）国债	100012	019012	101012	3.25	2020.5.13	1.0103
5	2010 年记账式附息（二十四期）国债	100024	019024	101024	3.28	2020.8.5	1.0121
6	2010 年记账式附息（三十一期）国债	100031	019031	101031	3.29	2020.9.16	1.0127
7	2010 年记账式附息（三十四期）国债	100034	019034	101034	3.67	2020.10.28	1.0299
8	2011 年记账式附息（二期）国债	110002	019102	101102	3.94	2021.1.20	1.0440

(续表)

序号	国债全称	国债代码			票面利率（%）	到期日期	转换因子
		银行间	上交所	深交所			
9	2013年记账式附息（三期）国债	130003	019303	101303	3.42	2020.1.24	1.0159
10	2013年记账式附息（八期）国债	130008	019308	101308	3.29	2020.4.18	1.0115

（三）国债期货套期保值

前面多次提到，任何使用固定收益类金融工具投资或融资的经济个体都暴露在利率风险之中，都可能因市场利率的不利变化而遭受损失。利率期货为利率风险的管理提供了一种有针对性的套期保值机制：在期货市场上做与现货市场相反头寸的操作，让两个市场的盈亏相抵，以达到风险对冲的目的。

由于中长期国债期货标准交割券的特殊交易机制，用中长期国债期货为债券进行套期保值基本上属于交叉套期保值，也就是国债期货的标的资产一般与要对冲风险的债券不一致。因此，最重要的一步是确定套期保值比率（Hedge Ratio, HR），也就是所用期货金额与要保值的现货金额的比例。只有在套期保值比率确定以后，才能决定用于套期保值的期货合约的数量。首先看国债期货套期保值最优套期保值比率的确定（以中国两个国债期货为例）。

最优套期保值比率是使得整个资产组合的盈亏方差等于零的套期保值比率。为此，应符合下述条件：

$$Q_c \cdot \Delta CP_t = 1000000 Q_f \cdot \Delta FP_{t,T}$$

其中，Q_c 为现货国债的面值，ΔCP_t 为现货国债 t 时刻的价格变化，Q_f 为国债期货合约的数量（每手面值为1000000元），$\Delta FP_{t,T}$ 为国债期货合约的价格变化。

因此，最优套期保值比率 HR^* 为

$$HR^* = \frac{1000000 Q_f}{Q_c} = \frac{\Delta CP_t}{\Delta FP_{t,T}} \tag{9.8}$$

最优套期保值比率确定后，就可以得到最优套期保值所用国债期货的数量 Q_f：

$$Q_f = HR^* \cdot \frac{Q_c}{1000000} \tag{9.9}$$

实践中，可以用久期法计算最优套期保值比率，也可以用线性回归法计算最优套期保值比率。

1. 久期法确定国债期货最优套期保值比率

根据式（9.7），国债期货价格与最便宜可交割债券价格的关系为

$$\mathrm{FP}_{t,T} = \frac{1}{\mathrm{CF}^*} = \left(\mathrm{CP}_t^* + R_t(\mathrm{CP}_t^* + \mathrm{AI})\frac{T-t}{360} - Y \cdot \frac{T-t}{365}\right)$$

国债期货价格的变化近似为

$$\Delta \mathrm{FP}_{t,T} = \frac{\Delta \mathrm{CP}_t^*}{\mathrm{CF}^*} \qquad (9.10)$$

将式 (9.10) 代入式 (9.8)，得

$$\mathrm{HR}^* = \frac{\Delta \mathrm{CP}_t}{\Delta \mathrm{CP}_t^*} \cdot \mathrm{CF}^* \qquad (9.11)$$

由修正久期公式有

$$\Delta \mathrm{CP}_t = -D_\mathrm{m} \cdot \mathrm{CP}_t \cdot \Delta R_{\mathrm{CP}_t}$$
$$\Delta \mathrm{CP}_t^* = -D_\mathrm{m}^* \cdot \mathrm{CP}_t^* \cdot \Delta R_{\mathrm{CP}_t^*}$$

因此，有

$$\mathrm{HR}^* = \frac{D_\mathrm{m} \cdot \mathrm{CP}_t \cdot \Delta R_{\mathrm{CP}_t}}{D_\mathrm{m}^* \cdot \mathrm{CP}_t^* \cdot \Delta R_{\mathrm{CP}_t^*}} \cdot \mathrm{CF}^* \qquad (9.12)$$

如果各债券的到期收益率都是同步变动的，ΔR_{CP_t} 和 $\Delta R_{\mathrm{CP}_t^*}$ 相同，则二者可从式 (9.12) 中消除。这样，根据式 (9.9) 即可求出所需套期保值的国债期货的数量：

$$Q_f = \mathrm{HR}^* \cdot \frac{Q_c}{1000000} = \frac{D_\mathrm{m} \cdot \mathrm{CP}_t \cdot Q_c}{1000000 D_\mathrm{m}^* \cdot \mathrm{CP}_t^*} \cdot \mathrm{CF}^* \qquad (9.13)$$

【例 9.5】

某投资者持有面值为 10000 万元的债券 TB，利用中国金融期货交易所国债期货 TF 合约进行套期保值。其中，TF 合约的最便宜可交割债券 CTD 的转换因子为 1.0294，TB 和 CTD 的相关信息如表 9.9 所示。计算所需 TF 合约的数量。

表 9.9　TB 和 CTD 的相关信息

项目	TB	CTD
债券净价（元）	99.3926	101.7685
债券全价（元）	101.1582	102.1571
修正久期	5.9556	5.9756
基点价值（元）	0.0596	0.0611

套用式 (9.13) 可求得

$$Q_f = \frac{D_\mathrm{m} \cdot \mathrm{CP}_t \cdot Q_c}{1000000 D_\mathrm{m}^* \cdot \mathrm{CP}_t^*} \cdot \mathrm{CF}^* = \frac{5.9556 \times 101.1582 \times 100000000}{5.9756 \times 102.1571 \times 1000000} \times 1.0294 \approx 102 \text{（手）}$$

由于信息中包含基点价值，也可以通过基点价值求解，过程如下：

$$Q_f = \frac{D_m \cdot CP_t \cdot Q_c}{1000000 D_m^* \cdot CP_t^*} \cdot CF^* = \frac{0.0596 \times 100000000}{0.0611 \times 1000000} \times 1.0294 \approx 100 \text{（手）}$$

2. 线性回归法确定套期保值比率

用久期法确定套期保值比率隐含着收益率曲线只做平行移动的假设，被保值债券与期货标的债券的收益率变化相等。如果用线性回归法来确定，就不需要这一假设。线性回归法确定最优套期保值比率是通过下面的回归方程求得的：

$$\Delta CP_t = \alpha + \beta \cdot \Delta FP_{t,T} + \varepsilon_t$$

其中，ΔCP_t 是被保值债券价格的变化，$\Delta FP_{t,T}$ 是国债期货价格的变化，β 是最优套期保值比率。求出最优套期保值比率之后，也就很容易求出需要的国债期货数量了。具体做法，不再赘述。

久期法与线性回归法各有其优缺点。久期法的优点在于它使用的是与国债期货高度相关的最便宜可交割债券的到期期限、票面利率、价格特征等信息，而不是历史数据。其不足在于这一方法假定收益率曲线平行移动，所有债券到期收益率变化相同。线性回归法的优势在于它不依赖收益率曲线变化形式的假设，其不足在于用历史数据回归严重依赖于市场状况的稳定性。

第三节 利率互换

一、利率互换的概念和基本框架

利率互换指交易双方约定在未来的一定时期内，根据同种货币的名义本金交换系列现金流，其中的现金流等于按事先约定的利率计算的利息。利率互换的基本特征包括：

（1）互换双方使用相同的货币。

（2）在互换的整个期间，只交换利息，名义本金是计算利息的基础。

（3）最基本的利率互换是固定利率对浮动利率的互换，一方支付以固定利率计算的利息，另一方支付以浮动利率计算的利息。固定利率在互换开始时就已确定，在整个互换期间内保持不变；浮动利率参照一个市场特定的浮动利率，在每个计息期前确定，期末支付。

（4）从理论上讲，利率互换也可以是浮动利率对浮动利率的互换，或固定利率对固定利率的互换。即利率互换可以把某种浮动利率转化成另一种浮动利率，也可以把某种固定利率转化成另一种固定利率。

固定对浮动利率互换的基本结构如图9.2所示。

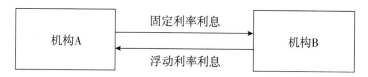

图9.2 利率互换基本结构Ⅰ

在基本的固定利率对浮动利率的互换中，通常把支付固定利率的一方称为利率互换的多头方或买方，而把支付浮动利率的一方称为利率互换的空头方或卖方。随着做市商制度的形成，一些大型的商业银行等金融机构开始充当利率互换的做市商，同时报出利率互换的买入价（愿意支付的固定利率）和较高一点的卖出价（愿意收取的固定利率），二者的差价就是做市商的做市收益，正像银行赚取的借贷利差那样。而报出的固定利率就被称为该利率互换的价格。这时，利率互换的结构发生了一定的变化。比如，充当做市商的银行以LIBOR作为互换的浮动利息的计算利率，报出的3年期利率互换的买价（Bid Rate，愿意支付的固定利率）为4.50%，卖价（Ask Rate，愿意收取的固定利率）为4.53%，那么，通过媒介互换交易，银行赚取3个基点的收益。在这种情况下利率互换的结构如图9.3所示。

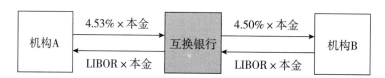

图9.3 利率互换基本结构Ⅱ

二、利率互换的主要条款和交易惯例

利率互换是国际金融市场重要的场外交易产品，国际互换与衍生品协会发布了一整套互换的标准化文件，成为国际互换市场的基础性制度安排和互换交易的重要工具。表9.10是一个利率互换交易协议书摘要的例子，该例子说明了利率互换交易应包含的主要条款。

表9.10 基于一笔假想的利率互换交易协议书摘要

项目	内容
交易日月的27日	2012年2月27日
起息日	2012年3月5日
经营日准则	（支付日遇节假日时顺延至）下一营业日
节假日日历	美国
终止日	2015年3月5日

(续表)

项目	内容
固定利率方	
固定利率支付者	微软公司
固定利率名义本金	1 亿美元
固定利率	5.015%
固定利率天数计算惯例	实际天数/365
支付日期	自 2012 年 9 月 5 日至（包含）2015 年 3 月 5 日的每年 3 月 5 日和 9 月 5 日
浮动利率方	
浮动利率支付者	高盛公司
浮动利率名义本金	1 亿美元
浮动利率	美元 6 个月期 LIBOR
浮动利率天数计算惯例	实际天数/360
支付日期	自 2012 年 9 月 5 日至（包含）2015 年 3 月 5 日的每年 3 月 5 日和 9 月 5 日

在国际利率互换交易中，一般浮动利率都是约定俗成的，最常用的浮动利率是 LIBOR，大部分利率互换协议中的浮动利率为 3 个月期和 6 个月期的 LIBOR。目前在人民币利率互换中的参考利率包括回购定盘利率、SHIBOR、人民币 1 年期存款利率和人民币 1 年期贷款利率。其中以回购定盘利率为参考利率的利率互换交易量最大。

利率互换中现金流的支付最常见的是每半年支付一次或每 3 个月支付一次。有些利率互换的固定利息与浮动利息支付频率一致，有些则不一致。例如，在美国，标准的利率互换是固定利息每半年支付一次，而浮动利息则与 3 个月期 LIBOR 挂钩，每 3 个月支付一次；又如，中国基于 7 天回购利率的利率互换的常见设定则是每 3 个月交换一次，浮动端的支付额等于这 3 个月内所有 7 天回购利率的滚动复利值。

利率互换在实际结算时通常尽可能地使用利息净额交割，即在每个计息期期初根据该计息期确定的浮动利率计算其与固定利率的利息净差额，在计息期期末支付。显然，净额结算能很大地降低交易双方的风险敞口头寸，从而降低信用风险。

三、利率互换的定价与估值

前文提到，在利率互换中，支付固定利率的一方被称为互换的买方，而对固定利率的报价被称为互换的价格。利率互换的价格与互换合约的价值在意义上是不同的。利率互换在开始签订合约，确定彼此支付的固定利率和浮动利率时，互换合约本身对交易双方是公平公正的，因而支付固定利率或浮动利率的双方都不能因此而有盈亏。因此，合理定价的互换合约在开始时本身的价值为 0，而确定的固定利率就是互换的价格。但是，当互换合约签订以后，合约中固定利率已确定下来，随着时间的推移以及市场利率等因素的变化,合约就会变得对一方有利,而对另一方不利,这时合约本身就有了价值。因此,互换的定价也包括开始签订合约时固定利率的确定,也就是互换价格的确定,以及随后合约价值的估值两个方面。

为互换定价或估值,可以通过将互换合约视为债券组合的方式,通过计算其中分解出来的债券的价值然后加总得到;也可以把互换视为一系列远期合约组合,通过计算其中分解出来的远期合约的价值,然后加总求得。我们下面介绍把互换合约分解成债券组合形式的定价方法。

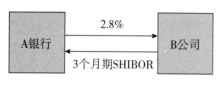

图9.4 假设的利率互换结构

考虑一个2016年7月1日生效的2年期利率互换,名义本金为1亿元人民币。A银行是互换的买方,同意支付给B公司年固定利率为2.8%的利息。B公司是卖方,同意支付给A银行3个月期SHIBOR的利息,利息每3个月支付一次,如图9.4所示。

在2016年7月1日签订互换协议时,交易双方并不知道未来的一系列3个月期SHIBOR。假设事后得知此两年中的3个月期SHIBOR如表9.11(a)中的列(1)所示,并且假设对固定利率和浮动利率的利息支付都采用30/360的天数计算惯例,从而可以得到A银行在此互换中每3个月收到的浮动利息、支付的固定利息与净现金流,分别如表9.11(a)中的列(2)、列(3)与列(4)所示。

表9.11 利率互换中A银行的现金流量表

(现金单位:万元)

(a) 不考虑名义本金				
日期	SHIBOR(%)(1)	浮动利息现金流(2)	固定利息现金流(3)	净现金流(4)
2016.7.1	2.13	—	—	—
2016.10.1 (Ⅰ)	2.47	+53	-70	-17
2017.1.1 (Ⅱ)	2.67	+62	-70	-8
2017.4.1 (Ⅲ)	2.94	+67	-70	-3
2017.7.1 (Ⅳ)	3.27	+74	-70	+4
2017.10.1 (Ⅴ)	3.64	+82	-70	+12
2018.1.1 (Ⅵ)	3.86	+91	-70	+21
2018.4.1 (Ⅶ)	4.12	+97	-70	+27
2018.7.1 (Ⅷ)	4.75	+103	-70	+33
(b) 考虑名义本金				
日期	SHIBOR(%)(5)	浮动利息和本金现金流(6)	固定利息和本金现金流(7)	净现金流(8)
2016.7.1	2.13	-10000	+10000	0

(现金单位：万元)（续表）

日期	SHIBOR(%)(5)	浮动利息和本金现金流(6)	固定利息和本金现金流(7)	净现金流(8)
2016.10.1（Ⅰ）	2.47	+53	-70	-17
2017.1.1（Ⅱ）	2.67	+62	-70	-8
2017.4.1（Ⅲ）	2.94	+67	-70	-3
2017.7.1（Ⅳ）	3.27	+74	-70	+4
2017.10.1（Ⅴ）	3.64	+82	-70	+12
2018.1.1（Ⅵ）	3.86	+91	-70	+21
2018.4.1（Ⅶ）	4.12	+97	-70	+27
2018.7.1（Ⅷ）	4.75	+10103	-10070	+33

观察表9.11（a），可以从两个角度来理解该利率互换：

第一，该利率互换由列（4）的净现金流序列组成，这是互换的本质，即未来系列现金流的组合。

第二，如果对列（4）的现金流按列进行拆分，该利率互换可以看作由列（2）和列（3）的现金流序列组成。为了更好地理解，假设在互换生效日与到期日增加1亿元的本金现金流互换，列（2）和列（3）转化为表9.11（b）的列（6）与列（7）。在表9.11（b）中，从列（8）可见，由于相互抵消，增加的本金现金流并未改变互换最终的现金流和互换的价值，但列（6）却可以被视为A银行向B公司购买了一份本金为1亿元的以3个月期LIBOR为浮动利率的债券，列（7）则可以被视为A银行向B公司发行（出售）了一份本金为1亿元的固定利率为2.8%的债券，每3个月支付一次利息。这样，对A银行而言，该利率互换事实上可以被视为一个浮动利率债券多头与固定利率空头头寸的组合，这个利率互换的价值就是浮动利率债券与固定利率债券价值的差。由于互换为零和游戏，对B公司来说，该利率互换的价值就是固定利率债券价值与浮动利率债券价值的差。也就是说，利率互换可以通过将其分解成一个债券的多头与另一个债券的空头来定价。

定义：

B_{fix}为利率互换合约中分解出的固定利率债券的价值；

B_{fl}为利率互换合约中分解出的浮动利率债券的价值。

对于互换多头，也就是固定利率的支付者（如上例中的A银行）来说，利率互换的价值就是

$$V = B_{\text{fl}} - B_{\text{fix}} \tag{9.14}$$

反之，对于互换空头，也就是浮动利率的支付者（如上例中的B公司）来说，利率互换的价值就是

$$V' = B_{\text{fix}} - B_{\text{fl}} \qquad (9.15)$$

这里固定利率债券的定价公式为

$$B_{\text{fix}} = \sum_{i=1}^{n} k e^{-r_i t_i} + A e^{-r_n t_n} \qquad (9.16)$$

式 (9.16) 中，A 为利率互换中的名义本金，k 为现金流交换日 t_i 交换的固定利息额，n 为交换次数，t_i 为距第 i 次现金流交换的时间长度（$1 \leq i \leq n$），r_i 则为到期日为 t_i 的零息即期利率。显然固定利率债券的价值就是未来现金流的贴现和。这里使用了连续复利的贴现计算方式，用非连续复利贴现也没有问题。

浮动利率债券的定价公式则为

$$B_{\text{fl}} = (A + k^*) \cdot e^{-r_1 t_1} \qquad (9.17)$$

其中，k^* 为下一交换日应交换的浮动利息额（这是已知的），距下一次利息支付日还有 t_1 的时间。

在国际互换市场上，互换的定价绝大多数是用 LIBOR 对现金流进行折现，并且决定浮动利率的。LIBOR 反映较高信用等级的借贷利率，典型的是拥有 A 或 AA 级评级的商业银行在资本市场获得融资时的利率。在已知 LIBOR 的期限结构曲线，也就是 LIBOR 的零息收益率曲线的情况下，知道利率互换的期限、支付频率、支付日期等信息后，便可为互换定价。

（一）利率互换价格的确定

在确定利率互换价格时，记住以下两点非常重要：
(1) 利率互换价格是使得互换合约价值为 0 的固定利率取值；
(2) 浮动利率债券的价值在发行或重置利率时都等于其面值。
假设债券面值为 1，由式 (9.14) 有

$$V = B_{\text{fl}} - B_{\text{fix}} = 1 - B_{\text{fix}} = 0$$

从而，

$$B_{\text{fix}} = 1 \qquad (9.18)$$

式 (9.18) 提供了一个互换定价的关键点。也就是说，互换的价格（有时也称面值互换利率）是那些使固定利率债券价值等于浮动利率债券价值的利率，从而使最初的互换价值为 0。

【例 9.6】

考虑一个开始于 2008 年 12 月 18 日的 3 年期、每半年支付一次利息的普通利率

互换。这一互换将在未来 3 年中每年的 6 月 18 日和 12 月 18 日进行支付。假设根据 LIBOR 现货和美元期货市场价格得到的 2008 年 12 月 18 日美元不同到期期限的零息收益率（连续复利）分别如下：6 个月为 4.825%、12 个月为 4.3725%、18 个月为 4.1694%、24 个月为 4.1313%、30 个月为 4.1786%、36 个月为 4.2694%。可以据此求解此互换的价格。

解：$\frac{k}{2}e^{-4.825\% \times 0.5} + \frac{k}{2}e^{-4.3725\% \times 1} + \frac{k}{2}e^{-4.1694\% \times 1.5} + \frac{k}{2}e^{-4.1313\% \times 2} + \frac{k}{2}e^{-4.1786\% \times 2.5}$
$+ (\frac{k}{2} + 1)e^{-4.2694\% \times 3} = 1$

求得 $k = 0.0432$。

因此，互换利率为 4.32%。

（二）为一个已有的利率互换估值

【例 9.7】

假设在一笔利率互换协议中，某一金融机构收取 6 个月期 LIBOR，同时支付 3% 的年利率（每半年计一次复利），名义本金为 1 亿美元，互换还有 1.25 年的期限。目前 3 个月、9 个月和 15 个月期的 LIBOR（连续复利）分别为 2.8%、3.0% 和 3.2%。前一个支付日所观察到的 6 个月期 LIBOR 为 2.8%（每半年计一次复利）。试计算此笔利率互换对该金融机构的价值。

解：在这个例子中，k 为 150 万美元。

$B_{\text{fix}} = 150\,e^{-0.028 \times 0.25} + 150\,e^{-0.03 \times 0.75} + 10150\,e^{-0.032 \times 1.25} = 10048$（万美元）

本例中，

$$A = 10000 \text{（万美元）}$$
$$k^* = 0.5 \times 0.028 \times 10000 = 140 \text{（万美元）}$$

则

$$B_{\text{fl}} = (10000 + 140) \times e^{-0.028 \times 0.25} = 10069 \text{（万美元）}$$

因此，对该金融机构而言，此利率互换的价值为

$$10069 - 10048 = 21 \text{（万美元）}$$

显然，对该金融机构的交易对手来说，此笔利率互换的价值为负，即 -21 万美元。

(三) 关于互换利率

由以上利率互换的定价过程，我们看到，在国际金融市场上，美元利率互换的价格取决于美元 LIBOR 的期限结构。而美元 LIBOR 期限结构则与利率远期市场和期货市场紧密相关。利率互换的价格也就是同期限同面值的固定利率债券的票面利率，这也正好等于同期限债券的到期收益率。由于其与 LIBOR 以及欧洲美元期货的上述联系，国际互换市场上，人们普遍认为利率互换的风险与 LIBOR 及欧洲美元期货的风险相当。而从实际的市场情况来看，LIBOR 反映的是伦敦信用良好的银行之间相互拆借资金的成本，信用等级一般在 A 或 AA 级，国际互换市场的参与者，前文已提到，主要是一些大型金融机构、国际组织以及大型工商企业等，信用等级与 LIBOR 相当。

我们知道，在进行金融市场投资时，了解利率的期限结构非常重要。以往美元的利率期限结构是由美国国债推导出来的。这是一种无风险的利率期限结构。因美国国债在到期期限上的不连续性，以及国债种类、数量上的不完全性，人们不得不采用诸如插值法等近似计算方法，才能构建出比较光滑的利率期限结构曲线。即便这样，由于 30 年以上的国债很少，30 年以上的利率期限结构可信度就很低了。在互换市场得到蓬勃发展之后，人们发现了一个了解利率期限结构的新途径，即互换利率结构。与原来利用国债推导出的利率期限结构相比，互换利率不是无风险的，而是与 LIBOR 风险相当的。这样就给了人们一个区别于无风险利率期限结构的另一种有风险的利率期限结构作为参考的标准。不仅如此，使用互换利率期限结构作为参考还有一些超出国债利率期限结构的优势，主要表现在：

(1) 较好地克服了国债到期期限不连续、种类不全的缺陷。利率互换在很多到期期限上均有活跃的交易，最长期限甚至达到 50 年。而美国国债只在 1 年、2 年、3 年、5 年、7 年、10 年、15 年、20 年和 30 年 9 个关键期限上有较大的交易量，这使得利率互换曲线能够提供更多到期期限的利率信息。

(2) 新的互换会在市场上不断地产生，这使得特定到期日的互换利率具有延续性，几乎每天都可以估计出特定到期日的互换利率，而特定期限国债利率则往往只有在国债新发行之后才能更新，以发行期限进行循环，例如 30 年国债利率只有在每次的 30 年国债发行日才能得到准确估计。

(3) 互换是零成本合约，其供给是无限的，不会受到发行量的制约，而国债则由于供给的制约会产生新发行证券的价格与以前发行证券的价格之差异，进而对利率产生影响。此外，对许多银行间的金融衍生产品来说，与无风险利率相比，互换利率由于反映了其现金流的信用风险与流动性风险，是一个更好的贴现率基准。上述原因决定了美元互换收益率曲线是市场中重要的利率期限结构，其影响日益显著。这说明，互换市场的发展无意间还提供了一个有价值的参考标准，增强了市场的价格发现功能，这对于国际金融市场的发展与完善有着重要的意义。

第四节 利率期权

利率期权在前面嵌期权债券及资产证券化的章节中已有涉及,广义上讲,利率期权就是以固定收益证券等利率敏感性金融工具为标的的期权。债券、存单、利率期货、利率互换都可以作为利率期权的标的资产。利率期权既有场外交易,也有场内交易,是另一个在固定收益市场进行风险对冲、投机套利的重要衍生工具。美国芝加哥期权交易所的利率期权产品包括美国13周国债期权、5年国债期权、10年国债期权、30年国债期权等,分别是以美国13周国债贴现率,以及美国5年、10年、30年国债到期收益率为标的物的期权。利率上限协议和利率下限协议则是场外市场上应用很多的利率期权。下面我们对这两个期权进行介绍,其他期权也可类比理解。

一、利率上限协议

利率上限协议又称利率顶(Cap),本质上是一些利率看涨期权的组合,标的多为一些市场浮动利率,如在国际市场上一般参考一定期限的LIBOR。具体说来期权的买方支付权利金,与期权的卖方达成一个协议,该协议中指定某一种市场参考利率,同时确定一个利率上限水平。在规定的期限内,如果市场参考利率高于协定的利率上限水平,卖方向买方支付市场利率高于利率上限的差额部分;如果市场参考利率低于或等于协定的利率上限水平,则卖方无须承担任何支付义务。

【例9.8】

A公司在2019年3月1日发行了1000万美元的1年期浮动利率债券,该债券每季度付息,利率由3M-LIBOR + 25个基点(BP)计算得到。也就是说,A公司必须在2019年的6月1日、9月1日、12月1日支付利息,在2020年的3月1日支付利息和本金。2019年6月1日支付利息的利率为2019年3月1日的3M-LIBOR + 25BP,即支付 $0.25 \times (3M\text{-}LIBOR + 25BP) \times 1000$ 万美元的利息。

A公司预期市场利率会下降,但又担心利率上涨会带来融资成本上升的风险,希望将风险控制在一定的范围内,因而与一家美国银行B银行签订了一份利率上限期权合约。该合约期限为1年,面值为1000万美元,上限利率为5%,按季度支付,支付日与付息日相同。即B银行承诺,在未来的一年里,如果每个利率确定日的3M-LIBOR超过5%,则B银行3个月后向A公司支付确定日的3M-LIBOR利率和利率上限5%之间的利息差,即支付金额为 $0.25 \times \max\{0, (3M\text{-}LIBOR - 5\%)\} \times 1000$ 万美元。该合约签订时,A公司需要向B银行支付一笔期权费,期权费报价为 0.8%×1000 万美元，一次性支付。整个交易流程可以用图 9.5 表示。

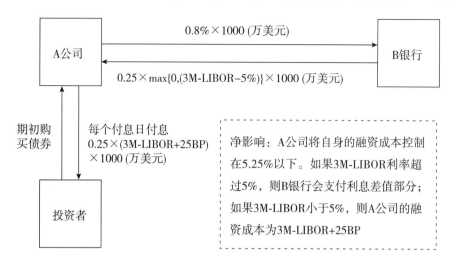

图 9.5　A 公司与 B 银行的关系

A 公司的现金流如图 9.6 所示。

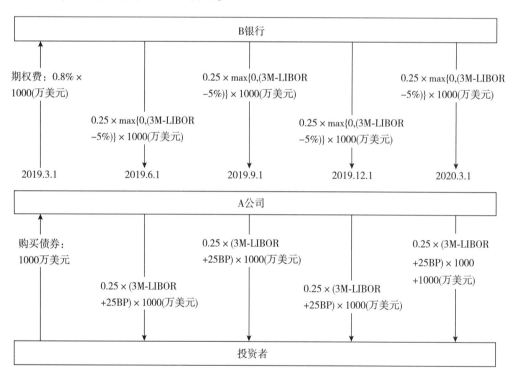

图 9.6　A 公司的现金流

利率上限期权交易之所以会发生，是因为购买利率上限期权后，A公司在保留获得利率下行时降低融资成本的收益的同时，对其面临的利率风险进行了保护。当然，获得这样的保护的同时，A公司也付出了期初支付的期权费成本。通过购买利率上限期权，A公司将自己的融资成本保护在5.25%（=5%+25BP）以下。

（1）如果市场利率3M-LIBOR为6%，则A公司需要向投资者支付15.625（=0.25×(6%+25BP)×1000）万美元的利息。由于购买了利率上限期权，B银行向A公司支付2.5（=0.25×(6%−5%)×1000）万美元。A公司最终支付13.125万美元。

（2）如果市场利率3M-LIBOR为4%，则A公司仅需要向投资者支付10.625（=0.25×(4%+25BP)×1000）万美元的利息。利率上限期权没有生效，B银行无须向A公司进行任何支付。A公司最终支付10.625万美元。

二、利率下限协议

利率下限协议又称利率底（Floor），刚好与利率顶相反，是一系列利率看跌期权的组合，标的也是市场上的某种浮动利率。期权买方在市场参考利率低于利率下限时可取得低于下限利率的差额。利用利率下限期权，投资者可以防范利率下降的风险。如果市场利率下降，浮动利率投资的利息收入会减少，固定利率债务的利息负担会相对加重，企业面临债务负担相对加重的风险。通过买入利率下限期权，固定利率负债方或者浮动利率投资者可以获得市场利率与协定利率的差额作为补偿。

【例9.9】

A公司在2014年3月1日发行了1000万美元的1年期债券，该债券每半年付息一次，利率为5%。即A公司必须在2014年9月1日支付利息25万美元，2015年3月1日支付利息和本金共1025万美元。

A公司预期市场利率会上涨，但又担心利率下跌带来融资成本相对上升的风险，希望将风险控制在一定的范围内，因而与一家美国银行B银行签订了一份利率下限期权合约。该合约期限为1年，面值为1000万美元，下限利率为5%，参考利率为6M-LIBOR，每半年支付，支付日与其债券的付息日相同。即B银行承诺，在未来的1年里，如果浮动利率确定日的6M-LIBOR低于5%，则B银行6个月后向A公司支付确定日6M-LIBOR利率和利率下限5%之间的利息差，即支付金额为$0.5 \times \max\{0,(5\% - 6M\text{-}LIBOR)\} \times 1000$万美元。该合约签订时，A公司需要向B银行支付一笔期权费，期权费报价为0.8%×1000万美元，一次性支付。整个交易流程可以用图9.7表示。

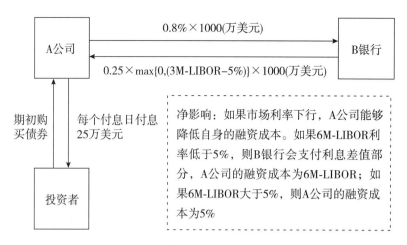

图 9.7　A 公司与 B 银行关系

A 公司的现金流如图 9.8 所示。

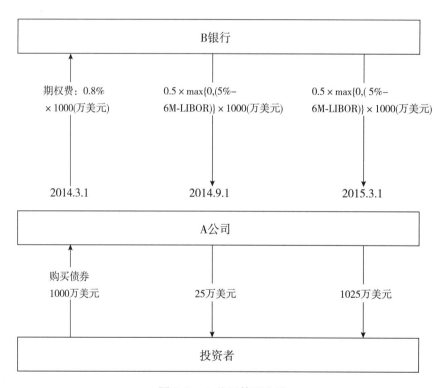

图 9.8　A 公司的现金流

通过购买利率下限协议，A 公司可以在市场利率下降时降低自己的融资成本。

如果市场利率 6M-LIBOR 为 6%，则 A 公司向投资者支付 25（=0.5×5%×1000）万美元的利息。由于未低于利率下限，B 银行无须向 A 公司进行任何支付。A 公司最终支付 25 万美元利息，融资成本为 5%。

如果市场利率 6M-LIBOR 为 4%，则 A 公司仍向投资者支付 25（=0.5×5%×1000）万美元的利息。由于市场利率低于下限利率，期权生效，B 银行需要向 A 公司支付 5（=0.5×(5%−4%)×1000）万美元。则 A 公司最终支付 20 万美元利息，融资成本为 4%。

将利率上限和利率下限结合起来可以构成利率双限协议，可以同时对冲市场利率上升至一定程度之上与市场利率下降到一定程度之下的风险。此处不再赘述。

本章小结

1. 以固定收益证券或其他利率敏感性金融资产为标的资产的衍生产品被称为利率衍生品，包括利率远期、利率期货、利率互换、利率期权等金融工具。利率衍生品是衍生品市场中的主导产品，对于经济主体的风险对冲、投资套利起着重要的作用。

2. 利率远期包括各种债券的远期交易以及远期利率协议。远期债券交易是债券的一种市场交易形式；而远期利率协议是以利率为标的金融变量的远期合约，是国际金融市场的重要金融衍生工具。

3. 利率期货是以债券或其他固定收益金融产品为标的资产的期货产品，分为短期利率期货与中长期利率期货。在国际市场上，代表性的短期利率期货有欧洲美元期货、欧洲银行间拆借利率期货、美国联邦基金利率期货等。短期利率期货是对冲短期利率风险、投机套利的重要工具。中长期利率期货是对冲长期利率风险的有力工具。利用中长期利率期货进行套期保值，涉及套期保值比率的确定、最便宜可交割券的确定等。

4. 利率互换指交易双方约定在未来的一定时期内，根据同种货币的名义本金交换系列现金流。最基本的利率互换是固定利率对浮动利率的互换，一方支付以固定利率计算的利息，另一方支付以浮动利率计算的利息。支付固定利率的一方被称为利率互换的多头方或买方，而支付浮动利率的一方被称为利率互换的空头方或卖方。

5. 可以通过把互换合约分解成债券组合或远期利率合约组合的形式为利率互换定价或估值。从互换交易中得到的互换利率期限结构，为金融市场提供了一个区别于国债利率期限结构的利率期限结构标准。

6. 利率期权是以固定收益证券等利率敏感性金融工具为标的的期权。利率期权既有场外交易，也有场内交易，是在固定收益市场进行风险对冲、投机套利的重要衍生工具。利率上限协议、利率下限协议、利率双限协议都属于利率期权。

习 题

1. 假设一份90天到期的欧洲美元期货的报价为90美元，那么在90天后，到第180天到期的LIBOR远期利率等于多少？

2. 假设要套期保值的目标国债、最便宜可交割债券及国债期货的信息如下：

项目	净价(元)	全价(元)	修正久期
目标国债	100.5313	101.2220	4.67
最便宜可交割券	103.4238	104.1830	5.65
国债期货	106.2500	—	5.65

试计算最优套期保值比率。

3. 接第2题。假设某基金经理管理着面值为1000万元的目标国债，欲用国债期货合约套期保值，应如何操作？

4. 简述互换利率期限结构的意义。

5. 假设在一笔利率互换协议中，某一金融机构收取6个月期LIBOR，同时支付3%的年利率（每半年计一次复利），名义本金为1亿美元，互换还有1.25年的期限。目前3个月、9个月和15个月期的LIBOR（连续复利）分别为2.8%、3.0%和3.2%。前一个支付日所观察到的6个月期LIBOR为2.8%（每半年计一次复利）。试计算此笔利率互换对该金融机构的价值。

6. 一家公司发行4年期面值为1000万元的浮动利率债券，票面利率为SHIBOR + 50BP，每季度计一次利息。公司决定购买利率上限期权以减少利率上升带来的风险。SHIBOR目前为3.45%。分析下列情形时公司的主要考虑和不足：

（1）购买2年期、4%的利率上限期权；

（2）购买4年期、3.95%的利率上限期权；

（3）购买4年期、3.45%的利率上限期权；

（4）购买5年期、4%的利率上限期权。

7. 在第6题中，如果改为出售利率下限期权，分析公司应如何操作。

第十章 债券投资组合管理

第一节 债券投资管理基本步骤

一、设定投资目标

固定收益证券组合管理的目标可以分为投资型目标与对冲型目标。投资型目标的管理者（如债券基金经理）追求的是在风险可控前提下的收益最大化；而对冲型目标的管理者（如商业银行）追求的则是风险最小化前提下的收益最大化。不同的管理目标对应着不同的投资策略。对冲型目标的管理者常常采用免疫（Immunization）或现金流匹配（Cash Flow Matching）等策略，以保证利率风险、信用风险等最小化；投资型目标的管理者所采用的策略与其对市场有效程度的认识有很大关系。保守型投资者（Conservative Investors）认定市场是有效的，当前债券市场的价格已经充分而准确地反映了所有信息，所以他们采用的策略是跟踪复制某一个债券市场指数，以求达到市场的平均收益。积极型投资者（Active Investors）则认为，市场并非完全有效，市场上总存在这样或者那样的定价错误，或者市场价格并没有充分反映所有信息，通过利用市场的错误定价或利用自己拥有的信息进行交易可以获得超过平均水平的超额收益。介于这两者之间的是改进的保守型投资者（Progressive Conservative Investors），他们一方面采取与保守型投资者类似的跟踪市场指数的策略，但同时由于认为市场可能存在一定的非有效性，他们会有意通过错配留下一定的风险敞口，以图获得部分超额收益。

投资者如何进行债券组合管理，主要受四方面因素影响：第一，投资者对市场有效性的看法。如果投资者坚信市场是有效的，债券价格已经反映了所有信息，则采用消极管理策略更为合理。否则，应采取积极管理策略。第二，投资者的类型。不同类型的投资者受到的法律约束范围与程度不同，这对其采取什么样的策略有很大影响。第三，投资者的账户管理情况。金融机构存在两类与债券投资有关的账户：交易账户与投资账户。前者可以随时发生债券交易，而后者只能持有至到期，不能随时进行交易活动。如果一家机构投资者前者占比小，后者占比大，则该机构的大部分债券投资只能采取比较简单的"购买持有"策略。第四，投资者的负债情况。一般来讲，负债期限比较短的投资者适合采用消极管理策略，负债期限长的投资者可以适当采用积极管理策略。

二、投资组合策略与资产选择

债券组合管理在资产管理中具有重要的地位，债券组合管理应该基于委托人或管理机构设定的组合目标。在组合目标的基础上，组合管理的实质是在风险和收益之间取得平衡。例如，如果组合管理的目标是提供资本的安全性和流动性，则组合对风险的容忍度较低，对收益要求不高，可能国债、政策性金融债就会占较大的比重；相反，如果组合目标是提供高增长率，则组合对风险的容忍度较高，对收益的要求相应也提高，可能信用债占较大的比重。债券组合的管理策略一般可分为消极策略（Passive Strategies）和积极策略（Active Strategies）。

（一）消极策略

消极策略基于债券市场的有效性假设，即认为当前债券价格已精确反映所有可公开获得的信息。在有效的债券市场中，债券定价是合理的，债券收益率正好等于承担风险而获得的补偿。因此消极策略的基本信念为任何对债券的主动配置，包括品种、期限的选择以及对市场时机的把握，都不能给投资者带来超过市场平均水平的收益率。消极策略主要包括指数化策略和负债管理策略。

指数化策略是最常见的消极策略，它指设计一个反映一种债券指数的资产组合。它的目标是复制预先设定的一个指数，从而得到和指数近似的盈亏。指数化的投资方式在股票投资中得到了广泛应用，但是对于债券投资而言，应用相对较少。指数化策略有下列要求：

（1）选择特定指数作为绩效评估基准；

（2）指定组合被管理的时间段；

（3）指定资金管理者和投资者可接受的灵活性水平，包括交易频率、衍生品交易、回购交易、借入债券等。

负债管理策略主要包括免疫策略与现金流匹配两种。银行、保险公司、基金等金融机构由于其资产和负债在到期结构上存在自然的不匹配，机构的资产净值和未来支付债务的能力往往会随市场利率的变化而变动。因此机构希望能够通过资产负债的适当组合规避利率风险，避免偿债能力的降低或净资产的损失。免疫策略通过调整资产结构，保证资产与负债相互匹配，从而达到利率风险免疫。现金流匹配策略指当金融机构未来的负债现金流可预知时，金融机构可安排专用债券组合，使得该组合每一期现金流与负债现金流相匹配,以此减少利率风险。

(二) 积极策略

积极策略认为市场是非有效市场,因此可以获得超过平均收益率的机会。积极策略的基本信念为投资者可以通过识别错误定价的债券和通过对市场利率的正确预期来获得超过平均收益率的收益。因此在积极策略中,投资者首先要确定对各种可能影响债券价格因素的预期。这些预期包括对未来收益率水平、利率波动性和未来收益率利差等的预期。追求积极策略的投资者会利用对未来各种因素的预期来设置组合,进行市场时机的选择,从而获得超额收益。积极的债券组合管理策略可以分为收益率曲线策略、互换策略及应变免疫策略,其中应变免疫策略介于消极策略与积极策略之间,是二者的混合体。

三、投资绩效评估

我们如何来比较前面介绍的各种投资策略并做出选择呢?显然,简单比较事后的已实现收益率并不可取。我们需要的是一套前瞻性的、将风险和收益结合到一起权衡的方法。因此接下来,我们将简单介绍事前风险评估方法与经风险调整的收益率指标。

(一) 事前风险评估

最常用的风险指标无疑是资产组合收益率的波动率,即组合收益率的年化标准差,其度量的是一段时间内组合收益率的变动幅度。在给定组合收益率分布的情况下,我们还可以计算在险价值(VaR),其考虑当极端情况出现时,在一定的概率下,组合的收益不会低于什么样的水平。VaR是指在市场正常波动时,在一定的置信水平α下,某资产或资产组合的价值在未来一定期限内预期的最大可能损失。例如,如果我们知道某资产在99%的置信水平下,期限为10天的VaR为100万美元,那么我们就可以说,该资产在未来10天内的损失有99%的可能不会超过100万美元,或者说该资产在未来10天内的损失只有1%的可能会超过100万美元。VaR是一个综合衡量各种风险的指标,与传统风险指标相比,它可以通过一个简单的数字来描述投资组合所面临的整体风险状况。VaR几乎适用于所有的金融工具,不仅适用于度量市场风险,还适用于信用风险、操作风险等其他类型金融风险的度量。因此,VaR目前已被全球的金融机构、监管机构及资产管理公司等广泛采纳。

但基于波动率与VaR的事前风险评估体系还有待进一步完善。一方面,尽管波动率和VaR能够提供在极端情况下组合收益率在一定概率下不会低于何种水平的信息,但它们并不能提供关于极端损失的信息;另一方面,波动率和VaR提供的信息不太直观,我们很难将风险因子的变化与资产组合的损益直接挂钩。因此,我们需要引入其他的辅助手段来补充基于波动率和VaR的事前风险评估框架,如情景分析、敏感性分析与压力测试等。敏感性分析着重分析特定风险因素对组合或业务单元的影响,情景分析则评估所有风险因素变化的整体效应。

情景分析(又称前景描述)是指假设在多种风险因子同时发生特定变化的不同情景下,计算资产组合可能的损益,以分析正常市场状况下组合收益的风险状况。这些情景一般涵盖正常情景、最佳情景与最差情景。情景分析的优势在于情景的设定相对灵活,可以由专家进行人为设定,也可以直接使用历史上发生过的情景,还可以从对市场风险要素历史数据的统计分析中得到。情景分析方法能够帮助管理者发现未来变化的某些趋势,避免两个最常见的决策错误:过高或过低估计未来的变化及其影响。情景分析是多种因素相互作用的综合性影响分析,因此在进行情景分析时,各种不同风险源的相关性就变得十分重要。而如果将多因素的情景分析退化为单因素的情况,这种情景分析就被称为敏感性分析。

压力测试的基本思路与情景分析相似,不同之处在于情景的构成。情景分析考察的是正常市场状况下组合可能的损益,而压力测试考察的是极端不利情况发生时,组合的最大亏损有可能达到的水平。所谓"极端不利情况",既包括历史上发生过的重大损失情景,也包括假想的损失情景。假想的损失情景又包括模型假设或模型参数不再适用、市场价格巨幅波动、原本稳定的关系(如相对价格、相关性、波动率等)被打破、市场流动性急剧降低、相关关系走向极端或外部环境发生重大变化等。一般而言,在设计压力情景时,既要考虑风险要素变动等微观要素敏感性问题,还要考虑经济结构和经济政策调整等宏观层面的因素。

总的来看,波动率、VaR、情景分析与压力测试如果单独作为风险的测度指标都有不足之处。然而,将这些指标综合起来,我们就能从多个维度得到关于资产组合未来收益率分布的相关信息。这就为投资者进行事前风险评估提供了极有意义的参考。

(二) 经风险调整的收益率指标

我们现在从收益的角度来讨论固定收益证券组合策略评价,即如何评价组合投资所获得的收益。显然,直接使用事后的已实现收益率作为评价标准是不合适的,原因有二:第一,风险与收益总是相伴而生的,过高的投资收益往往也预示着策略本身具有高风险。合理的投资策略应该是在风险水平给定的情况下做到收益最大化,这就涉及风险和收益的权衡问题。第二,根据经典的资产定价理论,任何资产的收益都可以分解为两部分,即市场收益(Market Return)与异常收益(Abnormal Return)。市场收益指的是由于市场风险因素变化带来的证券价格的普遍性上涨或下跌;而异常收益则是超出(或低于)市场收益的那一部分收益,它可能包含与投资策略相关的信息。评价一种投资策略的好坏,尤其是评价积极性投资策略时,我们不仅关注绝对收益,而且关注基于这一策略的组合有没有战胜市场。这就需要我们将收益进行分解,引入基于异常收益的测度指标。因此,在这部分我们将着重介绍两类经风险调整的收益率指标:一类指标衡量的是投资者承担单位风险所获得的收益,其典型代表是夏普比率

(Sharpe Ratio) 与特雷诺比率 (Treynor Ratio); 另一类指标衡量的是扣除市场风险之后获得异常收益的能力, 其代表有詹森指数 (Jensen Index)。

夏普比率衡量的是承担单位风险所能获得的超额收益, 其计算公式为

$$夏普比率 = \frac{E(R_P) - R_f}{\sigma_p} \qquad (10.1)$$

其中, $E(R_P)$ 代表资产组合的预期收益率, R_f 为市场无风险利率, σ_p 为资产组合波动率。

粗略地看, 夏普比率衡量了投资组合策略风险 - 收益的权衡效率。如果夏普比率远低于市场平均水平, 一方面可能是由于策略带来的收益过低, 另一方面可能是由于该策略承担了远高于市场平均水平的风险。即便这种策略获得了很高的事后收益, 站在事前角度来看, 投资者依然需要对此保持警惕——这样的策略往往具有过度投机的倾向。

夏普比率的优势在于直观、简洁且易于计算。但它对风险的刻画过于简单。其一, 夏普比率认为波动率代表了资产组合的风险, 这里隐含的假设是资产组合收益率的分布可以完全由一阶矩和二阶矩刻画, 或者说, 资产组合收益率的分布是正态分布, 因而可以忽略高阶矩带来的影响。然而经验证据表明在很多情况下, 高阶矩 (如偏度、峰度等) 也是风险因子, 有可能影响资产的预期收益, 例如索提诺比率 (Sortino Ratio) 就对此进行了改进。其二, 夏普比率对风险刻画过于简单的表现还在于它没有区分系统性风险与非系统性风险。对此的改进是特雷诺比率, 它使用 β 系数, 而不是波动率, 作为风险的测度指标。其计算公式为

$$特雷诺比率 = \frac{E(R_P) - R_f}{\beta \cdot P} \qquad (10.2)$$

其中, β 为组合的 β 系数。

夏普比率、索提诺比率和特雷诺比率考虑的都是经风险调整的绝对超额收益。它们并没有将超额收益部分 ($E(R_P) - R_f$) 进一步区分为市场收益与异常收益。做出这一区分的是詹森指数, 其计算公式为

$$\alpha = E(R) - R - \beta \cdot P(E(R_x) - R) = R_{i,t} - [R_{i,t} - \beta_i \cdot (R_{m,t} - R_{f,t})] \qquad (10.3)$$

其中, $E(R)$ 为市场组合的预期收益率, α 为詹森指数。

我们很容易发现, 其实詹森指数对应的就是资本资产定价模型 (Capital Asset Pricing Model, CAPM) 的 α 项, 度量的是资产超额收益中无法由市场收益解释的部分。这也就是詹森指数也经常被称为詹森 α 的原因。

詹森指数刻画的实际上是战胜市场的能力。在詹森的原始模型中, 市场基准模型使用的是 CAPM, 但事实上我们完全可以拓展原始的詹森指数, 将其他的资产定价模型, 例如因子定价模型、消费资本资产定价模型等, 引入体系充当基础模型, 用以衡

量策略所获得的超额收益相对不同基准的异常水平。

与风险度量体系相似，夏普比率、特雷诺比率和詹森指数三个经风险调整的收益率指标都有自身的缺陷。但将这三个指标及其扩展指标结合在一起，我们往往能构建出一套相对全面的经风险调整的收益率度量体系，合理评价投资组合管理策略的水平。

第二节 消极的债券组合管理

在积极策略中，各种预期具有十分重要的地位，但消极策略的组合管理机构更相信市场的理性，通常把市场价格视为已经实现均衡的交易价格，因此它们并不试图寻找被低估的投资品种，而只关注债券组合的风险控制。在债券投资组合管理过程中，通常使用的消极策略包括两种：一种是指数化策略，其目的是使所管理的资产组合尽量接近某个债券市场指数的表现；另一种是免疫策略，这是被许多债券投资者广泛采用的策略，其目的是使所管理的资产组合免于市场利率波动的风险。

指数化策略和免疫策略都假定市场价格是公平的均衡交易价格。它们的区别在于处理利率暴露风险的方式不同。跟踪债券指数的资产组合，其风险收益结构与所追踪的债券市场指数的风险收益结构近似；而免疫策略则试图建立一个几乎是零风险的债券资产组合。在这个组合中，市场利率的变动对债券组合的表现几乎毫无影响。

一、指数化策略

指数化策略是指债券管理者构造一个债券资产组合，模仿市场上存在的某种债券指数的绩效，由此使该债券资产组合的风险收益与相联系的债券市场指数的风险收益状况相当。指数化策略在股票投资领域早已存在，但是在债券领域出现得较晚。不过，债券组合指数化策略一经出现，就很快受到了投资界的欢迎，而迅速发展了起来。

指数化策略有三个关键环节：一是选择一个被市场熟知的债券指数作为参考的基准；二是确定一个恰当的投资期间，在此期间内，投资管理机构按照选定的债券指数表现来管理投资组合，并接受它的客户的评判；三是投资管理机构把组合收益的波动与指数收益的波动之间的差异控制在一个可以接受的范围内。

（一）指数化策略的优点：为什么要选择指数化策略

正如股票投资的指数化策略受到普遍的青睐那样，指数化策略也受到了债券投资者的青睐。究其原因，是因为这种策略表现出以下优势。

首先，自20世纪80年代以来，市场投资经历了利率上升和下降的周期，也经历了信贷利差扩大和缩小的周期。在经历了所有这些市场变化后的市场实践证明，积极的债券投资组合管理策略并没有胜过债券指数化投资策略。

其次，实行指数化管理的成本要低于采取积极策略进行债券组合管理的成本。在美国等西方国家，采取积极策略的债券组合管理者收取的咨询费一般为15—50个基点，而采取指数化策略的债券组合管理者收取的咨询费为1—20个基点。另外，债券指数化策略的非咨询费（如托管费等）也较低。这都使得债券指数化策略的投资成本要低于非指数化策略的成本。

最后，在实行积极投资策略的时候，投资者对投资组合管理者的约束较小，因为积极的投资策略本身就要求债券组合管理者具有较大的自主性。而在债券指数化策略中，投资者可以严格要求债券组合必须同指数相匹配，从而在很大程度上约束了债券组合管理者的行为，使得债券组合的业绩不会大幅度偏离基准指数的业绩表现。

但是，指数化策略也有其不利的一面。首先指数化策略使得债券组合的业绩与某种指数相近，但是指数的表现并不一定反映当时的最优债券投资的业绩。其次，与指数相匹配也不意味着客户的目标收益率要求得到满足，而只是减少了债券组合业绩低于市场指数的可能性。最后，债券指数化策略意味着债券组合管理者所受的限制更多。我们在前面曾指出这是指数化投资策略的优势，但是，任何事情都有其两面性，这种限制有时候可能会使得投资者错失市场良机。比如，受指数所包含的债券市场板块的限制，对于某些明明有更好盈利机会的债券，债券组合管理者却不能介入。

无论如何，从理论层面讲，指数化策略的优点是很明确的。除上面已经提到的那些优点外，从投资风险角度讲，模仿有充分市场代表性的债券指数，可以实现投资的分散化，这就降低了投资的非系统性风险，而多数积极的债券投资组合包含的债券较少，也就面临着更高的非系统性风险。

（二）基准指数：指数的选择

正像股票价格指数反映部分或整个市场股票的平均价格随时间变化的状况一样，债券价格指数是反映不同时点债券价格变动情况的相对指标。其编制方法同样是选定一个时点为基期，并给定基期的指数值，然后将报告期指数包含的样本债券价格的平均值与选定的基期债券价格的平均值相比，并将两者的比值乘以基期的指数值，就得到了报告期的债券市场指数。债券市场上存在着种类繁多的债券价格指数，这些债券价格指数可以是综合性市场指数，也可以是专业性市场指数。债券指数的编制从原理上与形式上虽然与股票指数的编制并无二致，但是，实际编制的复杂性却要超过股票指数很多。其中的原因主要有三个方面：第一，债券价格指数所包含的债券的数量一般远多于股票价格指数所包含的股票的数量。例如，著名的标普500（S&P500）股票价格指数包含的股票算是多的，也不过包含500只股票。而著名的彭博巴克莱全球综合指数（Bloomberg Barclays Global Aggregate Index）、彭博巴克莱美国综合指数（Bloomberg Barclays US Aggregate Index）所包含的债券品种都在5000种以上，就算是专业性市场指数包含的债券也有上千只之多，这么多的债券增加了指数编制的复杂性。第二，由于债券有固定的到期期限，因此，与股票指数中的股票在选定之后除非特殊情况不会有变动不同，债券指数必须定期将即将到期的债券从指数样本债券中剔除，代之以新的债券，这样就会不断地有债券的进出调整。第三，债券价格指数一般是总收益指数，要考虑定期支付的利息以及再投资问题，这也是股票指数的编制所不曾遇到的问题。

一个好的基准指数应该服务于整个投资过程，同时满足资产配置、绩效评价和投资者投资管理多样化的需要。但是，为了同时满足多种需要，基准指数常常面临许多矛盾和潜在的冲突。所以，合理构建和选择基准指数是指数化投资的关键。选择基准指数要考虑的第一个因素是投资者的风险偏好。不同的债券指数包含的债券种类不同，风险也就不同。比如，有的指数只包含政府债券、不包含公司债券；而有的指数则既包括政府债券，又包含公司债券。后者就要比前者有更大的信用风险。如果面向低风险偏好的投资者，则应选择前者作为基准指数。影响指数选择的第二个因素是投资者的目标。例如，虽然各种债券指数的总收益率趋于正相关，但其波动率可能大不相同。因此，一个目标是总收益率波动率更小的投资者就会选择波动率低的指数。除这两个因素之外，一般认为，选择债券基准指数还应满足下列原则：

一是广泛的市场代表性。基准指数的选择应该能满足绝大部分投资者的偏好，同时也能够代表市场绝大部分的投资机会，应兼顾市场整体。也就是说，适宜选作基准的债券指数对债券的选择应该有比较广泛的市场代表性，不应给予个别券种过高的权重。

二是透明性。基准指数的择券标准应该清晰、简单、客观。证券进入指数的规则应该是明确的，债券调整的周期、原则也应该是明确易懂的，这样便于跟踪模仿。

三是稳定性。基准指数的变化应该比较少，即使变化，也必须容易被市场理解和预期。

四是可复制性。一个好的基准指数应该便于投资者的复制或模仿，以提供可靠的投资参考标准。

五是无障碍性。构成基准指数的样本债券不能存在投资障碍。这一点对于国际投资尤为重要，因为跨国债券投资往往有着差异化的规定或限制。投资障碍的存在将导致指数难以被复制和模仿。

（三）指数复制技术

指数复制技术可分为直接复制和单元复制。

直接复制是最直接的指数复制技术，指按照指数构成券种选择债券，并根据各债券在指数中的权重确定复制组合中各债券的比例。很多股票指数化策略就是这样做的。但是，这类在股票投资中行之有效的复制技术，应用到债券投资时，多数情况下都行不通。因为在应用债券指数化策略时，存在下列问题：

第一，成熟的债券指数构成的复杂程度远超股票指数。如当前国际三大债券指数——彭博巴克莱全球综合债券指数、摩根大通全球新兴市场多元化政府债券指数、富时世界国债指数（World Government Bond Index）包含券种繁多，资产规模巨大，而且不同债券在到期期限、票面利率等指标上都存在很大差异。复杂的债券指数构成使得直接复制债券指数相当困难，甚至不可能实现。

第二，债券指数的调整远较股票指数频繁，这使得精确复制债券指数常面临很高的成本。指数样本券到期或临近到期，就要将其剔除并代之以新的样本券。

第三，债券市场的流动性不及股票市场，在市场上买卖起来往往非常困难。如果指数的样本债券中包含流动性较低的债券，投资者的调整很可能无法实时按照市场价格交易完成，这就会额外地增加复制误差。

因此，直接复制缺乏可操作性。更具操作性的做法是选择数量较少、流动性较高的代表性券种来复制指数的关键特征。这涉及两个问题：第一，如何选择合适的代表性债券；第二，如何赋予所选债券权重。

单元复制的基本思路是首先根据指数组成债券的关键特征将样本券划分为不同的单元（Cell），然后从每个单元中选择一只或几只有代表性、流动性好的债券来复制指数。具体说来，单元复制技术分三个步骤：划分单元、选择代表性债券、确定复制组合中债券的权重。

（1）划分单元。单元的划分应涵盖基准指数的主要风险特征，保证在每一个单元内债券的风险要素（包括久期、票面利率、剩余期限、债券类别、信用等级、是否含权等）基本一致。

例如，对比以下两个分组标准。

久期（≤5年与>5年），剩余期限（≤5年、5<期限≤15年，15年以上），债券类别（国债、公司债、资产证券化产品），划分组数（2×3×3＝18组）；

久期（≤5年与>5年），剩余期限（≤5年、5<期限≤15年，15年以上），债券类别（国债、公司债、资产证券化产品），信用等级（AA及以上、A、BBB），划分组数（2×3×3×3＝54组）。

可以看出，采用的标准越细，越能准确地刻画基准指数的风险特征，复制误差越小。但是，划分太细，则会迅速增加所选债券的数量，抬高交易成本，增加复制难度。

（2）投资者从每一个单元中选择若干代表性债券用以复制基准指数。选择的标准主要考虑三点：第一，流动性好、交易活跃；第二，走势与基准指数相关程度高；第三，主要风险要素接近单元的平均水平。

（3）按每个单元在指数中所占的权重来确定单元中选出的债券在资产组合中的权重。比如，单元甲的市值在整个指数中的权重为10%，从其中选出两只债券：A和B。首先以债券A和债券B在单元中的权重比作为其两者的组合比，然后，债券A和债券B组合在整体债券组合中的权重规定为10%。

单元复制的优点，是大大减少了债券的数量，同时提高了可操作性。而不足之处在于,其一,样本券的选取标准略显宽泛,符合标准的债券可能有多只,如何选择具有较大的主观性,而使用不同债券可能在效果上会有比较大的差异。其二,对于样本权重的设定过于确定,不够灵活与合理。例如,利率敏感性较高,价格波动较大的债券对组合复制精度的影响就会较大。因此,在实际操作中,投资者应高度关注复制误差,根据一系列统计指标对债券的券种与权重加以灵活调整。

下面的例子取自《固定收益证券》[①] 一书,我们可以据此了解单元复制法的具体操作过程。该书中,作者运用单元复制法复制了 2008 年 2 月 1 日至 2009 年 6 月 30 日的中债总指数,过程如下。

【例 10.1】

当时中债总指数包括国债、金融债和政策性金融债(共 202 只),其中 12 只国债在上海证券交易所交易,其余全部在银行间债券市场交易。

划分单元时,作者主要考虑三个因素:剩余期限、债券交易的子市场及债券的发行主体。剩余期限以 5 年为标准划分,根据发行主体将债券分为国债、国家开发银行债、农业发展银行债、进出口银行债以及特别国债,这样就有 $2 \times 4 = 8$ 个单元,再加上上海证券交易所交易的国债按剩余期限划分的 2 个单元,就将 202 只债券一共分成 10 个单元。如表 10.1 所示。

表 10.1 中债总指数单元划分及对应权重(2008 年 2 月 1 日—2009 年 6 月 30 日)

剩余期限	交易市场	发行主体分类	权重(%)
5 年及以内	上海证券交易所	国债	2.23
	银行间债券市场	国债	21.35
		国家开发银行债	12.68
		农业发展银行债	4.78
		进出口银行债	2.41
5 年以上	上海证券交易所	国债	1.43
	银行间债券市场	国债	12.29
		国家开发银行债	14.25
		农业发展银行债	0.73
		特别国债	27.85

注:可能存在进位误差。

接下来,从每一个单元中选择代表性的债券来复制指数。首先将各单元中交易最活跃、价格连续性最好的 10 只债纳入复制组合。又因国债、特别国债、国家

[①] 陈蓉,郑振龙. 固定收益证券 [M]. 北京:北京大学出版社,2011.

开发银行债在基准指数中占比高,对复制精度影响较大,又在这些产品中选择了7只交易较活跃、剩余期限接近单元平均水平的债券加入复制组合。最终样本券情况如表10.2所示。

表10.2 样本券及对应权重

债券代码	债券名称	权重(%)	债券代码	债券名称	权重(%)	债券代码	债券名称	权重(%)
070011	07国债11	11.73	070005	07国债05	6.16	060012	06国债12	3.25
070017	07国债17	2.44	070210	07国开10	5.60	060205	06国开05	4.26
070226	07国开26	2.82	070315	07进出15	2.41	070421	07农发21	4.78
0700003	07特别国债03	12.56	0700006	07特别国债06	15.29	060020	06国债20	4.59
070013	07国债13	4.56	070010	07国债10	4.57	060225	06国开25	5.06
070208	07国开08	4.67	070224	07国开24	5.26			

注:可能存在进位误差。

复制组合与指数在2008年2月1日至2009年6月30日期间走势的比较结果显示,复制组合很好地模拟了指数的走势。

除单元复制法外,还有优选法、最小方差法等构建指数组合的方法,此处不再详述。

二、负债管理策略

(一) 免疫策略

金融机构在未来偿还债务的本金和支付利息时会产生一系列的现金流支出。因此,金融机构要构造债券投资组合以满足未来债务还本付息的需要,这就是免疫策略。

1. 目标期免疫策略

利率风险包括价格风险和再投资风险。债券的价格与利率变化呈反向变动。当利率上升(下降)时,债券的价格便会下跌(上涨)。对于持有债券直至到期的投资者来说,到期前债券价格的变化不会产生什么影响;但是,对于在债券到期日前出售债券的投资者而言,如果购买债券后市场利率水平上升,债券的价格将下降,那么投资者将遭受资本损失,这种风险就是利率变动产生的价格风险。利率变动导致的价格风险是债券投资者面临的最主要的风险。利息的再投资收入的多少主要取决于再投资发生时的市场利率水平。如果利率水平下降,获得的利息只能按照更低的收益率水平进行再投资,这种风险就是再投资风险。债券的持有期限越长,再投资的风险就越大;在其他条件相同的情况下,债券的票面利率越高,债券的再投资风险也越大。

利率波动对债券价格和再投资收入的影响正好相反:当利率上升时,债券的价格将下跌,但是债券的再投资收入将增加;当利率下降时,债券价格将上涨,但是债券的再投资收入将会下降。可以通过将资产负债期限进行适当的搭配使两种利率风险正好相互抵消,从而消除债券组合的利率风险。这正是免疫策略的基本思想。

为了理解免疫策略背后的基本思想,我们先来考察一种最简单的情况:目标期免疫策略,即某金融机构在未来某个时期需要支付一笔确定的现金流,现在该金融机构应该如何构造债券组合以规避利率风险。

【例 10.2】

某银行发行面值为 10000 元的大额可转让定期存单,该存单期限为 5 年,年利率为 8%,复利计息,该银行 5 年后需要支付 $10000 \times 1.08^5 = 14693.28$ 元。为了保证 5 年后有足够的资金偿还该存单所形成的债务,该银行购买了按面值出售的 10000 元债券,债券的年利率为 8%,6 年后到期。由计算可知,该债券的久期为 5 年。该银行 5 年后将债券销售以获得支付债务所需的资金。假设收益率曲线是水平的,并且只能平行移动。

我们考察银行购买债券后利率变化的三种情况:一是利率始终保持在 8% 的水平,二是利率降为 7% 并维持不变,三是利率上升到 9% 并保持不变。我们以第一种情况为例说明如何计算 5 年后债券的终值。在第一年年末债券支付利息 $10000 \times 8\% = 800$ 元,该笔现金流还可以按照 8% 的年利率再投资 4 年,终值为 $800 \times 1.08^4 = 1088.39$ 元;在第二年年末债券支付利息 $10000 \times 8\% = 800$ 元,该笔现金流可以按照 8% 的年利率再投资 3 年,终值为 $800 \times 1.08^3 = 1007.77$ 元。依此类推,到第 5 年获得利息 800 元,同时将债券按照当时的价格销售出去。债券 5 年后的销售价格等于第 6 年发生的现金流的贴现值 $10800/(1+8\%) = 10000$ 元。将上述所有现金流在第 5 年的终值加总等于 14693.28 元。三种情况下 5 年后债券的终值见表 10.3。

表 10.3 三种情况下 5 年后的债券终值

时间(年)	现金流(元)	8%债券终值(元)	7%债券终值(元)	9%债券终值(元)
1	800	1088.39	1048.64	1129.27
2	800	1007.77	980.03	1036.02
3	800	933.12	915.92	950.48
4	800	864.00	856.00	972.00
5	800	800	800	800
利息总收入		4693.28	4600.59	4787.77
5 年后债券价格	10800/(1+r)	10000.00	10093.46	9908.26
5 年后债券组合的终值		14693.28	14694.05	14696.02

通过表 10.3 我们可以清楚地看到，利率从 8% 降到 7%，债券的利息总收入减少了 4693.28 – 4600.59 = 92.69 元，但是销售价格却从 10000.00 元涨到 10093.46 元，增加与减少的金额基本相互抵消。当利率从 8% 上涨到 9% 时，债券的价格下降了，而利息的再投资收入却增加了，增加与减少的金额同样基本相互抵消了。因此，从上述例子可以看出，操作得当时，无论利率如何变化，只要再投资风险和价格风险相互抵消，债券组合的利率风险就被消除了。

在上述例子中，银行规避利率风险的机制是什么？第一，银行的资产和负债的现值（市场价值）相等，都是 10000 元；第二，资产和负债的久期相等，都是 5 年。久期相等保证了债券组合价格风险与利息的再投资风险的相互作用基本相当，从而规避了利率风险。上述两个条件就能保证投资者到期有足够的资金偿还单笔债务。因此，目标期免疫策略规避利率风险的两个条件如下：

(1) 债券组合和负债的现值相等；
(2) 债券组合和负债的久期相等。

2. 多期免疫策略

养老基金和寿险公司等金融机构未来要偿付一系列的现金流以满足养老基金受益人和投保人的需要。因此，此类机构经常面临要为未来的系列现金流提供保障的投资问题。这时，金融机构可以采用多期免疫策略实现对多期负债的免疫。

多期免疫是指无论利率如何变化，投资者都可以通过构建某种债券组合以满足未来一系列负债产生的现金流支出需要。对于系列现金流支出的情况，当然可以将每次负债产生的现金流作为一个单期的负债，然后利用上述目标期免疫策略针对每次负债分别构建债券组合，令债券组合的久期和现值与各期负债的久期和现值相等。但是，这样做在现实中工作量很大，既不经济，也不必要。现实中构建一个债券组合往往就能达到利率免疫的目的，这就是多期免疫的由来。而构建的债券组合的久期要与各个负债现金流的久期的加权平均值相等。

例如，如果一家养老基金在 4 年、5 年和 6 年后要支付三笔资金，每笔资金的现值都是 100 万元。为了对这三笔负债进行免疫，该基金既可以投资三种债券（组合），每种债券（组合）的现值都是 100 万元，久期分别是 4 年、5 年和 6 年；也可以投资久期等于 5 年的债券组合，因为负债的久期加权平均值等于 5 年，计算如下：

$$4 \times 1/3 + 5 \times 1/3 + 6 \times 1/3 = 5 \text{（年）}$$

后一种方法债券组合构造和管理都相对简单，但是理论研究表明，资产和负债的久期相等并不能保证完全免疫。另外，理论研究表明，要想确保多期免疫策略成功，必须满足下列三个条件：

(1) 债券组合和所有负债的现值相等；
(2) 债券组合和所有负债的加权平均久期相等；

（3）债券组合中的资产现金流时间分布范围要比负债现金流时间分布范围更广。

关于第三个条件此处不进行证明，我们给出一个具体例子来说明。假设某保险公司未来10年内每年年末要支付养老金100万元，该公司为了对这些负债的利率风险进行免疫，购买了与上述负债的加权平均久期和现值都相等的零息债券。假设在第1年后，利率上升，零息债券的价值降低。尽管利率上升，但零息债券没有利息收入，没有再投资收入的增加，因此无法抵消价格降低的损失，无法保证资产组合（零息债券）能产生足够的现金流偿还剩余债务。显然，在目标期免疫策略中，第三个条件是自动满足的。

3. 净资产免疫

在免疫策略中还有一种特殊的免疫策略——净资产免疫。对于商业银行一类的金融机构，其资产和负债的期限存在天然的不匹配，当市场利率发生变化时，有时就会使其净资产发生大的波动。而银行监管资本充足率的要求又有具体的规定，这样当净资产发生大的减少时，银行的经营可能会陷入被动。因此在一定时期使银行等金融机构的净资产免受市场利率波动的大的影响就成为管理者的重要考量。净资产免疫的基本思想如下：利率变化对资产和负债的市场价值都会产生影响，将资产和负债进行适当搭配，使得利率变化对资产和负债的影响数额相等，两者互相抵消，就能消除净资产面临的利率风险。

利率变化对资产和负债产生的影响可以用下式表示：

$$\Delta A = -\text{DUR}_A \cdot \Delta i / (1+i) \tag{10.4}$$

$$\Delta D = -\text{DUR}_D \cdot \Delta i / (1+i) \tag{10.5}$$

式（10.4）中，$\Delta A = (A_t - A_{t-1})/A_t$，为资产市场价值变化的百分率；$\text{DUR}_A$ 为资产久期；ΔD 为负债市场价值变化的百分率；DUR_D 为负债久期；i 为利率。

利率变化对净资产市场价值的影响可以用下式表示：

$$\Delta \text{NM} = -[\text{DUR}_A \cdot A - \text{DUR}_D \cdot D \cdot \Delta i / (1+i)] \tag{10.6}$$

如果式（10.6）中中括号内的值为0，那么不论利率如何变化，净资产市场价值都不会发生变化。净资产市场价值对利率变化实现免疫的条件可以用式（10.7）描述：

$$\text{DUR}_A \cdot A = \text{DUR}_D \cdot D \tag{10.7}$$

另外，我们可以定义久期缺口：

$$\text{DUR}_{\text{gap}} = \text{DUR}_A - D/A \cdot \text{DUR}_D \tag{10.8}$$

式（10.8）中，DUR_A 为资产久期；DUR_D 为负债久期；A 为资产的市场价值；D 为负债的市场价值。

可以根据久期缺口计算当利率变化时净资产的市场价值变化量占总资产的比重。

$$\text{NW} \approx -\text{DUR}_{\text{gap}} \cdot \Delta i / (1+i) \tag{10.9}$$

式（10.9）中，NW 为净资产市场价值的变化占总资产的比例（以百分数表示）；DUR_{gap} 为久期缺口。

下面以甲银行为例说明如何计算银行资产和负债的久期，并根据久期调整资产和负债以规避净资产面临的利率风险。

【例 10.3】

假设目前利率水平为 10%，甲银行资产和负债的久期计算结果见表 10.4。

表 10.4　甲银行资产和负债的久期计算结果

项目	数额（100 万元）	久期（年）	加权久期（年）
资产			
准备金和现金	5	0	0
证券			
小于 1 年	5	0.4	0.02
1—2 年	5	1.6	0.08
大于 2 年	10	7.0	0.70
住房抵押贷款			
变动利率	10	0.5	0.05
固定利率（30 年）	10	6.0	0.60
商业贷款			
小于 1 年	15	0.7	0.11
1—2 年	10	1.4	0.14
大于 2 年	25	4.0	1.00
实物资本	5	0	0
平均存续期			2.70
负债			
支票存款	15	2.0	0.32
活期存款账户	5	0.1	0.01
储蓄存款	15	1.0	0.16
大额可转让存单			
变动利率	10	0.5	0.05
小于 1 年	15	0.2	0.03
1—2 年	5	1.2	0.06
大于 2 年	5	2.7	0.14
同业拆借	5	0	0

(续表)

项目	数额（100万元）	久期（年）	加权久期（年）
借款			
小于1年	10	0.3	0.03
1—2年	5	1.3	0.07
大于2年	5	3.1	0.16
平均存续期			1.03

注意，甲银行风险管理经理在计算一项资产或负债的加权久期时，用该资产的存续期乘以该资产占总资产的比例。例如，期限小于1年的证券就应该用久期（0.4年）乘以权重（0.05，本例中甲银行总资产为1亿元，而期限小于1年的证券则为500万元，所以权重为0.05），结果为0.02。其他依此类推，因为实物资本没有现金流收入，所以它的期限为0。最后将各项资产的加权期限加总，得到资产的平均久期为2.70年。按照同样的过程计算出负债的平均久期为1.03年。

如果利率从10%上升到15%，净资产市场价值会发生改变。

$$DUR_{gap} = DUR_A - D/A \cdot DUR_D = 2.70 - 95/100 \times 1.03 = 1.72（年）$$
$$NW \approx -DUR_{gap} \cdot \Delta i/(1+i) = -1.72\% \times 0.05/(1+0.10) = -7.8\%$$

利率从10%上升到15%，净资产市场价值下降额为总资产的7.8%，总资产为1亿元，所以净资产市场价值下降780万元。同理，利率下降可能导致净资产市场价值上升。

那么，如何调整资产和负债以规避净资产的利率风险呢？答案就在式（10.4）。应该调整资产和负债的期限或金额以满足式（10.4），就可以实现净资产市场价值对利率风险的免疫。

本例中，由于久期缺口为1.72年，调整资产负债的久期使久期缺口为0，就可以实现净资产免疫。例如，将原来持有的长期债券转换成短期债券就可以达到降低资产久期进而减少久期缺口的目的。

4. 免疫策略的局限性

上述免疫策略在实际应用中也存在一些局限性，认识到这些局限性对于成功的债券投资组合管理是十分必要的。

第一，免疫策略是以久期为基础的，而久期只能近似地衡量债券价格的变化，无法精确地衡量利率变化导致的债券价格变化。因此，通过资产负债久期匹配无法完全消除利率风险。

第二，在整个目标期限内，债券组合（资产）和负债的久期会随着市场利率的变化而不断变化，并且两者的久期变化并不一致。而且，即使最初资产与负债的久期是匹配的，随着利率的变动，资产与负债的久期也会出现不匹配的情况，债券组合和负债也就无法实现免疫了。

第三，债券组合的久期并不是随着时间的流逝而相应地线性减少的。一般而言，债券久期的减少速度慢于期限的减少速度。在目标期免疫策略中，负债（一次性到期支付）的久期又等于到期日。这样，随着时间的流逝，资产和负债久期会按不同的速度改变，债券组合就不再具有免疫能力。这意味着债券组合要不断地进行再平衡以维持资产和负债久期的匹配，从而保持免疫能力。这种再平衡是通过出售手中所持有的某些债券，将它们替换成另一些债券，从而使新的债券组合的久期与剩余的负债现金流的久期相一致而完成的。下面通过一个具体例子说明随着时间的流逝，如何通过再平衡以保持资产负债免疫。

【例 10.4】

某养老基金有一笔固定的负债，为 42872 美元，将在 8 年后支付。市场利率恒为 10%，那么这笔负债的现行市场价格为 20000 美元。现在有两种债券（为使问题简化的一种策略）可用来建立资产组合使之与负债久期相匹配。债券 A：4 年期的零息债券，$D_A = 4$ 年；债券 B：每年定期支付的永久年金，$D_B = (1+10\%)/10\% = 11$ 年。现在我们把 20000 美元投资于这两种资产，其中债券 A 的比例为 W_A，债券 B 的比例为 W_B。这时有

$$W_A + W_B = 1$$

同时，由于债券组合的久期应该为 8 年才能免疫，则

$$W_A \cdot D_A + W_B \cdot D_B = 8 \text{（年）}$$

联立这两个方程，可得：

$$W_A = 3/7, \quad W_B = 4/7$$

这意味着，开始时把初始的资金按 3:4 的比例进行投资就可以达到完全的免疫效果，但是，一年以后，假设利率不变，负债的久期变为 7 年，其现值变为 22000（$=20000 \times (1+10\%)$）元，同时，债券资产组合的价值也增长至 22000 元，零息债券的久期变为 3 年，永久年金的久期仍为 11 年。这时为使久期相匹配，就要使

$$W_A \cdot D_A + W_B \cdot D_B = 7 \text{（年）}$$
$$W_A + W_B = 1$$

由此可以推出 $W_A = 1/2$，$W_B = 1/2$，即投资债券 A 的金额为 11000（$=22000 \times 1/2$）美元。

显然，原有比例不再满足免疫需要，故需重新按照 1:1 的比例搭配资产。

从上面的例子可以看到，免疫策略也不是完全消极的策略，它仍需要定期不断调整持有的债券比例。当然，在现实市场中资产组合的再平衡会带来买卖资产的交易成本，所以，不可能不断地调整持有的债券。实际上，债券组合的管理者会在再平衡所获得的更好的免疫功能和不断调整而付出的交易成本之间进行权衡，从而选择一种折中的方案。

第四，我们在计算久期时，假定收益率曲线是水平的，所有支付都是按照同一贴现率计算现值的，当利率发生移动时，整个收益率曲线也只能平行移动。显然，在现实生活中这些假定太严格了，几乎不能实现。这样，我们前面所讲的方法只具有理论上的可行性。为了使久期的概念一般化，金融学家们进行了很多理论工作，建立了多因素的久期模型，其允许收益率曲线有倾斜和扭曲的形状。虽然从理论上讲，这种多因素模型好像解决了收益率问题，但有趣的是，各种研究表明，各种多因素模型并没有显示出很好的实用性，相反，前面介绍的简化的处理方法效果最好。为此，我们认为，实际中债券投资基金的经理们如果要使用免疫策略，只考虑本节所介绍的方法就足够了。

除以上主要问题外，免疫策略还存在以下两点问题：

（1）众多的候选资产。在现实市场上，存在很多债券供我们选择，债券组合管理者应该如何做出选择呢？一般而言，债券组合管理者应该选择这样一种组合，在这种组合中所有债券的平均期限（到期期限）都最接近约定的现金流支出的平均期限。举个简单的例子，当要求的现金流支出为4年时，3年和5年组合的债券就优于3年和7年组合的债券。

（2）延期和提前赎回风险。我们已经注意到，构建免疫资产均基于这种认识：债券的现金流支付都是按时足额进行的，也就是说，投资管理者手中所持有的债券不会被延期或提前赎回。但是现实生活中债券组合中的某些债券可能被延期或提前赎回。这样，原有的计划久期匹配必然被打乱，原有的债券组合也就失去了免疫作用。

（二）现金流匹配策略

负债管理策略中还有一种策略——现金流匹配策略，该策略可以有效解决免疫策略存在的上述问题。现金流匹配策略是指通过构造债券组合，使债券组合产生的现金流与负债的现金流在时间上和金额上正好相等，这样就可以完全满足未来负债产生的现金流支出需要，从而规避利率风险。最简单的方法就是购买零息债券来为预期的现金流支出提供恰当的资金。

例如，债券组合管理者要在3年后偿还10000元的债务，他现在购买一个面值为10000元的3年期零息债券，就可以完全锁定利率风险。因为不管将来3年利率如何变动，债券组合管理者都能保证到期的现金支付。如果管理者面临的负债是多期的，他可以同时选择零息债券和附息债券以使债券组合的现金流与每期的现金流支出相匹配。

【例 10.5】

假设你是 ABC 保险公司的资金管理部负责人。你预计公司在未来 3 年内现金流支出情况以及 3 种债券的现金流模式如表 10.5 所示（不考虑单位）。

表 10.5　ABC 保险公司未来 3 年现金流支出以及 3 只债券的现金流模式

项目	第 1 年年末	第 2 年年末	第 3 年年末
现金流支出	2000	2000	2000
3 年期附息债券 1	100	100	1000
2 年期附息债券 2	200	600	
零息债券	400		

为了满足公司未来 3 年的现金流支出需要，你决定利用附息债券 1、附息债券 2 以及零息债券实施多期现金流匹配策略。请问：目前你需要投资上述 3 只债券的投资额各是多少？

解：假设投资于 3 年期附息债券 1、2 年期附息债券 2 和零息债券的数量分别为 x、y、z。那么

$$1000x = 2000$$
$$100x + 600y = 2000$$
$$100x + 200y + 400z = 2000$$

求上述方程组的解，可以得到

$$x = 2,\ y = 3,\ z = 3$$

因此，应该投资 3 年期附息债券 1、2 年期附息债券 2 和零息债券的数量分别为 2、3 和 3。

现金流匹配策略之所以能实现免疫，基于以下两点：其一，债券组合中的各债券都是持有至到期才出售的，所以不存在债券价格波动的风险。其二，在到期之前的利息收入都用于支付当期的现金流支出而不用于再投资，这样就消除了再投资的利率风险。所以，现金流匹配策略彻底规避了利率风险，达到了资产免疫的目的。

从上面的现金流匹配策略的操作可以看到，其最大优点在于一劳永逸地消除了利率风险。一旦开始时实现了现金流的匹配，则在以后的时期内就无须再改变手中所持有的债券组合。从某种意义上说，这才是彻底的消极债券管理策略。不过，在现实世界中，现金流匹配的方法并没有得到广泛的运用，原因有二：其一，现金流匹配的方法有时并不容易实现。因为约定的现金流支出可能是一系列金额各异的现金支付，而且有的金融机构未来负债期限相当长，不容易构造与负债现金流完全匹配的债券组合。例如，养老基金对未来退休人员进行现金支付，若要实现完全的现金流匹配，则可能需要购买期限超过百年的债券，这样的债券在现实世界是不存在的。由此可见，现金

流匹配策略的可操作性很差，从而很难得到广泛的运用。其二，现金流匹配策略的可调整空间很小，一旦确定了现金流匹配的债券组合，债券组合管理者就很难调整债券组合了。而免疫策略中，债券组合管理者可以调整的余地很大，只要能满足免疫策略的前提条件，就有许多债券可供选择。债券组合管理者在不破坏免疫策略的前提下，可以选择那些预计价格上涨幅度最大的债券。

第三节 积极的债券组合管理

一、收益率曲线策略

由于债券期限的长短是影响债券组合收益率的重要影响因素，而收益率曲线能够清楚地反映出未来债券利率的变化及走势。投资者可以通过预测收益率曲线的未来发展趋势，预测不同期限债券价格的变化，然后做出投资决策。收益率曲线策略又被称为利率预测策略，可以分为简单收益率曲线策略及复杂收益率曲线策略。

（一）简单收益率曲线策略

一般认为，在大多数情况下收益率曲线是向右上方倾斜的。在这一条件基础上，如果我们预期未来利率期限结构保持不变，那么积极的债券组合管理者可以采用一种传统的被称为"驾驭收益率曲线"的管理策略。其含义是，当投资者选择债券时，选择期限比投资者目标投资期更长的债券，并且在投资期结束而债券尚未到期时卖掉该债券。因为向上倾斜的收益率曲线结构预示着，债券剩余期限越长，其预期收益率越高。这样，通过选择期限长于投资期的债券，到期卖出未到期债券的方式可以获得更高的收益。

如果利率期限结构发生整体的水平移动，即不同期限的利率水平发生整体的下降或上升时，由于不同久期的债券的利率敏感性不同，投资者就可以灵活调整组合的久期以追求超额收益。

当投资者预期利率的期限结构将出现平行下移，也就是各期限的利率都将下降时，投资者所持有的债券资产组合价值整体趋于上升。组合的久期越大，其价值上升越明显。我们在先前的学习中已经知道：在其他条件相同时，债券的剩余期限越长，票面利率越低，则其久期越长。这就表明，当投资者预期利率期限结构将出现整体下移时，他可以提前将组合中的债券置换为剩余期限较长、票面利率较低的债券从而来增加债券组合的价值。

反过来，如果投资者预期利率期限结构将出现平行上移，也就是各期限的利率都会上升，投资者常见的做法是在债券到期之前将组合中的债券置换为剩余期限较短的债券从而尽量降低组合的久期,并且不断地滚动展期,直至投资期结束。这一投资策略也经常被称为滚动策略。

但是我们需要注意的是,这两种积极的投资债券策略看似大大降低了风险,但仍然存在一定的风险。当投资者购买的债券剩余期限长于目标投资期时,投资者承担了投资期期末债券价格的不确定性;而当投资者的资产更多的是剩余期限较短的债券时,他则承担了较大的再投资风险。

【例 10.6】

假设投资者持有一张面值为 100 元的债券,期限为 10 年,票面利率为 6%,按年支付利息。当前售价是 75.42 元,则其到期收益率为 10%。投资者打算持有 5 年。投资者预测 5 年后该债券的到期收益率为 9%,在持有期间,所得利息可投资于短期债券,短期债券的预期收益率为 4.5%。求预期的总收益率。

$$5\text{ 年后债券价格预测} = \sum_{i=1}^{5} \frac{6}{(1+9\%)^t} + \frac{100}{(1+9\%)^5} = 88.33(\text{元})$$

5 年后利息总收入 = 利息收入 + 利息的利息
$$= 6 \times [(1+0.045)^5 - 1]/0.045 = 32.82(\text{元})$$

5 年内的预期总收益率
$$= (88.33 + 32.82 - 75.42)/75.42 = 45.73/75.42 = 60.63\%$$

(二) 复杂收益率曲线策略

前面我们探讨了预期利率期限结构不变和预期利率期限结构水平变化这两种情况下的简单收益率曲线策略。然而在实际中,我们要面临的利率期限结构的变化远比这两种情况更加复杂:利率期限结构有可能出现斜率的变化,整条收益率曲线的期限结构可能出现翻转、倒挂或者扭曲,也有可能只有某一特定期限的利率发生变化。因此,投资者要对这种更加复杂的利率期限结构进行思考,引入更为复杂的债券交易策略来辨别利率期限结构的不同变化形态,从而获得这些复杂情况下所产生的潜在收益。

在基于对收益率的短期变动预期之上的投资组合策略中,对投资组合的收益产生决定性作用的是其中的证券价格受到的影响。这意味着投资组合中的证券期限对投资组合的收益具有非常重要的影响。比如,一个全部由到期期限在 1 年内的债券组成的投资期为 1 年的债券组合,对于在 1 年内收益率曲线如何移动并不敏感。相比之下,一个全部由 30 年到期的债券组成的投资期为 1 年的债券组合对收益率曲线在 1 年内如何移动则会非常敏感,因为 1 年之后债券的价格依赖于 29 年到期的债券的收益率的高低。如我们所知,长期债券的价格会随着收益率的变化而剧烈波动。

当收益率曲线发生移动时,一个由到期期限为 1 年和到期期限为 30 年的两只债券等比例组成的 1 年投资期的债券组合的总收益与全部由 1 年期债券组成的债券组合以及全部由 30 年期债券组成的 1 年投资期的债券组合有着很大的不同。组合中 1 年期债券的价格对收益率曲线的变化不敏感，而 30 年期债券的价格对收益率曲线的变化非常敏感。

对于较短的投资期而言，关键就是组合中债券的到期期限结构对组合收益的影响。因此，收益率曲线策略需要恰当选择投资组合中包括的债券的期限范围。常见的收益率曲线策略分为三种：子弹策略、杠铃策略、梯式策略。

这三种策略一方面在实务操作中被广泛应用，可以帮助投资者识别利率期限结构变化形态，并据此做出投资判断；另一方面，通过对这三种策略的再组合，投资者可以构建出更多元化的债券组合投资策略。

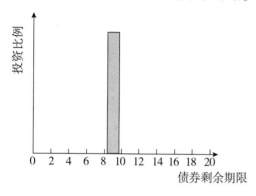

图 10.1　子弹策略

子弹策略意味着投资者集中投资于某一剩余期限的债券。在图形上反映为投资组合中的债券期限高度集中于收益率曲线上的一点，如图 10.1 所示。投资者采用这一策略可能是为应对某一特定期限的资金需求，也可能是投资者预期未来某个特定期限的利率将发生有利变化，而不是整条收益率曲线发生变化。举例来说，对于期限是 1 至 20 年的债券标的来说，子弹策略所创建投资组合的债券的到期期限可能集中在 10 年期左右。

杠铃策略意味着投资者将资金分配于短期债券和长期债券，也就是债券期限集中于两个极端期限，如图 10.2 所示。这种投资策略的目的在于，当投资者预期长期利率将发生有利的变动，而中短期存在一定的不确定因素时，杠铃策略的长端能使投资者捕捉长期利率的有利变动，而短端使投资者免受短期内利率不确定性的影响。即使中期市场情况发生有利变化，组合中的短期债券也能为投资者保留足够的流动性，捕捉利率变化可能带来的好处。举个例子，对于到期期限是 1 至 20 年的债券标的来说，杠铃策略所创建的投资组合所选择的债券的到期期限可能为 1 年和 20 年两种。

梯式策略意味着投资者将资金较为平均地分配于各个期限的债券。在这一投资周期中，每一个时间点流入的现金流——到期债券的本息和是相等的，如图 10.3 所示。梯式策略一方面为投资者提供了较规律的现金流，并且在头寸配置上具有足够的灵活性，与简单地购买长期债券并持有到期相比，投资者可以定期对组合的头寸进行调整；另一方面，从积极投资的角度来看，梯式策略是用来捕捉整条收益率曲线或者收益率曲线某一部分有利变化的良好工具。例如，如果投资者认为短期利率将出现有利变化，他可以将资金较为均等地分配在 1 个月到 1 年期的货币市场工具上。从这个角度而言，梯式策略可以被视为子弹策略的组合扩展。

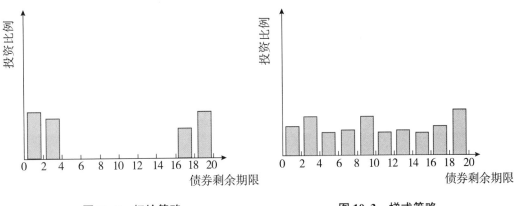

图 10.2　杠铃策略　　　　　　　　图 10.3　梯式策略

二、互换策略

债券互换策略指将预期收益率低的债券转换为预期收益率高的债券。第一种情况是预计利率将会发生变化，债券组合管理者可以将利率敏感性不同的债券进行互换以获得更高的收益或减少损失。第二种情况是认为债券间的利差不合理，预期债券间的相对价格将会发生变化，用预期收益率低的债券交换预期收益率高的债券从而获得更高收益。第三种情况就是债券组合管理者出于税收的考虑进行的债券转换。互换策略主要有市场利差互换、替代互换、利率预期互换和纯收益获得互换。

（一）市场利差互换

市场利差互换指构建一个债券组合，利用不同类别市场收益率差额的不合理，从一个收益率低的市场转移到收益率高的市场以获得额外收益。如果债券组合管理者认为市场上两种债券之间的现行收益率的差额与它们之间的历史收益率的差额不一致，那么债券组合管理者将会把一种债券换为另一种债券；在投资期期末，这两个收益率的差额将重新趋于一致。例如，公司债券的违约风险溢价可能会增加，因为预期市场将大幅衰退。在这种情况下，较大的利差不代表相对于国债来说公司债的定价更有吸引力，它仅增加了对投资者在信用风险方面的补偿。

设想债券组合管理者手中持有一种公司债，期限为 25 年，到期收益率为 8.3%。债券市场上还有一种 25 年期的政府债券，到期收益率为 7.2%。收益率差距为 1.1%，如果该管理者认为合理利差为 1.3%，而又认为政府债券收益率合理，则可以卖出公司债，买入政府债券。但是这需要投资者判断准确。

市场利差主要存在信用利差和可赎回证券与不可赎回证券之间的利差两种情况。

预期的经济前景变化将引起信用利差的变动。在经济衰退或紧缩时期，国债与非国债之间的信用利差将加大，以此来吸引投资者持有低信用质量的发行人发行的非国债债券；然而在经济扩张时期，国债与非国债之间的信用利差将缩小。

由可赎回债券与不可赎回债券之间的差异和可赎回债券息票的差异而产生的利差将随对下列因素的预期的变化而变动：①利率变动方向；②利率波动性。利率水平下降的预期将扩大可赎回债券与不可赎回债券之间的利差，因为发行人执行可赎回期权的可能性将增加。与此相反，利率上升的预期会缩小可赎回债券与不可赎回债券之间的利差。利率波动性的增加会提高嵌入式赎回期权的价值，因而增加可赎回债券与不可赎回债券之间的利差。

当我们评估利差策略时，可以通过比较具有相同货币久期的债券组合的收益率变化情况。

假设现在有两只债券：A 和 B。债券 A 的价格为 70 元，修正久期为 8 年；债券 B 的价格为 80 元，修正久期为 6 年。由于修正久期表示收益率每变动 100 个基点导致的近似价格的百分比变动，因此，债券 A 的收益率每变动 100 个基点，债券价格的变动幅度大约为 8%。债券 A 的价格为 70 元，每 70 元市场价值对应的价格变化约为 5.6 元。因此，当收益率变动 100 个基点时，市场价格为 70 元的债券 A 的货币久期为 5.6 元。同样我们也可以确定当收益率变动 100 个基点时市场价格为 80 元的债券 B 的货币久期，即 4.80 元。那么如果将债券 A 和债券 B 作为另一种不基于预期利率变动的策略的投资对象，则这种策略中每只债券的金额应使这两只债券拥有相同的久期。

【例 10.7】

假设一位债券组合管理者拥有面值为 1000 万元的债券 A，其市场价值为 700 万元。当收益率变动 100 个基点时，市场价值为 700 万元债券 A 的货币久期为 560000 元。进一步假定该组合管理者正在考虑将其债券组合中的债券 A 调换为债券 B。如果组合管理者希望债券 B 的利率风险敞口（即久期）与债券 A 当前的利率风险敞口相同，那么他将买入一定市场价值的债券 B，使其具有相同的久期。如果该组合管理者购买了面值为 1000 万元的债券 B，那么，市场价值为 800 万元的债券 B 的收益率每变动 100 个基点时其价格变动仅为 480000 元。另外，如果该债券组合管理者买入的债券的市场价值为 1000 万元，那么收益率每变动 100 个基点时，其久货币期为 600000 元。由于债券 B 的交易价格为 80 元，因此，债券组合管理者必须买入面值为 11666666.7 元的债券 B，以确保债券 B 与债券 A 具有相同的久期。

具体来说，令 D_A 为债券 A 的收益率每变动 100 个基点时，按所持债券 A 市场价值计算的久期；MD_B 为债券 B 的修正久期；MV_B 为获得与债券 A 相同久期所需持有的债券 B 的市场价值，那么，下列等式将使债券 A 与债券 B 具有相同的久期：

$$D_A = \frac{MD_B}{100} \cdot MV_B$$

求解，得到

$$MV_B = \frac{D_A}{\frac{MD_B}{100}}$$

将 MV_B 除以面值为 1 元的债券 B 的价格，即可求出与债券 A 具有大致相同的久期的债券 B 的面值。

在此例子中，$D_A = 560000$（元），$MD_B = 6$（元），

那么

$$MV_B = D_A/(MD_B/100) = 9333333.33（元）$$

面值为 100 元的债券 B 的市场价值为 80 元，因此，面值为 1 元的债券 B 的市场价值为 0.8 元。9333333.33/0.8 = 11666666.7 元就是债券组合管理者应当买入的债券 B 的面值。

（二）替代互换

替代互换，指一种债券与几乎相同的替代品的交换。具体地说，就是将债券组合中的债券转换为市场上同质但收益率更高的债券。这是基于债券定价错误的考虑。也可买入价格被低估的债券或者债券组合，卖空价格被高估的债券或者债券组合。被替代的债券应该基本上有相同的票面利率、期限、信用质量、赎回条款、偿债基金条款等。如果人们相信市场中有两只债券的价格有暂时的失衡，而债券价格的这种不一致能带来获利的机会，那么替代互换方式就会出现。

（三）利率预期互换

利率预期互换又被称为盯住利率的预测，指债券组合管理者依据对市场利率变动的判断相应地调整所持有的债券的久期，从一个收益率低的市场转移到收益率高的市场以获得额外收益，从而获得更高的收益或避免更大的损失的策略。利率预期互换策略关注的是不同类型债券的利差是否合理。在这种情况下，如果投资者认为利率会下降，他们会换入久期更长的债券。例如，投资者可能出售 5 年期的国债，买入 25 年期的国债。新债券和原来的债券一样没有信用风险，但是久期更长。反之，当预计利率上升，他们会换入久期更短的债券。

（四）纯收益获得互换

纯收益获得互换策略不是针对发现的错误定价，而是通过持有较高收益率债券增加收益的一种手段。比如，如果收益率曲线向右上方倾斜，可以将短期债券转换为长期债券，通过买入长期债券而尝试获得更高的期限风险溢价。当然，只要持有期收益率曲线不发生上移，投资者把短期债券换成长期债券就会获得更高的收益率。但是，

如果收益率曲线上移,长期债券会遭受较大的资本损失。这种策略实质上是通过承担更大的利率风险试图获得更高的收益。

本章前面主要介绍了消极与积极的债券投资组合管理方法,其实在实际中还有另一种债券投资组合管理办法——应变免疫策略。应变免疫策略是一种介于消极与积极策略之间的策略,即积极债券组合管理策略与消极债券组合管理策略的混合体。在此时点(通常称触发点)上,债券组合管理者对债券组合实施免疫策略。在剩余的投资期限内,债券组合的收益率被锁定在既定的水平上。

在应变免疫策略中,当债券组合管理者比较相信自己的利率预测能力时,可以将利率互换策略结合进去,获得更好的效果。具体来说,当债券组合久期大于负债久期时,会产生净价格效应,利率变化对债券价格的影响将超过利率对再投资的影响。而当债券组合久期小于负债久期时,会产生净再投资效应,利率变化对再投资的影响将超过对债券价格的影响。

【例10.8】

投资者拥有一只债券,到期期限为10年,面值为1000元,票面利率为8%,每年支付一次利息。适当贴现率为10%,当前市场价格为877.11元。可计算其久期为7.04年。假设投资者有一笔债务4年后到期,现值也是877.11元。投资者以拥有的上述债券为债务免疫,4年后以债券的所有收入还债。考虑在第一次支付利息前市场利率上升到12%以及下降到8%时,债券4年收益的变化(见表10.6)。

表10.6 4年后各笔现金流终值

现金流情况(元)	4年后各笔现金流终值(元)		
	10%	8%	12%
第1年80	106.48	100.78	112.39
第2年80	96.80	93.31	100.35
第3年80	88.00	86.40	89.60
第4年80	80.00	80.00	80.00
销售价格	912.89	1000.00	835.54
利息的利息	51.28	40.49	62.35
价格变化		87.11	-77.35
利息变化		-10.80	11.07
净价格效应		76.31	-66.28

这里的结论就是,当债券组合久期大于负债久期时,利率变化将产生净价格效应;同样地,当债券组合久期小于负债久期时,利率变化将导致净再投资效应。

因此，如果预测市场利率将下跌，可以投资久期超过负债久期的债券。在利率下跌时，投资者除能获得满足债务偿还需要的资金外，由于净价格效应，还能获得更高的收益。如果预测市场利率将上升，可以投资久期低于负债久期的债券。在利率上升时，投资者由于净再投资效应，可以获得更高的收益。

本章小结

1. 一般来说，固定收益证券组合管理过程可分为三步：首先要确定组合管理的目标；其次要根据组合管理目标和约束条件制定组合管理策略；最后进行事前评估并用风险调整后的收益率指标进行投资绩效评估。

2. 债券投资管理策略分消极投资管理策略与积极投资管理策略。策略的选择取决于投资者对市场有效性的认识。投资者如果认为市场是有效的，应该采用消极投资管理策略；相反，则应采用积极投资管理策略。当然，对市场有效性的认识不是绝对的，也可以说投资者根据市场有效程度或者自己把握市场能力的信心选择投资策略。

3. 消极投资管理策略包含指数化策略和免疫策略。指数化投资策略具有管理费用和交易成本较低、广泛的分散化的优点，而最显著的好处是能够使投资者专注于更重要的决策，即正确地配置资产。单元复制是指把整个指数按照不同特征分为若干个单元，并从每个单元中选择一只或几只有代表性、流动性好的债券来复制指数。在对债券指数基金进行指数化操作时，像股票指数基金那样完全复制指数是不现实的。免疫策略试图使个人或公司免于受到利率波动的影响。传统的免疫依赖于收益率曲线的平行移动。考虑到这一假设是不现实的，免疫通常也无法完全实现。为了减轻这一问题，投资者可以运用多因素久期模型，它允许收益率曲线的形状有所变化。一种更为直接的免疫形式是现金流匹配。

4. 积极的债券投资管理策略包括收益率曲线策略、互换策略等。主张积极策略的人认为，市场上有很多被低估的债券可以买进，债券组合中也有很多被市场高估的债券可以卖出或买空卖空；一旦人们认识到这些债券的价格并不反映它们的实际价值，进而使市场价格调整到均衡价位时，投资者就可获利。

习 题

1. 基金经理甲承担了一笔资金的5年投资计划，为此他正在寻找具有最优持有期收益的债券。当前可供选择的债券如下：

（1）债券A，期限为8年，票面利率为3.02%，每半年付息，目前市场价格为98.81元。

（2）债券B，期限为15年，票面利率为4.26%，每半年付息，目前市场价格为107.09元。

已知基金经理甲预期5年后的3年期息票债券的收益率为3.2%、10年期息票债券的收益率为3.6%，并且预测5年中所有利息的再投资收益率为每半年1.6%，那么他应该购买债券A还是债券B？

2. 若某债券组合的久期大于其负债久期，会产生什么样的效果？投资者该如何通过实施互换策略实现对债券组合的积极管理？如果债券组合的久期小于其负债久期呢？

3. 积极的债券投资管理策略成功的前提是什么？

4. 当投资经理人预期债券组合中两部门债券的收益率未来差额将缩小时，应该如何操作实现超额收益？

5. 简述为什么要选择指数化策略，以及其与积极的债券投资管理策略的区别。

6. 简述债券指数基金的风险。

7. 请详细说明单元复制技术的步骤。

8. 不同类型的投资者分别对应哪种目标和投资策略？

9. 简述固定收益证券组合管理的基本过程。

10. 简述事前风险评估和投资绩效评估的基本方法。

第十一章 中国债券市场的改革与发展

中国债券市场恢复于20世纪80年代，40多年来，尤其是2005年以来，市场不断发展和壮大，市场存量逐渐上升，交易主体不断扩大，交易规模飞速增长，在货币政策与财政政策的实施、维护金融稳定等方面发挥了重要作用。目前，中国债券市场主要有两大组成部分：利率债和信用债。国债、地方政府债、政策性银行债以及央行票据构成了中国利率债市场的主体；而中期票据、短期融资券、企业债以及公司债，则是信用债市场的重要组成部分。近年来，与社会主义市场经济体系的发展完善相适应，我国债券市场相关监管部门和自律组织以加快市场发展为工作重心，不断减少行政审批，优化发行流程，推动产品创新，完善市场基础设施，规范市场运行秩序，保证了中国债券市场的快速健康发展。

中国债券市场的发展源于改革开放的伟大历史进程，取得了举世瞩目的成就，本章将从市场总体、市场品种（利率债和信用债）、改革重点等诸多方面进行分析，意在总结中国债券市场的宝贵经验，提炼中国模式，坚定改革发展的道路自信。

第一节 中国债券总体分析

一、中国债券市场现状

（一）中国债券市场发展概况

改革开放以来，中国债券市场规模不断扩大。截至2020年第三季度末，中国债券市场规模超过110万亿元，成为世界第二大债券市场。与此同时，债券市场机制不断完善，呈现出发行主体多元化、创新方式市场化、发行期限多样化的显著特点，较好地满足了不同投融资主体的需求。

1. 发行情况

近年来，中国债券市场规模快速增长，在服务实体经济发展，为社会提供资金支持方面发挥着越来越重要的作用。2019年，各类债券发行额达到45.3万亿元，较2018年增加3.9%。从发行种类来看，同业存单、非金融企业债、金融债占据中国债券发行的主要地位。2020年第一、二季度，中国债券市场发行规模连续增长；第三季度，债券市场继续保持增长势头，债券市场共发行各类债券16.43万亿元，环比增长18.35%。监管层要求压降结构性存款，银行为补充负债端缺口，积极发行同业存单；财政支持力度加大，国债以及政策性金融债的发行规模逐步上升；财政部发文要求加速专项债的发行进度，要求地方政府债发行提速；金融机构存在补资本需求，二级资本债、永续债等金融债发行规模持续增加；在货币政策回归常态、市场利率上升、其他主要债券供给规模未减的情况下，非金融企业债发行量出现下降。具体来看，2020年第三季度，同业存单发行5.44万亿元，环比增长43.86%；非金融企业债发行2.86万亿元，环比下降12.14%；金融债发行2.77万亿元，环比增长9.08%；国债发行2.27万亿元，环比增长26.02%；地方政府债发行2.19万亿元，环比增长16.90%；资产支持证券发行0.71万亿元，环比增长39.26%。

2. 存量情况

1997年以来，随着中国债券市场的发展，债券市场存量也在逐步上升。截至2020年第三季度末，中国债券市场存量规模达111.01万亿元，金融债、地方政府债、非金融企业债为前三大债券类别。截至2020年第三季度末，中国债券市场存量规模达111.01万亿元，同比增加16.89万亿元，增长17.94%。其中，金融债存量为26.04万亿元，占比23.46%，是第一大存量债券类别；地方政府债存量为25.37万亿元，占比22.85%，是第二大存量债券类别；非金融企业债存量为23.11万亿元，占比20.82%，是第三大存量债券类别；国债存量为19.10万亿元，占比17.21%；同业存单存量为11.03万亿元，占比9.94%；资产支持证券存量为3.94万亿元，占比3.55%。

3. 交易情况

1997年以来，随着中国债券市场投资者数量的增加，债券产品的不断创新，市场交易日益活跃，交易量屡创新高。2020年第三季度，现券交易和回购交易共为281.04万亿元，其中现券交易为74.75万亿元，回购交易为206.29万亿元。随着第三季度债券收益率的不断走高，债券市场交易规模出现了回落，交易总金额同比下降16.44%，环比下降13.07%。这主要是由回购交易规模下降导致的，现券交易规模仍保持一定的增速。从2020年第三季度现券交易的品种结构来看，金融债、同业存单的交易规模占比较大，国债的交易规模也出现了增长。具体来看，金融债的交易额为29.23万亿元，占比39.11%；同业存单的交易额为16.89万亿元，占比22.60%；国债的交易额为13.40万亿元，占比17.93%；非金融企业债的交易额为6.83万亿元，占比9.14%；地方政府债的交易额为5.31万亿元，占比7.11%；资产支持证券的交易额为0.19万亿元，占比0.26%。

(二) 中国债券市场的制度和基础设施建设

近年来,债券市场相关制度继续完善,债券发行管理、信息披露、后续管理、二级市场交易等环节得到进一步规范,基础设施建设持续推进,保证了市场的稳健有序运行。

1. 完善债券发行机制与管理规则

债券发行机制作为债券市场的第一道门槛,是推进市场化改革的关键,也是防范风险的重要内容。随着中国债券市场的不断发展,债券发行机制得到进一步优化,相关规范逐步完善。地方政府债方面,2018年8月,财政部发布了《关于做好地方政府专项债发行工作的意见》,文件表明,要进一步优化债券信息的披露以及发行程序,进而提升市场化水平。企业债券方面,2020年3月,国家发展改革委发布的《关于企业债券发行实施注册制有关事项的通知》开始实施,规定注册制进一步入驻企业债市场,进一步明确企业债券的发行条件,增强信息披露和中介机构责任,落实监管职责。金融债方面,2015年6月,原银监会在发布的"五部行政许可事项实施办法"——组织修订的《中资商业银行行政许可事项实施办法》《农村中小金融机构行政许可事项实施办法》《外资银行行政许可事项实施办法》《非银行金融机构行政许可事项实施办法》以及起草的《信托公司行政许可事项实施办法》——中强调,要进一步优化行政审批过程,规范行政审批行为。创新型债券方面,2018年2月,中国人民银行发布《中国人民银行关于银行业金融机构发行资本补充债券有关事宜的公告》,进一步明确了二级资本债、次级债、资本补充债券等新型债券工具的发行条件以及发行方式。2020年6月,中国银行间市场交易商协会发布了《非金融企业短期融资券业务指引》(2020版)、《非金融企业超短期融资券业务指引》(2020版)及《非金融企业中期票据业务指引》(2020版),进一步规范了非金融企业债的发行主体、发行条件、发行方式等内容。发行机制的优化、相关规定的完善,将进一步推动债券市场的加速发展,同时保证市场运行公正、有序、透明。

2. 规范银行间市场交易管理

2000年4月13日,中国人民银行发布《全国银行间债券市场债券交易管理办法》,为此后银行间债券市场交易提供了指导准则,对准入条件、债券交易行为、托管与结算等方面进行了具体的规定。2011年4月9日,中国人民银行发布"中国人民银行公告〔2011〕第3号",公告中通过引入重大异常交易披露制度、异常交易事前报备制度,对债券的交易管理提出了具体要求,从而规范银行间市场债券的交易行为。同时,为结合银行间二级市场交易过程中出现的新情况,加强对隐蔽异常交易的监测分析,完善和改进相关工作程序,通过非日常监测手段进一步强化债券市场监测管理,切实防范交易风险,根据中国人民银行的研究部署,中国银行间市场交易商协会在已有的银行间市场一线监测工作基础上,结合市场中出现的新情况,建立银行间市场交易监测室,汇集中央结算公司、中国外汇交易中心及上海清算所三家中介机构数据并进行全面、充分的比对及分析，进一步规范银行间债券市场的债券交易行为。2015年5月9日，中国人民银行根据《国务院关于取消和调整一批行政审批项目等事项的决定》，通过加强事中事后管理，以保护投资者利益为准则，优化银行间债券市场的交易制度。

3. 规范和完善做市商制度

做市商制度是场外市场交易制度的典型体现，其作用是降低投资者的信息搜寻成本，提高市场的流动性，保证中国债券市场的平稳运行。2001年3月，中国人民银行发布《关于规范和支持银行间债券市场双边报价业务有关问题的通知》，初步确定了做市商制度的基本框架。同年7月，做市商制度开始实施。2004年7月，银行间债券市场做市商数量扩大到15家。2007年1月11日，中国人民银行发布《全国银行间债券市场做市商管理规定》，该规定对于做市商的基本框架进行了进一步的修改。2008年4月，中国银行间市场交易商协会发布《银行间债券市场做市商工作指引》，以此来促进做市商在债券市场上的积极作用。2016年8月，为进一步促进银行间债券市场做市业务规范发展，中国银行间市场交易商协会修订并发布《银行间债券市场做市业务指引》及《银行间债券市场做市业务评价指标体系》。截至2020年6月底，中国银行间债券市场共有指定做市商84家。中国银行间市场交易商协会不断完善做市商考核指标体系，对做市商积极性的提升起到明显的推动作用。

4. 市场清算结算机制进一步优化

中国债券市场成立以来，在中国人民银行及相关监管机构的领导和推动下，在市场成员的共同努力下，市场基础设施建设取得重大突破，完善了二级市场交易清算结算相关制度，推动市场交易信息的有效集中，进一步提高市场运行效率。

一是实现了券款对付（Delivery Versus Payment，DVP）结算。2004年11月8日，央行支付系统与中央结算公司债券综合业务系统成功对接，在此基础上推出并实现了银行间债券市场中的银行机构间的债券交易DVP结算，即根据交易机构提出的债券结算指令，直接向央行支付系统发出资金划收即时指令，债券簿记系统在收到央行支付系统资金清算通知时同时办理债券过户，从而实现债券与资金的同步交收与结算。2011年10月，中央结算公司将DVP结算方式推广至丙类结算成员。2013年8月，中国人民银行发布第12号公告，将银行间债券市场结算方式统一为DVP结算；2014年2月后，未采用DVP结算的债券交易将被禁止。

二是实现了直通式处理（Straight Through Processing，STP）。2011年，上海清算所清算托管系统与全国银行间同业拆借中心交易系统采用了联网直通式处理。2014年，北京金融资产交易所上线的非金融机构合格投资者交易系统也与全国银行间同业拆借中心交易系统、上海清算所清算托管系统实现了直通式处理。

三是净额结算及中央对手方（Central Counterparties，CCPs）机制的应用。净额结算及中央对手方机制即在债券结算中，由中央对手方自身介入交易，成为所有卖方的买方或所有买方的卖方，以净额结算的方式减少各方实际最终交割、支付笔数和金额，集中管理交易各方面临的交易对手方信用风险，大大提升了市场的运行效率。银行间债券市场从逐笔全额结算方式起步,在净额结算方面也取得了长足的进步。自2011年12月19日起,上海清算所开始面向银行间债券市场提供中央对手方净额清算服务,建立了银行间债券市场集中净额清算机制。

(三) 中国债券市场发展的主要特点

1. 债券融资占社会融资的比重不断上升

2018年政府工作报告中谈及多层次资本市场改革时,再次强调了"推动债券、期货市场发展"。在这一目标下,2019年中国债券市场保持快速发展势头,企业融资结构得到进一步优化,如图11.1所示。2019年全年,中国企业债券融资总量达3.24万亿元,占中国社会融资总量的12.67%,企业债券融资总量较2018年增长6098.51亿元,占社会融资总量较2018年提升0.97个百分点。2019年,中国非金融企业债券市场共发行9119只债券,累计发行规模为95383.88亿元,比2018年同期发行数量和规模分别上升30%和29%。分市场看,银行间市场品种发行规模占比66%,占比最高,其中短期融资券发行规模为36251.69亿元,占全市场的38%。交易所市场品种发行规模占比30%,其中公司债发行规模为10861.21亿元,占全市场的11%;私募债发行规模为14632.03亿元,占全市场的15%。由国家发展改革委主管的企业债,发行规模占比4%。与2018年同期相比,由国家发展改革委主管的企业债发行数量和规模涨幅较大,分别上升37%和50%。交易所市场品种及其他各品种债券的发行数量和发行规模均上升,其中可转换债券发行数量和规模分别上升57%和239%;私募债的发行数量和规模分别上升116%和124%,涨幅较大。银行间市场品种发行规模增长,其中中期票据和定向工具发行规模分别上涨18%和20%,涨幅较大。

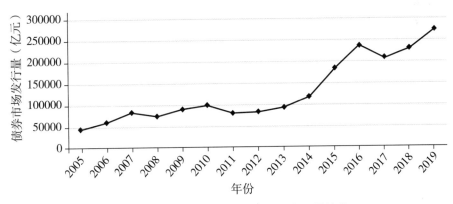

图11.1 2005—2019年债券市场发行量趋势

资料来源:中国债券信息网(www.chinabond.com.cn)、上海清算所、Wind。

2. 银行间市场保持债券市场的主体地位

债券发行市场包括中央结算公司、上海清算所,以及交易所等,其中中央结算公司和上海清算所为银行间市场登记结算机构。2019年,银行间市场仍然是债券发行、交易、托管的最主要的场所。从发行的情况看，大部分政府债券、金融债券及信用类债券在银行间市场发行。2019 年债券市场共发行各类债券 27.04 万亿元，同比增长 19.65%。其中，中央结算公司登记发行债券 15.31 万亿元，占比 56.61%；上海清算所新发债券 7.21 万亿元，占比 26.67%；交易所新发债券 4.52 万亿元，占比 16.72%，如图 11.2 所示。

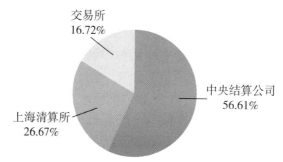

图 11.2 2019 年中国债券市场发行情况

注：可能存在进位误差。

资料来源：中国债券信息网（www.chinabond.com.cn）、上海清算所、Wind。

2019 年，中国银行间市场成交量增加明显，全年中国债券市场现券交易量达 217.4 万亿元，同比增长 38.6%。其中，中国银行间债券市场现券交易量为 209 万亿元，日均成交 8360.1 亿元；交易所债券市场现券交易量为 8.4 万亿元，日均成交 342.3 亿元。

3. 机构投资者队伍不断壮大，投资者结构持续优化

截至 2019 年年末，中国银行间债券市场各类参与主体共计 25888 家，较上年年末增加 5125 家。其中，境外机构投资者为 2610 家，较上年年末增加 1424 家。随着投资者队伍的不断壮大及机构类型的多样化，债券市场的投资者结构也得到进一步优化，如表 11.1 所示。根据中央结算公司和上海清算所的数据，2019 年，地方债券存量创新高。地方债券托管量约为 21.12 万亿元，同比增长 16.87%。从持有者结构看，其他金融机构和保险机构同比分别增长 826.87% 和 284.72%。

4. 债券市场国际化进程加快

随着国际金融市场一体化进程的不断加快，中国债券市场在"请进来"和"走出去"方面都取得了一定进展，先后引入合格境外机构投资者（Qualified Foreign Institutional Investor，QFII）、境外人民币清算银行等境外投资者投资境内债券市场；允许境外银行、国际金融公司等外资机构在银行间债券市场发行人民币债券。在筹资方面，2003 年国家开发银行在银行间债券市场发行了美元债券，这是国内机构在境内首次发行外币债券。2005 年 10 月，国际金融公司和亚洲开发银行在银行间债券市场发行了共计 21.3 亿元的人民币债券，这是中国债券市场首次引入境外机构发行人。在债券投资方面，2002 年中国推出了 QFII 制度，允许具有一定资质的境外机构投资者投资国内的人民币债券。2005 年 5 月，泛亚债券指数基金和亚债中国指数基金获准进入银行间债

表 11.1　2019 年年末在中央结算公司登记托管的主要券种持有者结构

(金额单位：亿元)

项目		政策性银行	商业银行	信用社	保险机构	证券公司	其他金融机构	非法人产品	非金融机构	境外机构	其他	汇总
记账式国债	2019年	1056.91	99468.89	943.96	6321.43	1681.64	504.80	10957.97	7.20	13067.22	21751.16	153061.17
	同比	5.99%	12.25%	14.92%	10.66%	16.91%	48.21%	30.00%	0	19.09%	1.15%	12.21%
地方债券	2019年	16765.28	181996.31	1241.41	1353.67	846.48	188.62	4131.36	0	25.30	4634.51	211182.93
	同比	-5.47%	18.74%	5.81%	284.72%	5.94%	826.87%	16.78%	—	0.80%	22.42%	16.87%
政府支持机构债	2019年	376.26	8900.02	168.89	2014.32	235.18	11.00	4530.54	0.21	47.29	441.29	16725.00
	同比	109.03%	5.52%	-6.58%	-9.90%	80.92%	-27.15%	-0.56%	0.95%	1.05%	20.46%	3.59%
政策性银行债	2019年	442.82	93073.88	4803.85	6157.62	1592.39	238.10	44864.84	0.20	4984.08	789.20	156946.98
	同比	28.54%	5.30%	9.76%	1.33%	-11.97%	-33.39%	14.21%	-84.62%	37.50%	-12.47%	8.11%
商业银行债	2019年	681.60	15729.95	299.18	3267.73	267.53	90.50	26468.07	2.00	156.82	0.20	46963.58
	同比	45.63%	11.52%	-1.78%	13.40%	49.02%	125.69%	32.27%	0	120.19%	—	23.38%
企业债券	2019年	43.90	5015.56	139.49	761.59	1851.26	71.51	13905.86	1.82	136.25	7855.12	29782.36
	同比	12.56%	-3.45%	-41.94%	-14.12%	3.39%	-26.28%	-4.87%	-50.41%	-5.11%	-2.36%	-4.11%
资产支持证券	2019年	27.89	10438.88	2.60	57.63	175.51	546.46	8166.72	0	290.30	10.18	19716.18
	同比	-23.87%	36.05%	306.25%	0.87%	-5.65%	42.92%	28.95%	—	143.28%	17.44%	33.25%

资料来源：Wind。

券市场投资人民币债券；国家开发银行和中国进出口银行相继在境内发行美元债券，为国内投资者提供了投资外币债券的机会。中国香港地区人民币债券市场稳步发展，2011年以来，伴随着人民币"走出去"步伐的加快和回流机制的逐渐完善，香港人民币债券发行量显著上升。2012年发行总额达980.95亿元，其中财政部发行220亿元，企业发行353.25亿元。截至2012年年底，香港人民币存款已达6030亿元，较2011年增长2.46%。快速增长的存款余额在资金供给方面为香港人民币债券市场的进一步发展提供了保证。2012年12月10日，中国交通银行香港分行、中国农业银行香港分行、中国银行香港分行、中国建设银行香港分行首次推出的"宝岛债"在中国台湾证券柜台买卖中心同步挂牌交易，合计发行金额达到67亿元。2019年4月，彭博把中国国债和政策性银行债券纳入彭博巴克莱全球综合指数；2020年2月，摩根大通宣布将中国政府债券纳入摩根大通旗舰全球新兴市场政府债券指数；2020年9月25日，富时罗素宣布，将中国国债纳入其世界国债指数全球政府债券指数（World Government Bond Index，WGBI），2021年10月开始纳入。中国债券市场被全球三大主要债券指数悉数纳入，意味着更多海外机构投资者将参与中国债券市场交易，对提升、改善中国市场交易机制，以及中国债券市场持续深化改革会产生重要推动作用。

二、中国债券市场监管框架

（一）中国债券市场监管框架的演变

自1981年恢复国债发行、1988年开始试点国债流通转让以来，中国债券市场走过了一条从起步探索，到规范发展的艰辛历程。

1990年12月，上海证券交易所设立，集中竞价的场内债券市场出现，债券市场得到一定程度的发展。1997年6月，随着银行间债券市场的成立，中国债券市场步入了快速、健康发展的轨道。在中国人民银行的大力推动下，中国债券市场制度创新和产品创新步伐不断加快，债券市场品种和工具逐渐丰富，债券市场规模快速扩大，债券的发行量、交易量呈爆发性增长态势。2019年，债券市场存量超过87.38万亿元，较1997年年底增长了131倍；2019年，债券市场现券交割量为1307.31万亿元，较1997年全年增长了3668倍，债券市场资源配置功能逐步显现。

1. 债券市场起步探索阶段的监管（20世纪80年代至1997年）

1981年7月，财政部重新发行国债，中国债券市场起步。20世纪80年代中期，随着发行规模的扩大，债券交易需求也逐渐增强，债券开始在商业银行或信托公司的柜台进行交易、贴现与抵押。1987年1月5日，中国人民银行上海分行公布《证券柜台交易暂行规定》，明确政府债券、金融债券、公司债券可以在经批准的金融机构办理柜台交易。1988年年初，上海、深圳等七个城市进行国库券上市交易试点，标志着债券流通市场的正式形成。1990年年底，上海、深圳证券交易所相继成立，证券交易所与全国相继建立的交易中心在推动国债交易方面发挥了一定的作用。

为规范市场发展，国务院出台了一些监管条例。1987年3月27日，国务院发布《企业债券管理暂行条例》，规定只有在中国人民银行批准的情况下，企业债券才可以发行。中国人民银行审批债券发行的依据是其会同原国家计划委员会、财政部等部门拟定并下达各省、自治区、直辖市和计划单列市执行的企业债券发行的年控制额度。在暂行条例发布后的次日，国务院在其发布的《国务院关于加强股票、债券管理的通知》中重申，企业发行债券必须报经当地中国人民银行审批。

从1992年5月到1997年年底，是由中央与地方各部门共同参与管理向集中统一管理过渡的阶段。1992年5月，中国人民银行成立证券管理办公室，具体处理证券监管业务；7月，国务院建立证券管理办公会议制度，代表国务院行使对证券业的日常管理职能；8月，国务院决定成立国务院证券委员会和中国证监会。1992年12月17日，国务院发布《国务院关于进一步加强证券市场宏观管理的通知》，明确了债券发行管理的职责分工。

1993年8月2日，国务院发布《企业债券管理条例》，废止《企业债券管理暂行条例》，规定中央企业发行企业债券，由中国人民银行会同原国家计划委员会审批；地方企业发行企业债券，由中国人民银行省、自治区、直辖市、计划单列市分行会同统计计划主管部门审批。《企业债券管理条例》在一定程度上明确了债券发行管理制度。然而，这个条例并没有明确对一些创新产品的监管。

1995年，国家正式停止一切场外债券市场交易，全部债券交易转移到交易所进行，自此，债券场内交易由证监会统一负责。

1997年3月25日，由国务院批准，国务院证券委员会发布的《可转换公司债券管理暂行办法》规定上市公司和重点国有企业可以发行可转换公司债券，由中国证监会审批。《可转换公司债券管理暂行办法》使中国证监会对可转换公司债券的管理具有了法律依据。这一阶段，由于债券市场建设方面存在缺陷，中国债券市场总体发展非常缓慢。1997年年末中国债券市场余额为4781亿元，占GDP的比重为7%，根据国际清算银行统计，世界排名第25位。

2. 债券市场规范发展阶段的监管（1997年至2005年）

1997年，股票市场过热，大量银行资金通过各种渠道流入股票市场。针对这一情况，根据国务院统一部署，1997年6月5日，中国人民银行发布《关于各商业银行停止在证券交易所证券回购及现券交易的通知》。该通知要求，各国有商业银行、其他商业银行、城市合作银行必须按中国人民银行规定的时间进行证券的交易。1997年6月13日，中国人民银行发布《关于开办银行间国债现券交易的通知》。通知规定，自1997年6月16日起，全国银行间同业拆借中心开办国债现券交易业务，交易成员必须经过中国人民银行的批准。至此，银行间债券市场正式成立，中国人民银行成为银行间债券市场的监督管理部门。2003年修订的《中华人民共和国中国人民银行法》也明确指出，银行间债券市场由中国人民银行监管。

2004年，国务院发布《国务院关于推进资本市场改革开放和稳定发展的若干意见》，进一步提出要积极稳妥发展债券市场，鼓励符合条件的企业通过发行公司债券筹集资金。在上述措施的推动下，公司信用类债券取得快速发展。

3. 债券市场快速发展阶段的监管（2005年至今）

2005年5月，中国银行间市场推出短期融资券品种。2005年6月，银行间市场远期交易正式上线；同年8月，上海浦东发展银行在银行间债券市场公开发行普通金融债，打破了由政策性银行发行金融债的垄断局面。

2007年8月，中国证监会发布《公司债券发行试点办法》，规定中国境内发行公司债券适用该办法，并且需要中国证监会核准。但同时规定，试点初期，试点公司限于沪、深证券交易所上市的公司及发行境外上市外资股的境内股份有限公司。

2007年9月，中国银行间市场交易商协会成立，标志着银行间债券市场自律管理体系得到重大发展。2008年4月，中国人民银行颁布《银行间债券市场非金融企业债务融资工具管理办法》。该办法明确规定，银行间债券市场发行的非金融企业债务融资工具均由中国银行间市场交易商协会负责注册，并对债务融资工具的发行与交易实施自律管理。

作为行政监管的一个重要补充，中国银行间市场交易商协会成立后组织会员单位制定了一系列银行间市场自律管理规则，如《银行间债券市场债券交易自律规则》《银行间债券市场交易相关人员行为守则》《全国银行间债券市场做市商工作指引》（修订稿）、《银行间市场金融衍生产品交易内部风险管理指引》和《银行间市场信用风险缓释工具试点业务指引》等具体业务规则，并对非金融企业债务融资工具的发行条件、信息披露、中介服务等作出了具体规定，对于银行间市场的规范与创新起到了巨大的推动作用。同时，由于注册制这一发行管理制度的改革，文件评议流程极大优化，发行注册时间大大缩短，极大地促进了中国直接融资市场的发展，间接提高了固定收益产品市场的流动性。与此同时，中国银行间市场交易商协会自律管理的探索也为其他监管部门提供了很好的改革实践。国家发展改革委于2008年1月2日发布《国家发展改革委关于推进企业债券市场发展、简化发行核准程序有关事项的通知》，对企业债发行核准程序也做了相应改革，将先核定规模、后核准发行两个环节，简化为直接核准发行一个环节。2012年，证监会推出了中小企业私募债，进一步扩大了债务融资的范围。

（二）中国债券市场监管框架现状

纵观监管演变的各个阶段，中国债券市场的监管框架涉及中国人民银行、国家发展改革委、中国银保监会、中国证监会、中国金融稳定发展委员会等多个部门，功能监管与机构监管相互交织。其中，中国人民银行履行市场监管的职能；两会（银保监会、证监会）履行机构监管的职能；国家发展改革委负责对企业债券的审批；证监会负责公司债券的发行审批以及交易所债券市场的监管；中国金融稳定发展委员会负责对金融管理部门和地方政府进行业务监督和履职问责等。此外，中国银行间市场交易商协会作为场外市场的新型自律组织，负责对银行间债券市场进行自律管理。

1. 中国人民银行对银行间债券市场的监管

银行间市场自诞生以来，中国人民银行始终严格履行法律赋予的职责，会同相关部门和业界按照市场化方向，推动中国债券市场发展。《中华人民共和国中国人民银行法》第二条第二款规定："中国人民银行在国务院领导下，制定和执行货币政策，防范和化解金融风险，维护金融稳定。"具体职责包括监督管理银行间同业拆借市场和银行间债券市场等。作为中国银行间债券市场和商业银行柜台市场的监管部门，中国人民银行的监管功能主要包括如下几个方面：

一是负责银行间债券市场发行管理，并且具体负责对政策性金融债等进行发行核准。按照中国人民银行发布的《全国银行间债券市场金融债券发行管理办法》的规定，金融债券的发行由中国人民银行进行监督管理。该办法对金融机构发行金融债券的条件作出了具体规定。按照该办法的规定，金融债券的发行实行核准制，未经人民银行核准，任何金融机构不得擅自发行金融债券。

非金融企业债务融资工具是指企业依照《银行间债券市场非金融企业债务融资工具管理办法》的条件和程序在银行间债券市场发行和交易并约定在一定期限内还本付息的有价证券。在《银行间债券市场非金融企业债务融资工具管理办法》实施以前，非金融企业债务融资工具的发行监管由人民银行按照《短期融资券管理办法》的规定进行备案。《银行间债券市场非金融企业债务融资工具管理办法》颁布后，市场参与主体自主研发的各类创新产品发行采用由中国银行间市场交易商协会注册的方式进行发行管理。该办法的出台标志着银行间债券市场管理方式的重大转变。

二是负责监管银行间二级市场运行。为规范银行间债券二级市场运行，提高债券二级市场效率，中国人民银行发布了《全国银行间债券市场债券交易管理办法》《全国银行间债券市场债券交易流通审核规则》等一系列管理规定，并建立了银行间债券市场做市商制度、结算代理人制度、货币经纪制度，这些制度办法的出台，规范了银行间债券二级市场，也活跃了市场交易。

与此同时，中国人民银行也对银行间债券二级市场进行日常的管理。包括市场参与者准入管理，做市商、结算代理人、货币经纪公司的准入和退出管理，并负责对市场参与者在债券交易、托管结算等过程中的违规行为进行处罚，维护市场正常秩序。

三是负责对市场基础设施类机构进行监管。除对银行间债券市场进行直接管理外，中国人民银行在各种规章和规范性文件中对各类型中介机构的职责加以明确。作为中国外汇交易中心、中央结算公司和上海清算所的业务主管部门，中国人民银行组织、指导三家机构向市场提供交易、结算服务；授予中介机构债券市场日常监测职能，中介机构对在日常监测过程中发现的异常交易情况，及时上报中国人民银行，同时抄送中国银行间市场交易商协会，确保市场规范、平稳运行。

2. 国家发展改革委对企业债的发行监管

中国自20世纪80年代中期发展资本市场以来，全民所有制企业按照《企业债券管理暂行条例》发行企业债。此后的《企业债券管理条例》也延续了企业债的用语。

按照《企业债券管理条例》的规定，1998年之前中央企业发行企业债，由中国人民银行会同原国家计划委员会审批；地方企业发行企业债，由中国人民银行的省、自治区、直辖市、计划单列市分行会同同级计划主管部门审批。1998年之后，中国人民银行退出了企业债发行监管，由国家发展改革委监管发行。

2008年，《国家发展改革委关于推进企业债券市场发展、简化发行核准程序有关事项的通知》明确指出，企业债是企业按照法定程序公开发行并约定在一定期限内还本付息的有价证券，包括按照《中华人民共和国公司法》设立的公司发行的公司债和其他企业发行的企业债，上市公司发行的公司债按其他有关规定执行。此外，企业债发行核准程序相应改革，将先核定规模、后核准发行两个环节，简化为直接核准发行一个环节。

企业债的发行由证券经营机构承销，并采用核准制。企业债核准环节较多：第一，就申报程序而言，中央直接管理企业的申报材料，企业直接申报；国务院行业管理部门所需的企业申报材料由行业管理部门转报；地方企业的申请材料由所在省、自治区、直辖市、计划单列市发展改革部门转报。第二，就核准时间而言，自受理申请之日起3个月内（发行人及主承销商根据反馈意见补充和修改申报材料的时间除外），国家发展改革委作出核准或者不予核准的决定。第三，就会签部门而言，企业债在获取发行批文前，需要就发行利率区间、承销机构资格等分别由人民银行和证监会会签。

3. 证监会对公司债券以及交易所债市的监管

根据《中华人民共和国证券法》的规定，中国证监会是交易所债券市场的主管部门。在债券一级市场监管方面，证监会主要负责公司债券（目前限于上市公司发行的公司债、可转债）的发行管理。2007年8月，证监会根据新修订的《中华人民共和国证券法》和《中华人民共和国公司法》制定《公司债券发行试点办法》，正式开启证券交易所内的公司债券市场。根据该办法的规定，证监会对公司债券的发行监管采取核准制，对总体发行规模没有约束，并可采取一次核准、多次发行的方式。在二级市场管理方面，证监会主要负责对交易所债券市场的监管。在证监会的组织和指导下，上海、深圳证券交易所，以及中国证券登记结算有限公司等中介机构主要负责具体监管。证监会在2009年1月发布了《关于开展上市商业银行在证券交易所参与债券交易试点有关问题的通知》，就上市商业银行在证券交易所参与债券交易有关问题进行了规范。此外，证监会也组织证券交易所等中介机构进行市场基础性建设，提高交易所债券市场交易效率等。

4. 财政部对国债的发行管理

财政部、中国人民银行、证监会、银保监会等部门均参与国债市场的管理。财政部作为债券市场发行体，主要进行政府债券的发行管理工作。国债的交易以银行间债券市场为主体，交易所与商业银行柜台并存。国债在银行间债券市场的交易由中国人民银行监管并托管于中央国债登记结算有限责任公司；国债在交易所市场的交易由证监会监管并托管于中国证券登记结算公司；记账式国债在商业银行柜台的交易由中国人民银行监管并实行两极托管制度，中央国债登记结算有限责任公司为中国人民银行指定的债务一级托管人，承办银行为债券二级托管人。

5. 行业组织的自律管理

中国银行间市场交易商协会作为银行间债券市场的行业自律组织，依据《银行间债券市场非金融企业债务融资工具管理办法》及中国人民银行相关规定，对债务融资工具的发行及交易实施自律管理。中国银行间市场交易商协会制定相关自律管理规则，报中国人民银行备案。中国银行间市场交易商协会每月向中国人民银行报告非金融企业债务融资工具注册发行情况、自律管理工作情况、市场运行情况及自律管理规则执行情况。与此同时，中国银行间市场交易商协会高度重视一级市场交易自律管理，先后组织市场成员制定并发布了《银行间债券市场债券交易自律规则》《银行间债券市场交易相关人员行为守则》等一系列自律规范性文件。中国银行间市场交易商协会成立以来，积极开展自律管理工作，充分发挥了贴近市场、密切联系市场主体的优势，对以中国人民银行为主的债券市场行政监管起到了很好的补充作用。自2008年以来，经协会注册的非金融企业债务融资工具规模逐年快速增长，注册金额从2008年年底的7265.52亿元增长到2012年年底的80623.75亿元，项目数量从2008年年底的157个增长到2012年年底的2693个。

设立市场自律组织，有利于加强市场自律管理，营造良好的市场发展环境；建立和完善符合场外交易市场规律和特点的自律管理体系，在相当程度上可以为市场的健康发展提供保障，可以通过自律组织的自律管理和会员的诚信守法、合规经营，营造一个公开、公平、公正和诚信自律的市场环境。设立市场自律组织，有利于促进市场和政府的双向沟通，有效维护投资者权益，有力促进市场发展。自律组织既是市场参与者的民意代表，又在与政府部门的沟通方面具有一定的优势，紧密联系市场和政府，在促进三者有效双向沟通方面能够发挥桥梁和纽带的作用。市场自律组织既可向市场宣传政府部门的相关政策，又可向立法机构、政府部门反映市场情况以及会员的意见和呼声，充分发挥沟通会员与立法机构、政府部门之间，以及协调会员之间关系的作用。设立市场自律组织，有利于促进市场专业化水平的提高。自律组织可以通过组织会员参与银行间市场业务方面的交流与培训，来提高从业人员的整体素质，促进市场参与者专业水平的提高。

三、中国债券市场发展面临形势及展望

2019年是中华人民共和国成立70周年，2021年是中国共产党成立100周年。面对世界百年未有之大变局，面对国内外风险明显上升的复杂局面，中国经济运行总体平稳，经济发展质量稳步提升，三大攻坚战取得关键进展，改革开放迈出重要步伐，供给侧结构性改革继续深化，科技创新取得新突破，人民群众获得感、幸福感、安全感提升。当前世界经济增长持续放缓，国内经济下行压力加大，但中国经济稳中向好、

长期向好的基本趋势没有改变,我们必须更加紧密地团结在以习近平同志为核心的党中央周围,正确认识形势,增强发展信心,坚守初心使命,明确主攻方向,确保将党中央、国务院的决策部署不折不扣地落实到位,保持经济社会持续健康发展。

在各监管部门、市场同仁的共同努力下,债券市场规模平稳增长,制度建设进展顺利,市场监管不断完善,对外开放持续深化,在服务实体经济、推动高质量发展和稳金融等方面发挥了积极作用。同时,我们要清醒地认识到,当前中国正处在转变发展方式、优化经济结构、转换增长动力的攻关期。结构性、体制性、周期性问题相互交织,"三期叠加"影响持续深化,经济下行压力加大,债券市场也面临一些风险和隐患,值得高度重视。

(一) 中国债券市场面临新形势

1. 全球金融市场陷入前所未有的动荡之中

自 2020 年新冠肺炎疫情在全球范围内扩散以来,全球金融市场陷入了前所未有的动荡之中。这次动荡的总体表现是,风险资产价格暴跌,而避险资产价格在波动中上升。截至 2020 年 4 月 15 日,与 2019 年年底相比,美国道琼斯工业股票平均价格指数(以下简称"道琼斯指数")下跌了 17.6%,美国 10 年期国债收益率由 1.92% 下降至 0.63%,美元指数则由 96.4 上升至 99.5;英国伦敦金银市场协会(London Bullion Market Association,LBMA)黄金价格上涨了 13.5%;布伦特原油期货价格下跌了 58.0%。仅从上述道琼斯指数的跌幅,还难以看出 2020 年 3 月美国股市的剧烈波动。道琼斯指数由 2020 年 2 月 12 日的 29551.42 点(这也是本轮美国股市的顶点)一度下跌至 3 月 23 日的 18591.93 点,下跌幅度高达 37.1%。在 3 月 9 日至 18 日连续 8 个交易日内,美国股市发生了 4 次熔断。仅在 3 月 16 日,道琼斯指数单日就下跌了 12.9%。此外,在 3 月 9 日至 18 日期间,发生了美股、原油等风险资产与美国国债、黄金等避险资产价格同时下跌的罕见现象。这说明市场上因为投资者集体抛售各类资产而发生了流动性危机。投资者为了追逐流动性,既在抛售风险资产,也在抛售避险资产。全球金融市场一度岌岌可危。为了避免流动性危机升级为全球金融海啸,发达经济体的中央银行采取了极其宽松的货币政策。例如,在 2020 年 3 月 16 日至 23 日期间,美联储几乎每天出台一项或多项政策救市。在 3 月 23 日美联储宣布实施无上限量化宽松(Quantitative Easing,QE)政策之后,流动性危机得以缓解,避险资产价格重新回升。

2. 全球经济增速将放缓,前景存在巨大不确定性

在 2021 年出版的《世界经济展望》(World Economic Outlook)中,国际货币基金组织(International Monetary Fund,IMF)认为,2021 年全球经济增速为 6%,2022 年则将放缓至 4.4%。与 2020 年 10 月《世界经济展望》的预测值相比,2021 年报告上调了对 2021 年和 2022 年的增长预测值。2021 年报告表示,中国 2021 年预计将增长 8.4%。中国经济尽管已在 2020 年恢复到疫情之前的水平,但许多其他国家预计中国直到 2023 年才能回到疫情前水平。报告预测,2021 年经济增长率最高的国家及地区将

来自亚洲新兴市场和发展中经济体，其中印度为 12.5%；主要发达经济体的增长率如下：美国 6.4%、德国 3.6%、法国 5.8%、意大利 4.2%、西班牙 6.4%、日本 3.3%、英国 5.3%、加拿大 5.0%。报告对 2022 年的增长率的预测如下：中国 5.6%、印度 6.9%、美国 3.5%、德国 3.4%、法国 4.2%、意大利 3.6%、西班牙 4.7%、日本 2.5%、英国 5.1%、加拿大 4.7%。

报告表示，全球经济进一步企稳，但复苏进程出现分化且存在极大不确定性。为确保新兴市场经济体和低收入发展中国家继续缩小其与高收入国家之间的生活水平差距，必须大力开展国际合作。新冠肺炎疫情暴发一年后，全球前景仍然存在巨大的不确定性。尽管疫苗的持续推广提振了人们的情绪，但变异毒株的出现和病亡人数的不断增加引发了人们的担忧。预测值的上调反映了以下因素：少数大型经济体推出了更多财政支持，2021 年下半年预计出现疫苗驱动的经济复苏，以及经济活动持续对人员流动性下降做出调整和适应。经济前景存在巨大的不确定性，这与新冠肺炎疫情的未来发展路径、政策支持帮助实现疫苗驱动复苏的效果以及融资环境的变化情况有关。

3. 中国债券市场将迎来新挑战

不同于 2020 年的跌宕起伏（收益率 V 形反弹），2021 年上半年的债市整体波动较小，10 年期国债收益率从 2020 年年末的 3.14% 小幅回落至 3.08%，波动区间在 30 个基点以内。对中国来说，2021 年世界上其他国家仍处在疫情之中，海内外形势是错综复杂的，多种不确定因素结合在一起造成了 2021 年上半年债市窄幅波动的情况。

一是结构性紧信用持续，货币政策维持稳健中性，流动性保持合理充裕。2021 年以来社融（社会融资）余额同比增速持续回落，由 2020 年年末的 13.3% 回落至 2021 年 5 月末的 11.0%。2021 年 1 月至 5 月，新增社融规模为 14.05 万亿元，同比少增 3.35 万亿元，其中人民币贷款同比多增近 2000 亿元，但企业债券和政府债券同比分别少增 1.87 万亿元和 1.35 万亿元，非标融资（非标准债券融资）同比多减 6100 亿元。在经济发展不均衡、通货膨胀传导效果有限、结构性紧信用背景下，货币政策维持稳健中性，流动性保持合理充裕。

二是结构性资产荒再现。"稳杠杆+信用收缩"背景下，优质资产供应不足是结构性资产荒的前提条件；贷款方面，从总量额度控制到需求边际走弱；非标方面，2021 年是资管新规（《关于规范金融机构资产管理业务的指导意见》）过渡期的最后一年，非标规模持续压缩；信用债方面，城投平台和地产企业融资受到政策限制，净融资规模明显下降；地方债方面，2021 年稳增长压力不大，政策侧重控制宏观杠杆率和防范地方债务风险，地方债发行节奏整体偏慢。而持续爆发的信用风险事件，使得机构整体避险情绪较高，风险偏好降低，对利率债和高等级信用债的需求上升。

（二）中国债券市场发展面临的制约因素

随着银行间债券市场的逐步壮大，中国债券市场步入健康、快速发展的轨道。尤其是 2005 年以后，在中国人民银行的大力推动下，中国债券市场制度创新和产品创新步伐不断加快，债券市场品种和工具逐渐丰富，债券市场存量、发行量、交易量均呈现爆发性增长态势。实现"显著提高直接融资比重"的具体要求，需要大力发展中国债券市场，着力破除阻碍市场发展的各类制约，努力创造市场稳健运行、规模快速扩容、结构明显优化的良好环境。

1. 债券市场风险容忍度有待提高

随着中国债券市场的发展，发行主体更加多样化，创新产品不断涌现，交易量屡创新高。但是，现阶段市场各方尚不能理性对待债券市场的信用违约风险，市场投资主体和监管主体的风险容忍度有待提高。

一是监管机构对市场风险的容忍度较低。发行审核制度是中国债券市场运行机制的重要组成部分，是政府对债券发行主体和债券市场进行监管的一种手段，正确运用可以保护投资者利益，降低债券市场风险。但是，过于考虑市场风险防范，会使得发行审批程序烦琐，时间成本较高，会影响债券市场的发展。此外，出于风险防控考虑，当前中国一、二级市场的门槛有一定差别，限制了低评级债券的发行流通，扭曲了市场的评级和定价机制。因此监管机构应专注于市场基础设施建设，理性对待市场风险，允许信用违约和垃圾债券出现，建设产品多样化、多层次的中国债券市场。

二是投资者风险意识不强。随着债券市场不断扩容，越来越多的中低评级发行人参与到市场中来，按照市场经济的本质，信用产品出现违约事件是必然的，尤其是在经济下行阶段，违约事件不可避免。投资者应提高自身的风险意识，认识到未来违约事件将成为常态。中国银行间市场交易商协会也多次警示市场违约风险，建议各方为违约事件常态化做准备。

三是舆论机构对风险的容忍度太低。新闻舆论机构在债券市场违规行为监督、隐蔽异常行为发现方面具有重要作用，但是，舆论机构对债券市场风险容忍度太低，一旦市场出现信用事件，通过新闻报道的宣传，扩大信用事件的影响范围，不利于违规信用事件的解决，影响了债券市场的平稳发展。

2. 债券市场法律基础仍需完善

相关法律法规是市场主体从事金融活动需要遵守的行为准则，健全的法律法规制度体系是金融市场平稳运行的基础。中国债券市场，尤其是银行间债券市场建立以来，市场主管部门不断完善市场制度，对银行间债券市场的准入、交易、托管、结算等事项做了较为全面的规范，初步建立了完整的规章制度体系。但是，相较西方发达国家，中国债券市场的法律法规尚不成体系，企业债、公司债、债务融资工具等债券种类由于发行方式不同，相应的监管法规也存在差异。一是应当加快债券市场相关立法进程，对银行间债券市场健康运行和制度建设的经验进行总结，制定出台相关法律制度，明确债券登记、托管、交易和结算过程中的各种法律关系；二是积极修订相关法律，改善现有法律框架下破产条件过高等不利于保护债权人的条款，更好地保护债权人的合法权益；三是抓紧完善证券民事赔偿制度和刑事责任追究制度，尽快充实证券民事赔偿和处罚相关规定，建立对虚假信息披露、证券欺诈等严重违反金融秩序行为的刑事责任追究制度，加大对违规违约的惩戒力度，提高违约成本，从而形成有效的投资者保护机制。

3. 债券市场外部生态环境亟待改善

从中国债券发展的现状来看，信用评级机制、会计税收制度、中介机构等外部生态环境方面的缺陷也影响了中国债券市场的效率。

首先，信用环境不能适应债券市场的发展。信用评级制度和信息披露制度是债券市场化约束机制的重要制度安排。只有具备了完善的信用评级制度和信息披露制度，才能对债券发行人及相关中介机构形成有效的市场约束，才能充分地揭示市场风险，也才能更好地保护投资者权益。

其次，会计税收制度是债券市场发展的重要配套基础制度之一。一个完善、合理的会计税收制度安排，有利于正面引导和鼓励市场投资主体的投资、交易行为，从而促进债券市场朝着预期的方向快速、健康发展。在中国债券市场的发展过程中，会计税收制度虽然不是市场建设的主线，但作为一项重要的配套制度，同样对债券市场的发展有着重要影响。为了配合产品创新，促进债券市场的进一步发展，各相关部门应加强协作，重视会计税收制度的建设，采取措施完善债券市场会计税收等配套制度。最后，承销商、评级机构、会计师事务所和律师事务所等中介机构执业标准与国际标准仍未实现接轨，评级体系的公信力不强，评级趋同现象明显，信息披露质量和及时性有待提高，做市商制度以及经纪商制度所发挥的作用仍然非常有限，需要进一步完善。

4. 债券市场投资者群体仍需培育

投资者结构是决定市场模式和市场绩效的基础。从投资者的组成结构和成熟程度角度来看，目前在中国债券市场的投资者结构方面主要存在投资者群体相对单一、投资者风险意识和承受能力有待提高、不同风险偏好的投资者分层结构尚未形成等问题。正是这些问题的存在严重制约了债券市场功能的充分发挥。

一是投资者群体相对单一。债券的属性决定了债券市场是一个以机构投资者为投资主体的市场。机构投资者是债券市场重要的稳定因素和活跃力量，合格的机构投资者是债券市场健康发展的基本要素。银行间债券市场建立以后，一直坚持面向机构投资者的市场定位，投资者类型日益丰富，从市场建立之初且只有商业银行参与的状况，发展到目前市场参与者类型已包括商业银行、信用社、保险公司、证券投资基金、证券公司以及信托公司、财务公司、租赁公司等非银行金融机构和企事业单位等各类机构，初步形成多元化的机构投资者格局。但是，从机构投资者的构成来看，中国债券市场的机构投资者类型还相对单一，同质化现象较为严重，这与国外发达债券市场相比还有一定的差距。市场的活跃性和流动性的提高需要有多样化的市场需求为基础。目前中国债券市场存在单边市场、流动性不足、创新工具推广困难等问题，市场参与主体同质化严重是症结之一，并且已逐渐成为制约中国债券市场进一步发展的重要因素之一。

二是投资者风险意识和承受能力有待提高。机构投资者的成长是促进市场发展的重要基础，投资者素质是市场效率发挥的重要影响因素。银行间债券市场已经具备了一支具有一定风险判断和识别能力、具有一定专业水准的机构投资者队伍。但应该看到，目前投资者水平参差不齐，差异很大，特别是一些金融机构的内部治理结构还不健全，内部控制机制还不完善，投资运作水平较低，风险识别能力、判断能力及承担能力都有待进一步提高。可以说，中国债券市场的机构投资者群体整体还不够成熟，投资者素质与国外成熟机构投资者相比还存在一定差距，从而制约了中国债券市场的发展。

三是不同风险偏好的投资者分层结构尚未形成。随着债券市场产品种类的增多，中国债券市场信用等级差异不断加大，需要投资者具备较强的市场分析能力、风险识别和承受能力。然而，尽管中国债券市场以机构投资者为主，但是这些机构的风险偏好、风险识别能力、风险分担能力、风险处置能力差异较大。下一步，应当根据其风险偏好的不同，逐步建立分层有序的投资者结构，改善投资者风险偏好趋同的现状，提高市场运行效率。

(三) 中国债券市场发展展望

1. 以市场为导向，提升债务资本市场辐射力和影响力

从债务资本市场发展的客观规律和中国发展实践出发，加大市场化理念宣传和市场化机制建设，提升债务资本市场作为金融市场体系重要组成部分的辐射力和影响力。

一是明确债务资本市场发展的重要意义。从促进经济长期平稳较快发展的战略高度，加大债务资本市场宣传力度，强化市场化直接融资意识。坚持扩大直接融资规模、提高直接融资比例的战略目标不动摇，着力发展多层次资本市场体系。

二是坚持场外市场为主体的定位。注重发挥场内场外市场各自的功能和优势，坚持面向机构投资者的场外市场发展方向，不断拓展市场广度与深度，强化场外市场的主体地位。从防范金融风险、维护金融稳定的角度出发，在明确银行间市场和交易所市场功能定位的前提下，促进两个市场互联互通，实现债务资本市场规范、协调、健康发展。

三是加强投资者教育。强化投资者教育，提高投资者风险识别能力和风险承担能力，树立较强的债务资本市场风险意识，并掌握必要的市场化转移、规避和管理各类风险的机制和手段。

2. 以创新促发展，发挥直接债务融资对实体经济的支持作用

发展是第一要务，创新是提高金融市场资源配置功能与效率的前提，是市场发展的原动力。

一是推进创新机制转变。推动创新，关键要充分发挥市场主体的主动性和创造性，逐步改变过去由行政主导的创新模式，在监管部门许可的范围内，更多地由市场主体自发推动市场产品与工具的创新，实现机制创新。随着市场化机制的不断完善，可以充分发挥自律组织贴近市场的优势，组织和激发市场主体的内生性创新智慧，推动符合监管要求和市场需求的债务资本市场创新产品与工具，最大限度地发挥债务资本市场服务实体经济需求和促进经济发展方式转变的功能。

二是推动发行方式创新。从国际发展经验看，非公开发行债在债务资本市场占有

相当高的比重，已成为公募债券的有益补充。

三是推进债务融资工具品种的创新。适时研究推出资债股结合类工具等创新产品；对于顺应产业结构调整升级、支持新兴产业战略转型的碳交易产品加紧论证；对于有风险管理需求的投资者，可以开发用于管理利率风险、汇率风险以及通货膨胀风险的复合型产品；探索发展政府引导和市场机制相结合的市政项目收益债券及地方融资平台债务资产证券化。

3. 以机制为保障，推动市场化债务直接融资包容性增长

市场化融资机制的核心在于市场主体在无噪声条件下自发形成市场供需匹配与均衡状态。在拓展债务资本市场发展空间的同时，还应着力破除束缚市场发展的结构性、体制性障碍，发挥中国金融市场的制度优势。

一是不断拓宽发债企业范畴。将不同行业领域、不同资信评级的企业通过与之匹配的融资渠道纳入债务资本市场，扩大非国有企业特别是民营和中小企业发债规模及比重。让市场在宏观调控下，在有效承担政府政策性职能的过程中取得长足发展。

二是吸引各种类型的机构投资者入市。着力解决非金融企业直接投资债券市场的制度安排，改变集合类投资主体"一事一议"的准入方式，减少不必要的投资限制，引入境外机构投资者，丰富投资者结构。

三是充分发挥自律组织作用。切实转变市场管理方式，推动发行规则统一化，把那些应该由市场决定的事情交由自律组织通过市场化方式组织市场参与者去解决。通过构建中介机构市场化进入及退出机制，给予市场主体自我选择、自担风险的权利。

4. 以基准利率指标体系为突破，促进债券市场价格发现，提高流动性

债券收益率曲线、基准利率等指标是各类金融产品价格的综合体现，是债券市场的"晴雨表"和"指南针"，可以为债券发行价格的确定和债券交易报价提供参考基准，为市场参与者调整每日债券资产成本提供便利，为货币政策操作提供重要参考，对利率衍生品和其他金融资产的定价产生重要影响。因此，完善市场基准利率指标体系是债券市场基础性建设工作中的一项重要内容，有利于债券市场价格发现，提高市场流动性。

一是改善国债发行管理体制，充分发挥国债的金融功能。增加短期国债的发行数量，形成合理的国债期限结构，促进国债发行期限均衡化，为编制完整的债券收益率曲线提供基础条件。

二是采取综合配套措施，提高债券市场流动性。通过完善做市商、经纪商制度培育市场行为和风险偏好多元化的做市商主体，扩大双边报价债券的品种结构和期限结构范围，完善配套机制，促进做市商功能的有效发挥。借助不同类型做市商风险偏好和市场行为的不同，缓解当前以银行为主的做市商行为趋同的问题，提高市场流动性。

三是在同一债券收益率的计算基准基础上，支持行业自律组织加强对市场基准利率指标体系研究推动工作，鼓励专业中介机构研究收益率曲线和债券指数的编制方法，促进债券市场建立科学、中立和公正的债券收益率和债券指数，为市场提供

参考基准。

四是建立中央对手方借券机制,明确规定做市商报价券种的最低可成交量,做实做市商的权利。在此过程中需要关注两大风险:第一,中央对手方机制的推出,需要相关法律配套,因为中央对手方交割方式在发挥积极作用的同时,也承担了整个市场的对手方信用风险。第二,为避免可能出现的市场操纵行为,应规定一致行动人对单一债券能够借券的上限,从而防止因价格操纵引起的市场混乱。

5. 以制度防风险,保障市场的平稳运行和健康发展

完善的市场制度建设是债务资本市场稳定健康运行的基石。债务资本市场发展要充分发挥市场约束机制的作用,加强市场基础设施建设,进一步优化债务资本市场的发展环境,在制度层面上建立起风险"防火墙"及"缓冲带"。

一是加强信用评级体系建设。探索真正为投资者服务的评级机构治理营运模式,建立和完善职业行为准则和规范,增强评级机构的公信力,使信用评价在债券市场真正起到公允评价信用高低、准确揭示风险大小的作用。

二是强化信息披露制度建设。建立层次清晰、易于操作的信息披露制度体系,强化信息披露制度对相关利益主体的约束力,不断提高信息披露的时效性、连续性、全面性。

三是完善市场风险分担机制。继续推动信用风险缓释工具市场深化发展,丰富市场参与者类型,完善市场运行机制,建立健全配套机制安排,促进信用风险缓释工具更好地发挥缓释风险的功能。

四是完善外部生态环境。推动法律法规建设,完善与债券交易相关的会计税收制度建设,建设市场基准利率体系,推动完善市场监管体系,强化沟通协调机制。

6. 以开放拓空间,扩大中国债务资本市场的国际影响力

债务资本市场对外开放在拓宽外汇资金运用渠道、加快市场建设等方面都具有积极的意义。在有效防范风险的基础上,统筹考虑扩大人民币境外使用范围、促进国际收支平衡等相关工作,积极稳妥地推动债券市场对外开放。

一是进一步推进境外机构参与境内债务资本市场。在市场准入方面,推动建立透明、高效,符合国际通行准则的境外发行主体准入体系。在市场管理、会计准则、评级机构准入等方面,以更加务实、开放的态度,加强与国际组织、外国政府部门等各方的沟通协调。

二是推动境内机构参与境外债务资本市场。根据市场主体自身的意愿,允许更多境内机构赴境外发行债务。高度关注离岸人民币市场的发展,协调人民币离岸市场与国内市场的发展政策,积极引导离岸市场发展方向,发挥离岸市场的积极作用。

整体来看,中国债券市场实现的高质量发展植根于改革开放的伟大历史进程,其成就展现了改革开放在金融领域取得的重要成果。具体来看,中国债券市场实现高质量发展,一方面取决于中国经济在改革开放后取得的巨大发展;另一方面,取决于中国债券市场采取国际视野与本土经验相结合的发展道路。这事实上是一种充

分借鉴国际先进经验并结合本国国情进行的改革创新。其不仅探索了债券市场中国道路，塑造了中国模式，而且坚定了中国改革的道路自信，从而为全球金融发展贡献了中国力量。

第二节 中国的利率债与信用债

自改革开放以来，中国的债券市场从无到有，从单一到多元，发行主体从中央政府扩大到地方政府，从金融机构扩大到非金融企业，债券品种也从原来的普通债券扩大到结构化的资产支持证券，从单纯为筹资而发行的基础债券扩展为包括利率互换、利率期货在内的衍生品。目前在中国，债券品种基本可以分为两大类：利率债与信用债。利率债主要包括国债、政策性金融债、中央银行票据、地方政府债；信用债则包括中期票据、短期融资券、企业债、公司债在内的债券。两种债券在风险、收益以及发行主体方面都不尽相同，具体区别可参照表11.2。总之，债券已经成为重要的融资工具，它的发展正在深刻地影响着中国的金融结构。

表 11.2 利率债与信用债的区别

项目	利率债	信用债
发行主体	国家政府部门	商业银行、企业等
风险	利率风险	利率风险、信用风险
收益	受到基准利率的影响	受到基准利率以及发行主体信用水平的影响

一、中国利率债情况简介

在利率债中，根据债券利率在偿还期内是否变化，可将其区分为固定利率债券和浮动利率债券。固定利率债券指在发行时规定利率在整个偿还期内不变的债券。固定利率债券不考虑市场变化因素，因而其筹资成本和投资收益可以事先预计，不确定性较小。但债券发行人和投资者仍然需要承担市场利率波动的风险。固定利率债券是国际债券的传统类型，也是目前国际债券融资中采用最多的典型形式。浮动利率债券是指发行时规定债券利率随市场利率定期浮动的债券，也就是说，债券利率在偿还期内可以进行变动和调整。浮动利率债券往往是中长期债券。而从发行主体等方面来划分，可将利率债分为国债、政策性金融债、中央银行票据、地方政府债券。

(一) 国债

1. 国债的基本概况

国债是中国改革开放之后最早正式引入的标准化金融工具。但是，中国在相当长的一段时间内，只把国债当作筹集财政资金的一种手段，并没有认识到国债对金融市场的意义。因此，那时国债资金的使用大多对应于项目的建设支出，而且国债发行期限比较长，受国债发行体制的约束，财政当局极不愿意发行短期国债。在中国引入国债余额管理体制后，中国的国债发行期限开始多样化，不仅有长期国债，还有短期国债。尽管中国引入了国债余额管理，但国债的发行额并没有出现大幅增长。2007年受发行1.55万亿元特别国债为外汇投资公司筹集资金的影响，当年的国债发行额出现跳跃式上升。2008年相较于2007来说，发行额有所下降，可能是受到国际金融危机的影响。但在宽松的货币政策刺激下，并没有出现断崖式下降，并在2009年之后持续维持在2万亿元左右。从图11.3可以看到，自2015年以来，中国国债发行额又出现显著的增长，这可能是因为在2014年，中央经济工作会议强调要实行"有力度的积极财政政策"，从而拉动了国债发行量的增长。

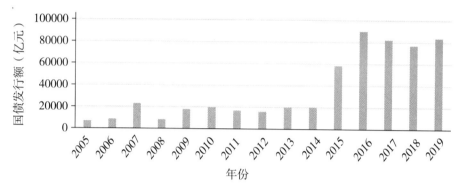

图11.3　2005—2019年中国国债发行情况

资料来源：Wind。

国债的发行利率，既取决于国债发行的期限安排，也取决于国债发行时所处的宏观经济环境。以1年期的国债利率为例（如图11.4所示），自2006年开始，国债发行利率经历了几段上升期，如2006—2009年，在此期间，中国的经济由之前的通货紧缩

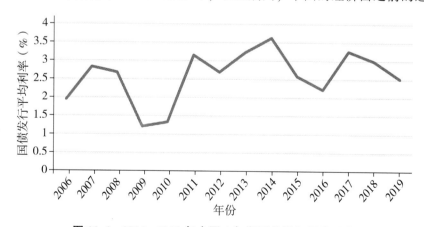

图11.4　2006—2019年中国1年期国债发行平均利率

资料来源：Wind。

转为过热，随后又经过政府的宏观调控逐步降温，消费者价格指数（CPI）当月同比由 2006 年 3 月的 0.8% 一度增长至 2008 年 2 月的 8.7%，之后又下降到 2009 年 7 月的 -1.8%。随着 CPI 的波动，国债利率也经历了一波完整的波动，由 2006 年的 1.94% 涨至 2007 年的 2.83%，再降至 2008 年的 2.68%。又如 2012 年至 2013 年年底，发行平均利率上涨了 1 个百分点，这其实是由于货币市场"钱荒"之后，长居高位的二级市场债券收益率对于国债的发行利率产生了很大的影响。但在随后的两年内，利率又经历了一个比较大的"下坡路"（下降将近 2 个百分点），其原因是政府宽松的货币政策逐步明朗，导致国债利率下降。

2. 国债的基本特点

（1）安全性。同其他债券相比，国债的安全性是最好的。比如，企业债券还本付息的保障是企业未来的现金净流量，而企业很有可能在未来的竞争中经营失败，甚至破产，从而不能保证一定会有正的现金流量来支持债券本息的偿付。但对于国债来说，其发行人是中央政府，政府依靠国家信用发行国债，而国家信用的基础是国家的主权和资源。因此，除少数极端的情况外（如债务危机、政府更迭等），国债以国家主权和资源作为还本付息的基础，几乎没有违约的风险。

（2）流动性。流动性是指有价证券或实物资产的持有人能否在急需现金的时候，以当时的市场价格将金融资产和实物资产迅速地变现。由于国债信誉高、安全性好，各金融机构、企业和个人都很乐意从事其交易，所以国债的二级市场非常发达。因此，国债的持有者很容易就能以当时的市场价格出售手中的债券。在各种债券中，国债的流动性是最强的。

（3）收益性。国债的投资收益是指国债投资者从购买国债一直到国债被清偿期间所获得的利息收入和资本增值。国债由于风险较小，因而其市场价格相对稳定，从而国债的收益率也处于相对稳定的状态。由于国债的安全性最强、流动性最好，所以在期限相同的情况下，其收益率一般要比其他类型的债券低。

（4）有期性。国债一般在发行的时候就确定了偿还期限，到期由发行人偿还本息。若有提前偿还或者展期的规定，在发行的时候就应该予以说明。国债的偿还期限由中央政府根据所筹资金的用途和金融市场的状况来决定。一般来说，国债的期限从几个月到几十年不等。

(二) 地方政府债券

1. 地方政府债券的基本概况

地方政府债券在中国金融市场上还是一个新生事物。2009 年，地方政府债券出现在中国债券市场上。那时，为了应对美国次贷危机对经济的冲击，政府出台了大规模的货币政策和经济刺激计划。而当时一直被视为"禁品"的地方政府债券，便开始进入中国的债券市场。不过，在早期，地方政府并没有发行债券的自主权。中央政府一直担心，一旦放开地方政府债券的发行，在地方政府财力不足时，可能引发普遍的地方政府债券违约，危及金融安全。因此，初期的地方政府债券的发行，便采取了由中央财政代发代偿机制，且对地方政府债券的发行量有非常严格的额度限制。

但是，中央政府限制地方政府债券的发行，并没有真正阻止地方政府的举债行为。相反，由于地方政府掌握着土地资源，即便在市场化取向和强调商业银行自主性的今天，地方政府对商业银行的经营仍然存在事实上的干预。政府通过设立各种融资平台并以地方政府的某些项目作为抵押品或偿还担保，向商业银行大量借款，这种现象在2009年之后的数年间变得十分普遍。这导致地方政府的债务在短时间内急剧增长。

2. 地方政府债券的发行情况

地方政府债券的发行利率直接决定了地方政府的偿债利息成本。2015年，中国大力推进地方政府债务置换的初衷有两个：其一，化解地方政府到期债务不能兑换的风险，通过债务置换，以新债还旧债的债务重组，缓解近期的偿债压力；其二，通过较高流动性的标准化债券取代非标准化的不可流通债券，降低地方政府债务的流动性溢价，从而降低地方政府债务的利息成本。

从图11.5中可以看到，自2009年到2014年年底，中国市场上的地方政府债券发行数量并不是很多，甚至有的月份发行数量为0（如2010年前两季度）。但自2015年3月，财政部下达了1万亿元的地方政府债务置换额度，且同年5月18日江苏地方政府债券发行开始，其他地方政府债券的发行数量便急剧上升。2015年11月以及2016年11月，地方政府债券发行数量一度突破1000只大关，相比于之前几年的发行数总和，其一个月的数量就要更多。而且，随着发行数量的上升，地方政府债券发行额也随之增长，如图11.6所示。以2019年为例，年初的发行额只有4130亿元，但年末的发行额却达到了43624亿元，环比增长近10倍。

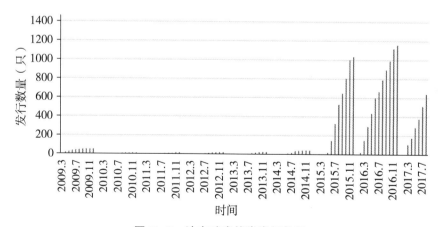

图11.5 地方政府债券发行数量

资料来源：Wind。

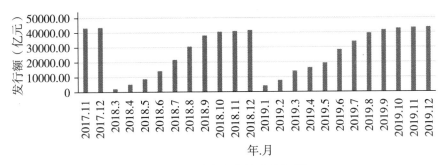

图 11.6　地方政府债券发行额

资料来源：Wind。

(三) 政策性金融债

政策性金融债（又称政策性银行债）是指由国家开发银行、中国农业发展银行和中国进出口银行发行的债券。由于这三家政策性银行不能吸收公众存款，它们主要依靠发行债券的方式筹集资金。而且，政策性金融债是中国金融市场出现较早的债券品种，三家政策性银行成立之后，就一直主要以发行债券融资，其债券发行比商业银行债券和其他金融机构债券要早很多，且更具有持续性。

在中国的债券市场上，金融债的占比最高，而政策性金融债又占绝对的统治地位，因此，政策性金融债对中国债券市场具有举足轻重的影响。当然，三家政策性银行的债券并非均势，各家政策性银行的业务范围存在较大的差异，贷款需求各有不同，这也直接决定了它们的债券发行量存在明显的差异。总体来说，国家开发银行的债券发行量占政策性银行总量的 50%，进出口银行和农业发展银行的发行量则大致相当。

从图 11.7 可知，自 2005 年以来，经过近 15 年的发展，中国政策性金融债的发行额在稳步增长，从开始的 5000 亿元，到 2019 年的 36000 亿元，增长超过 6 倍。

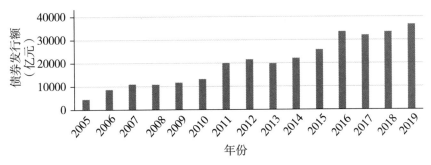

图 11.7　中国政策性金融债发行额

资料来源：Wind。

同时，三家政策性银行的发行额又具有很大的差异（如图 11.8 所示）。其中，2005—2010 年，国家开发银行（图中简称"国开"）的发行额一直处于领涨状态，而反观其他两家银行，发行额虽有增长，但相比于国家开发银行来说，是微不足道的。

2011年之后，国家开发银行的发行额比例下降，农业发展银行（图中简称"农发"）以及进出口银行（图中简称"进出口"）的比例有了很大程度的增长。

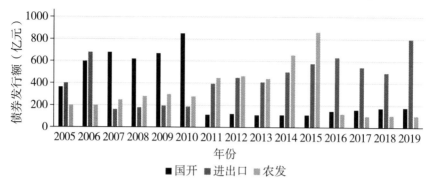

图11.8　三家政策性银行债券发行额对比

资料来源：Wind。

（四）中央银行票据

中央银行票据（简称"央行票据"）是中国人民银行为调节商业银行超额准备金而向商业银行发行的短期债务凭证，其实质是中央银行债券。央行票据由中国人民银行在银行间市场通过中国人民银行债券发行系统发行，其发行的对象是公开市场业务一级交易商。公开市场业务一级交易商有48家，包括商业银行、证券公司等。央行票据采用价格招标的方式贴现发行。

央行票据对中国的债券市场也有着许多积极影响，具体有以下几点：其一，丰富公开市场业务操作工具，弥补公开市场操作现券不足的问题。在引入中央银行票据后，中国人民银行可以利用发行或回购及其组合，进行"余额控制、双向操作"，对央行票据进行滚动操作，增加了公开市场操作的灵活性和针对性，增强了执行货币政策的效果。其二，为市场提供基准利率。国际上一般采用短期的国债收益率作为该国基准利率。但从中国的情况来看，财政部发行的国债绝大多数是3年期以上的，短期国债市场存量极少。在财政部尚无法形成短期国债滚动发行制度的前提下，由中国人民银行发行票据，在解决公开市场操作工具不足的同时，利用设置票据期限可以完善市场利率结构，形成市场基准利率。其三，推动货币市场的发展。由于中国货币市场的工具很少，缺少短期的货币市场工具，众多机构投资者只能去追逐长期债券，带来债券市场的长期利率风险。央行票据的发行将改变货币市场基本没有短期工具的现状，为机构投资者灵活调剂手中的头寸，减轻短期资金压力提供重要工具。

二、中国信用债情况简介

自从"十二五"规划明确提出"加快多层次资本市场体系建设，显著提高直接融资比重"以及"积极发展债券市场"，近年来，信用债市场呈现出快速发展的良好态势,信用债市场产品也在不断地进行创新。为服务中小企业直接融资可持续发展目标,集合票据再创新,退出区域集优融资模式,非公开定向发行方式取得突破,非金融企业再添融资工具。在国外环境十分复杂、国内商业银行信贷规模调控和股市低迷的环境下,信用市场保持蓬勃发展的势头,充分发挥了优化配置资源的作用,有力地支持了实体经济的平稳运行,发挥了稳增长、扩内需、调结构的积极作用。

信用债发行的品种主要包括短期融资券、中期票据、企业债、公司债等,从图11.9来看,企业债与公司债占信用债的大部分;而对于短期融资券和中期票据来说,其发行额略显逊色(资产支持证券除外,从某种意义上说,它属于非金融企业债券的一种)。总体来说,各种债券虽然比例不同,但各自都在稳步增长,尤其在流动性较好的情况下,融资成本逐渐走低,整体债市呈现牛市格局,不同的产品又有各自的发行特点。

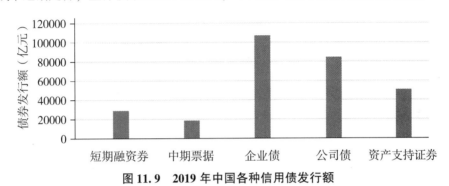

图 11.9 2019 年中国各种信用债发行额

资料来源:Wind。

(一) 短期融资券

早在 2005 年,中国就推出了短期融资券,它一出现在中国的金融市场上,便引起了企业的注意并受到极大的追捧。可以说,中国非金融企业债券市场真正走上了发展的道路正是以短期融资券为突破口的。从图 11.10 中可以观察到,在 15 年的时间里,短期融资券的发行额大致呈正态分布,而 2014 年是分布的高点,发行额达到了 72445 亿元,同比增长 33%。

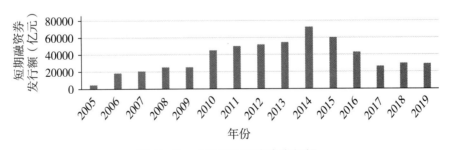

图 11.10 中国短期融资券发行额

资料来源:Wind。

(二) 中期票据

中期票据是在银行间市场上发行的债券,它包括一般中期票据以及集合中期票据。其中,一般中期票据由单一发行主体发行;而集合中期票据则由2—10个具有法人资格的中小企业分别发行的债券组成,这些债券经统一担保(增信)、统一冠名、统一产品设计后,统一发行注册但分别偿还,是解决中小企业融资难的一种创新机制。从图11.11中可以看到,中期票据发行额自2018年年底稳健上升,这种趋势一直持续到2019年年初,随后有了一个很明显的下降,差距为1300亿元左右,这可能与中国的春节有关,使得发行节奏放缓,甚至有所下降。但2019年2月伊始,发行额又有了明显的上升,呈现一种"回暖"趋势,一度上升到2019年的最高点2314.2亿元,随后又下降,又上升,呈现出一种波动的走势。虽然中期票据发行量在各月份的差距不是很小,但从整体来看(如图11.12所示),从2009年到2019年的10年期间,发行额由6885亿元上升到18852亿元,足足增加了两倍左右。

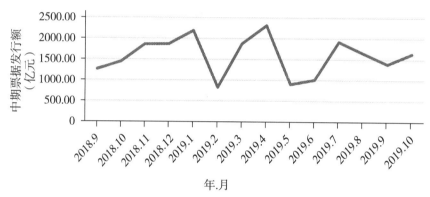

图 11.11 2018年9月—2019年10月中国中期票据发行额

资料来源:Wind。

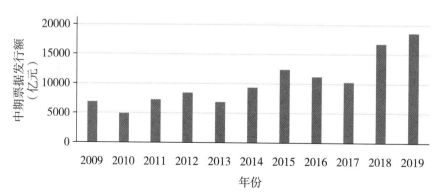

图 11.12 2009—2019年中国期间中期票据发行额

资料来源:Wind。

(三) 企业债

中国企业债市场的萌芽阶段始于 1984 年。当时一些企业出现了自发向社会或内部集资等类似债权融资的活动。但在发行伊始，其在票面形式、还本付息方式等方面很不规范。随着 1987 年国务院发布《企业债券管理暂行条例》，企业债市场进入快速发展阶段，发行规模从当年的 33.8 亿元迅速增加到 1992 年创纪录的 681.7 亿元。在过去的十几年期间，企业债得到了迅速发展（如图 11.13 所示）。2005 年的发行量不过 2046 亿元，但是在 2019 年，其发行额已经达到了 107058 亿元，翻了近 50 倍，这主要是由于以下几点：首先，企业具有多元化的灵活融资需求，且企业债利率较少受到政府部门的管制，这使得债券利率能够更好地反映企业自身的信用状况和金融体系的资金供求。其次，金融机构具有资产结构多样化、提高资产流动性的需求。相对于贷款这种非标准化的资产而言，债券的流动性更强，金融机构增加债券持有量，更有利于资产负债管理和流动性管理。再次，由于债券利率更为灵活，相对于受利率管制的存款而言，它也能够对通货膨胀迅速地做出反应。因此，投资者增加债券持有量是对利率管制的一种对抗，其本身是金融脱媒的表现形式之一。最后，在过去的十多年中，中国企业债能够腾飞，主要得益于中国分业监管体制所带来的监管者竞争，它其实是"监管俘虏"在债券市场的外在表现。

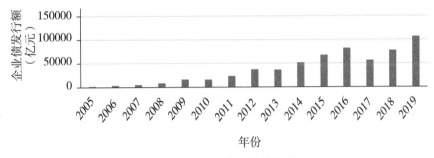

图 11.13　中国企业债发行额

资料来源：Wind。

尽管中国企业债市场生机勃勃，但中小企业融资仿佛遇到了一些阻碍。中国的企业债包括一般企业债券和企业集合债券。同集合票据一样，企业集合债券以多个企业构成的集合为发债主体，发行企业各自确定债券发行额度，统一命名、统一增信，以发行额度向投资者发行，到期还本付息。它是解决中国中小企业融资难的一种创新机制。但是，自其发行以来并未在债券市场上掀起风浪，据不完全统计，其发行额只有在 2014 年及 2015 年有大幅上升，但发行额也只不过是 47.48 亿元和 31.22 亿元。所以，通过集合票据等解决中小企业融资难的问题，依然任重而道远。

从期限结构分布来看，以 2019 年的数据为例（如图 11.14 所示），企业债主要以 5—7 年期为主，发行额已经达到了 9547.7 亿元，占总规模的 83% 左右；占比第二的

7—10年期债券发行额为1289.5亿元，约占总规模的11%；相比之下，3—5年期以及1—3年期的债券就略显逊色，共占总规模的6%。不同期限的发行额差异很大，主要是由行业的特征差异造成的。比如，采矿业、房地产等行业由于其项目周期长，所以偏向于发行5—7年期、7—10年期的债券；但造纸、运输等轻工业偏向于发行3—5年期的债券；而电力、建筑工程等行业既需要长期的资金为项目投资，又需要短期的资金弥补流动资金，故其在长短两端都有相对较高的发行额。

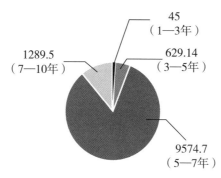

图 11.14　2019 年不同期限的企业债发行额（亿元）

资料来源：Wind。

(四) 公司债

1. 公司债的基本概况

公司债是指公司法人依照法定程序发行的还本付息的有价证券，且公司债的发行需要由证监会进行核准。对于中国债券市场上的公司债来说，2007 年，中国的第一只公司债才问世，首次发行额为 40 亿元。自那之后，公司债的发行额便呈现出稳步上升的趋势，从图 11.15 中可以看到，2018 年年底，公司债的发行额达到了 5530.4 亿元。而且，自 2014 年的发行额低谷（1282.57 亿元）之后，公司债发行额便大幅增长，这主要是由于证监会发布了新的公司债监管规则。2015 年 1 月，证监会发布了《公司债券发行与交易管理办法》，将公司债的发行主体从原来的上市公司扩大到了公司法人，既允许公开发行公司债，也允许私募公司发行公司债。公开发行取消保荐制度和发审

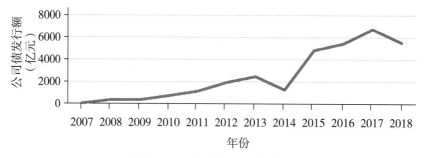

图 11.15　中国公司债发行额

资料来源：Wind。

委制度,私募发行则采取中国证券业协会备案的方式,极大地简化了公司债的发行程序。在交易场所方面,公募公司债的交易场所由上海、深圳证券交易所拓展至全国中小企业股份转让系统;私募公司发行公司债的交易场所由上海、深圳证券交易所拓展至全国中小企业股份转让系统、机构间私募产品报价与服务系统和证券公司柜台。公司债发行制度的松绑加速了公司债的扩容,在2015年8—10月,公募公司债发行额剧增,大举赶超了一般企业债。

2. 公司债的期限结构

就期限结构来说,公司债与企业债有很大的差异。从图11.16中可以看到,公司债主要以2—3年期、4—5年期为主,一共发行了3875亿元,占总额的80%以上。而对于两端的期限(1—2年期、7—10年期)等的公司债券,却发行得很少。总的来说,本节通过分析利率债以及信用债的基本情况、发行额、发行利率等方面,介绍了中国债券市场上的各种债券。近些年来,随着广大投资者和投资机构的投资需求的增长,各种债券的发行额,虽然并不是始终上升的,偶有波折,但整体来看,各种债券百花齐放,争奇斗艳,呈现出一片欣欣向荣的发展景象,为推动中国金融发展做出了巨大的贡献。

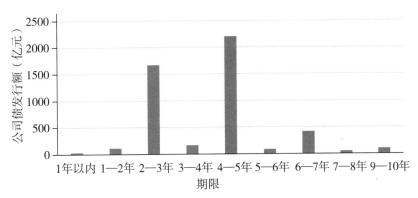

图 11.16 中国公司债期限结构

资料来源:Wind。

第三节 中国债券市场重点问题

投资者主要从两方面对债券进行考量从而选择合适的债券组合:利率以及风险。本节将分别从这两个因素展开介绍,详细地说明中国债券市场上的利率形成机制、种类以及信用风险的成因等,同时也将引入具体的案例,进一步阐明投资者和发行人如何采取行动以应对风险。

一、中国债券市场利率形成机制

中国债券市场利率形成过程主要包括官方基准利率的确定、货币市场基准利率的形成以及债券市场利率的形成三个主要阶段，其传导关系如图 11.17 所示。

1. 中国官方基准利率

中国官方基准利率包含公开市场操作、央行贷款、准备金利率、存贷款利率等由货币当局决定的影响货币投放成本的各种政策工具利率。

公开市场操作是货币政策工具之一，是指中国人民银行通过买进或卖出有价证券，吞吐基础货币，调节货币供应量的活动，其目的是调节货币供应。

根据经济形势的发展，当中国人民银行认为需要收缩银根时，便卖出证券，相应地收回一部分基础货币，减少金融机构可用资金；相反，当中国人民银行认为需要放松银根时，便买入证券，扩大基础货币供应，直接增加金融机构的可用资金。

中国人民银行于 1998 年开始建立公开市场业务一级交易商制度，规模逐步扩大。目前，公开市场操作已成为中国人民银行货币政策日常操作的主要工具之一，对于调节银行体系流动性水平、引导货币市场利率走势、促进货币供应量合理增长发挥了积极的作用。2019 年纳入公开市场业务的一级交易商达 49 家。目前，中国公开市场操作主要包含常规操作与创新工具。常规操作有发行央行票据、回购交易、国库定存、现券交易等；创新工具包括短期流动性调节工具（Short-term Liquidity Operations，SLO）、常备借贷便利（Standing Lending Facility，SLF）、中期借贷便利（Medium-term Lending Facility，MLF）、补充抵押贷款（Pledged Supplementary Lending，PSL）等。

央行贷款主要包含再贴现和再贷款两种工具。

再贴现是中国人民银行通过买进在中国人民银行开立账户的银行业金融机构持有的已贴现但尚未到期的商业票据，向在中国人民银行开立账户的银行业金融机构提供融资支持的行为。商业汇票是购货单位为购买销货单位的产品，不及时进行货款支付，而在法律许可的范围之内签发的、在约定期限内予以偿还的债务凭据。在一般情况下，为保证购货方到期确能偿还债务，这种债务凭据须经购货方的开户银行予以承兑，即由其开户银行承诺。若票据到期但该客户因故无力偿还该债务，则由该银行出资予以代偿。

再贷款是中国人民银行向商业银行的贷款。根据《中国人民银行对金融机构贷款管理暂行办法》的规定，中国人民银行对金融机构贷款根据贷款方式的不同，可以划分为信用贷款和再贴现两种。信用贷款是指中国人民银行根据金融机构资金头寸情况，以其信用为保证发放的贷款。又根据《中华人民共和国中国人民银行法》的规定，信用贷款是指中国人民银行向商业银行提供的贷款，不包括商业银行之外的其他金融机构。所以，在中国，再贷款即指中国人民银行向商业银行提供的信用贷款。

准备金利率是中国人民银行对于金融机构缴存的存款准备金（法定存款准备金和超

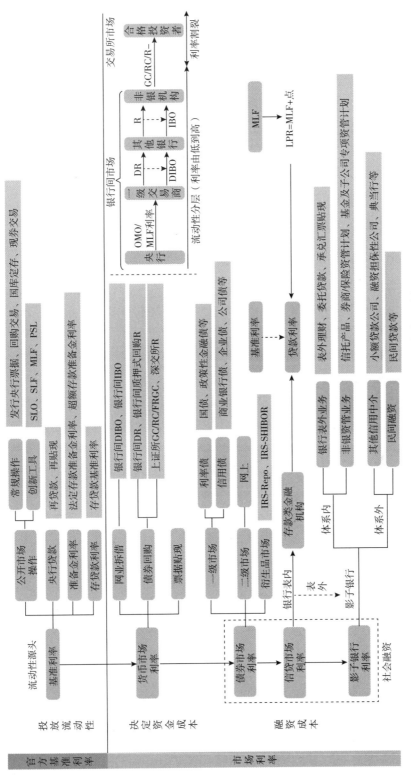

图 11.17 中国债券市场利率传导途径

注：银行间 DIBO——银行间存款类同业机构拆借利率，银行间 IBO——银行间市场同业机构拆借利率，银行间 DR——银行间存款类金融机构间债券回购利率，银行间质押式回购R——银行间质押式回购利率，上证所 GC——上证所国债回购，上证所 RC——上证所企业债回购，上证所 FRGC——上证所质押式回购定盘利率，深交所 R——深交所国债回购，OMO——公开市场操作，MLF——中期借贷便利，IRS-Repo、IRS-SHIBOR——利率互换－7 天回购定盘利率、基金及子公司专项资管计划，LPR——贷款市场报价利率。

额存款准备金）所支付的利率。存款准备金利率分为法定存款准备金利率和超额存款准备金利率。法定存款准备金是金融机构按照其存款的一定比例向中国人民银行缴存的存款，这个比例通常是由中国人民银行决定的。如果中国人民银行提高法定存款准备金率，金融机构就要增加向中国人民银行缴存的存款准备金，减少贷款的发放，全社会货币供应量就会相应下降，反之亦然。因此法定存款准备金率是一种强有力的货币政策工具。超额存款准备金是金融机构存放在中国人民银行、超出法定存款准备金的存款，主要用于支付清算、头寸调拨或作为资产运用的备用资金。超额存款准备金利率是中国人民银行对超额存款准备金计付利息所执行的利率。

中国官方基准利率决定了投放至市场的资金成本，对于货币市场基准利率和债券市场利率的走势起到了决定性的作用。

2. 中国货币市场基准利率

中国货币市场基准利率是以市场资金的供给和需求情况为基础形成的指导性利率，它影响其他各种利率，因此也是资本资产定价的依据。近年来，随着中国利率市场化进程的不断完善，为提高金融机构对其产品进行定价时的利率弹性，同时也为了畅通中国人民银行在实施公开市场操作等货币政策时市场的利率传导机制，推行适合中国金融市场的基准利率报价体系的迫切性日益增加。2007年1月4日，全国范围内的银行间同业拆借中心发布了上海银行间同业拆放利率（SHIBOR）。此后，SHIBOR被学术界和实务界视为最接近中国基准利率的批发性利率。

SHIBOR首批16家报价行包括工、农、中、建、交5家国有商业银行，招商、光大、中信、兴业、浦发5家全国性股份制银行，北京银行、上海银行、南京银行3家城市商业银行和德意志上海、汇丰上海、渣打上海3家外资银行。此16家报价银行是公开市场一级交易商或外汇市场做市商，在中国货币市场上人民币交易相对活跃，信息披露比较充分。

全国银行间同业拆借中心授权SHIBOR的报价计算和信息发布。每个交易日全国银行间同业拆借中心根据各报价银行的报价，剔除最高、最低各2家报价，对其余报价进行算术平均计算后，得出每一期限的SHIBOR，并于11:30通过上海银行间同业拆放利率网对外发布。SHIBOR的形成机制与在国际市场上普遍作为基准利率的LIBOR的形成机制非常接近。

中国培育SHIBOR有着深刻的意义。首先，SHIBOR是利率市场化的基础。SHIBOR作为重要的金融基础设施，随着管制利率的不断放开，商业银行的利率定价将由盯住法定基准利率过渡到参考SHIBOR基准利率。其次，货币政策调控需要SHIBOR。中国货币政策调控的发展方向是逐渐由数量调控向价格调控转变，SHIBOR是传导货币政策调控信号的纽带，可以灵敏地反映调控导向，引导市场上对应期限的各交易品种利率自行调整，达到宏观调控的目的。再次，SHIBOR对商业银行转变经营机制有重要意义。SHIBOR在很大程度上成为市场基准利率后，通过SHIBOR就可以将商业银行的小资金池与市场大资金池联系起来，商业银行内外部定价的透明度就可以提高，从而为商业银行构建高效的内部资金转移价格以及资产负债定价机制提供了基础。最后，SHIBOR 可以促进市场深化。SHIBOR 基准确立后，货币市场、债券市场和资本市场上的各种产品的价格都可以与之比较，从而可以构建完整的收益率曲线，进一步拓展货币市场、债券市场和资本市场的深度和厚度，推进金融市场向纵深发展。随着 SHIBOR 基准地位的确立，大量的债券交易、存款、贷款、贴现和理财类产品定价将逐步与 SHIBOR 挂钩，因此，SHIBOR 与金融机构、企业、居民的联系将越来越紧密。目前，在金融机构市场成员交易层面，已有部分金融产品定价与 SHIBOR 挂钩，如衍生品市场的利率互换、远期利率协议，货币市场的同业借款、同业存款、货币互换、理财产品等，债券市场以 SHIBOR 为基准的浮动利率金融债券、企业债券、企业短期融资券及以 SHIBOR 为基准的票据转贴现、票据回购等。以 SHIBOR 为定价及交易基准的金融产品将越来越多，最终，银行的存贷款利率定价也将与 SHIBOR 挂钩。

货币市场基准利率决定了债券市场参与者可得资金的成本，对于债券市场利率的影响至关重要。

3. 中国债券市场利率

按照信用风险，可将中国的债券划分为利率债和信用债两大类。利率债是指发行人为国家或信用等级与国家相当的机构，由于债券信用风险极低，收益率变动主要和利率变动有关。利率债主要包括国债、政策性金融债、地方政府债、政府支持机构债（汇金债、铁道债）。信用债是指发行人没有国家信用背书，存在违约风险的债券，发行人信用水平是影响债券收益率的重要因素。信用债主要包括金融债（商业银行债等）、一般企业债（企业债、公司债、非金融企业债务融资工具）和资产支持证券。信用债与利率债相比最显著的差异就是存在信用风险，所以信用债比国债有着更高的收益，某些情况下收益率甚至高达百分之几十。但值得关注的是，对信用债的投资时机不当，对发债人资质考察不周，都有可能使投资者遭受重大损失。由此可见，信用债既充满了诱惑又可能存在陷阱。

利率债主要包含国债、政策性金融债、地方政府债等风险较低的债券品种，因此其利率接近或近似等于无风险利率。国债又称国家公债，是国家以其信用为基础，按照债的一般原则，通过向社会筹集资金所形成的债权债务关系。国债是由国家发行的债券，是中央政府为筹集财政资金而发行的一种政府债券，是中央政府向投资者出具的、承诺在一定时期支付利息和到期偿还本金的债权债务凭证。由于国债的发行主体是国家，所以它具有最高的信用度，被公认为是最安全的投资工具。中国的国债专指财政部代表中央政府发行的国家公债，由国家财政信誉担保，信誉度非常高，历来有"金边债券"之称，稳健型投资者喜欢投资国债。其种类有凭证式国债、无记名（实物）国债、记账式国债三种。2020 年 6 月 15 日，财政部发布通知明确，2020 年抗疫特别国债启动发行。2020 年 9 月，富时罗素指数公司宣布，中国国债将被纳入富时世界国债指数。

政策性金融债，又称政策性银行债，是中国政策性银行（国家开发银行、中国农业发展银行、中国进出口银行）为筹集信贷资金，经国务院批准由中国人民银行用计划派购的方式，向邮政储蓄银行，以及国有商业银行、区域性商业银行、城市商业银行（城市合作银行）、农村信用社等金融机构发行的金融债券。1998年进行了发行机制改革，从1999年开始全面实行市场化招标发行金融债券，这使得政策性金融债成为中国债券市场中发行规模仅次于国债的券种。近几年，政策性金融债的创新力度很大，为推动中国债券市场建设发挥了重大作用。

地方政府债指某一国家中有财政收入的地方政府发行的债券。地方政府债一般用于交通、通信、住宅、教育、医院和污水处理系统等地方性公共设施的建设。地方政府债一般也是以当地政府的税收能力为还本付息的担保。地方发债有两种模式：第一种是地方政府直接发债；第二种是中央发行国债，再转贷给地方，也就是中央发国债之后给地方用。在某些特定情况下，地方政府债又被称为市政债券。2020年10月，中国地方政府债发行4429亿元，其中，新增债券为1899亿元，再融资债券为2530亿元。截至2020年10月底，中国地方政府债发行超过6万亿元。

信用债是指政府之外的主体发行的、约定了确定的本息偿付现金流的债券。具体包括商业银行债、企业债、公司债等。商业银行债是指依法在中国境内设立的商业银行在全国银行间债券市场发行的、按约定还本付息的有价证券。商业银行债是金融债的一种，可根据发行人的融资需求灵活设计发行期限、发行品种等。该产品的发行利率根据期限、客户评级水平、市场环境等情况的不同而不同。定价参照市场价格制定，并遵循监管机构对于发行定价的指导意见。

企业债是指境内具有法人资格的企业，依照法定程序发行、约定在一定期限内还本付息的有价证券。企业债一般是由中央政府部门所属机构、国有独资企业或国有控股企业发行，最终由国家发展改革委核准。企业债分为短期企业债、中期企业债和长期企业债。根据中国企业债的期限划分，短期企业债期限在1年以内，中期企业债期限在1年至5年，长期企业债期限在5年以上。重点企业债，是由电力、冶金、有色金属、石油、化工等行业的国家重点企业向企业、事业单位发行的债券。重点企业债的特点是，除规定的还本付息外，还把发行企业的短缺产品与认购单位的优先受益权结合起来。重点企业债的发行对象是全民和集体所有制企业、联营企业、中国境内的中外合资企业、国家机关、团体、事业单位等，不对个人发行，期限为3—5年。

公司债是股份公司为筹措资金以发行债券的方式向社会公众募集资金的债。发行公司债应由董事会决定，制定募债说明书报主管机关批准。公司债有规定的格式，应编号并在背面注明发行公司债的有关事项。公司债有记名公司债与无记名公司债、担保公司债与无担保公司债等不同类型。公司债有固定利率，其收益一般不变。债券持有人只是公司债权人，不能参与经营和决策。债券到期应偿还。在公司解散时，债券所有人就公司财产可比股东得到优先清偿。

公司债和企业债主要的区别有以下几点：首先，公司债的发债主体是股份有限公司和有限责任公司，企业债则由中央政府部门所属机构、国有独资企业或国有控股企业发行。其次，从发行主体的所有制形式上，公司债的范围比企业债相对宽泛，可以扩大到民营企业。相对而言，企业债的发行主体主要为大型国有企业。再次，公司债无强制担保要求，企业债要求必须由银行或集团进行担保。最后，公司债的最终定价由发行人和保荐人通过市场询价来确定，企业债的利率限制是要求发债利率不高于同期银行间市场利率的40%。

中国债券市场利率，根据债券品种不同，最终形成的利率会有所差别，但本质上仍是资金供需决定利率走势：利率反映的是资金的价格，是由资金的供需决定的，资金供给、融资需求共同主导了资金利率的走势。从资金供给上看，中国人民银行的基础货币投放、金融市场的广义货币需要重点关注；而融资需求又可以分为实体经济的融资需求和金融机构的融资需求。

二、发债方的信用风险

（一）中国债券违约事件的原因与类型分析

1. 中国债券违约事件的表现与特点

2006年发生的"福禧事件"是中国债券市场历史上的首起信用风险事件，由于当时恰逢短期融资券推出不久，而发行人福禧投资又是国内第一家发行短期融资券的非上市民营企业，该事件曾在当时的短券市场上引发了前所未有的信任危机。最终主承销商的代理维权成功化解偿债风险，债券得以按期兑付。事实上，在信用债市场快速发展的过程中，"福禧事件"的发生并非偶然事件，而是信用风险累积并释放的开始。随着债券市场的扩容，更多的民营企业、中小企业等发行人也获准发行债券融资，发行人整体的信用资质有所下沉。自2011年开始，信用风险事件逐步增多，2014年"11超日债"未按期付息更是打开了中国公募债券违约的先河。自此之后，个券信用及违约风险暴露速度持续加快。截至2017年4月底，债券市场共有违约债118只，其中公募债54只，私募债63只，共涉及发行主体61家，累计违约规模达到470亿元。具体来看，债券违约事件主要呈现出以下五个特征：

一是违约发行人集中于产能过剩行业，行业分布日趋分散化。在宏观经济下行周期内，强周期及产能过剩行业整体低迷导致部分企业经营能力受到不利影响，现金流持续处于紧张状态。2014年的债券违约事件最先暴露于光伏产业，之后化工、钢铁、煤炭、装备制造、纺织服装及汽车制造等强周期及产能过剩行业企业陆续出现债券违约。2014年和2015年，强周期及产能过剩行业内违约债券合计22只，约占全行业违约债券的3/4。2016年，随着违约债券的逐步增多，产能过剩行业仍是债券违约的高发区。其中以钢铁、煤炭及装备制造行业的债券违约数量最多，但违约债券中产能过剩行业的占比小幅下调，降至64%，行业分布呈现出分散化的趋势。除产能过剩行业外，其余债券违约企业所在行业分布在农业、食品加工业、医药业、物流业、批发与零售业、水力发电业、印刷业以及通信业。

二是民营企业先行违约，中央企业、国有企业刚兑陆续被打破。相比于中央企业、国有企业，民营企业经营稳定性普遍较差，外部资金支持力度不足，在面临资金紧张的状况时更容易发生债券兑付危机。2014年违约债券的发行人均为民营企业，尤其是一些资质较差、等级较低的中小民营企业发行人。2015年，违约发行人的企业性质扩大至中央企业及中央企业子公司，如保定天威集团债券到期未兑付，中国二重及其子公司二重重装被债权人申请破产重整，中钢股份持续延长回售登记期限。2016年，地方国有企业刚兑被打破，东北特殊钢集团以及川煤集团相继出现短期融资券违约，广西有色成为银行间市场上首例破产清算的地方国有企业。截至2017年4月底，债券市场上除城投公司外，各类主体刚性兑付均已被打破。

三是违约券种多元化、短期化趋势愈加明显。从违约券种来看，2014年违约事件暴露于中小企业私募债和公司债，2015年违约债券已覆盖市场上的全部债券品种，2016年资产证券化产品也出现违约。从债券期限结构来看，违约券种短期化趋势更加明显。2016年全年共有15只短期融资券、6只超短期融资券以及15只非公开定向债务融资工具（Private Placement Note，PPN）发生实质性违约，其中期限在1年（含）以内的违约债券占比超过50%。近年来随着短期债券发行规模的扩大，市场流动性风险不断增加。债务期限的缩短使得企业还本付息的频次也有所增加，这就需要企业通过快速地改善经营、加强资金周转以及资金管理来予以配合，及时提高自身偿债能力。然而从目前情况来看，由于很多企业，特别是一些负债率较高的企业为缓解偿债压力而发行短期债券，这类企业很难在短时间内有效地改善经营、提高资金周转能力，而债务期限的短期化趋势又导致从发行债券到还本付息的周期缩短，企业更加频繁地面临偿债压力，兑付风险进一步积累。与此同时企业还可能"发短用长"，导致期限错配，流动性愈加脆弱，且资金链条中某环节出现问题，就很容易导致违约事件的发生。

四是违约主体所在区域分散化，信用风险受关注。截至2017年4月底，债券市场上的61家违约主体所在区域遍布22个省份，其中江苏省共有8家违约主体，是区域内违约发行人最多的省份。2017年第一季度山东省还有多家民营企业信用风险集中暴露：先是中国宏桥与同一实际控制人名下的魏桥纺织延迟披露年报，并于港交所停牌，延迟披露年报的行为还触发中国宏桥境外7亿美元银团贷款交叉违约条款。随后，齐星集团被曝全面停产，高额债务涉及36家金融机构的70亿元信贷，担保方西王集团也在此次危机中受到不利影响。另外，山东天信集团也陷入债务危机，天信集团及其关联公司中有7家已进入破产重整。由于其关联公司均位于山东省内，且其中部分企业存在互保、联保问题，在融资环境下容易引发资金链断裂的连锁反应。尽管在所有的违约主体中偶有破产重组等严重损害投资者利益的现象发生，但整体来看，政府基于预算软约束的考量，会在违约前夕尽量扶持企业，帮助其渡过难关，从而保证投资者的利益不受损害，稳定市场情绪。

五是同一主体连环违约多发，存续债信用风险日益加剧。部分企业在发生违约后，由于经营能力和资金周转能力短时间内难以改善，外部融资环境也面临不确定性，处于存续期内的其他债券将大概率发生连环违约。2016 年发生债券违约的 33 家发行主体中，发生存续债连环违约的主体共有 12 家，涉及债券共计 41 只，涉及金额占全年违约金额的 83%。2017 年第一季度，连环违约特征愈加明显，除华盛江泉集团因回售资金不足首次发生债券违约外，其余 8 家违约发行主体均在此前已发生债券违约。连环违约发行人中有半数为国有企业或曾有国有企业背景，国有企业此前普遍存在的刚性兑付掩盖了其日益恶化的资金问题，一旦缺少外部资金支持，仅靠企业自身难以偿还债务。同时，国有企业大规模的融资需求以及相对于民营企业天然的融资优势在客观上造成了这类企业不仅单只债券的发行规模较大，违约后陆续到期的存续债也较多。东北特殊钢集团在半年左右的时间内陆续有 9 只债券发生实质性违约，之后又因破产重整导致 2 只存续债券也被动提前到期，仅一家主体涉及的违约金额就达到 74 亿元。

2. 信用风险与违约事件的原因

随着信用风险的持续暴露，导致违约事件发生的原因也更加多元化。具体来看，经济周期与行业景气度下行是违约发生的主要原因；民营企业公司治理问题以及内部重组因素引发的信用风险也正在逐步凸显；另外，还有个别主体因触发回售或交叉违约等条款发生违约。

第一，经济周期及产能过剩因素。债券市场上频繁爆发的兑付危机绝大部分是由产能过剩导致的。经济下行周期内，产能过剩行业企业经营能力普遍下降，现金流持续紧张导致债务偿付风险急剧增大。目前违约风险较高的产能过剩行业主要为新能源以及部分传统的强周期行业。光伏产业是产能过剩问题较为严重的新能源产业之一。天威英利曾经是全球领先的光伏组件生产商，其因此前在光伏领域大举扩张业务，近几年已有数家子公司陆续破产。而目前风险较高的传统产能过剩行业主要为能源类以及制造业等强周期行业。

第二，公司治理结构问题及内部战略重组因素。部分企业出现了严重的治理结构漏洞，其对企业的正常经营造成了不利影响，并进一步限制了公司的外部融资能力。山东山水水泥便是公司治理结构漏洞的典型，此前的股权变动触发了巨额债务提前到期，发行人母公司现金流压力迅速增加，加之股东控制权纠纷造成其经营能力和融资环境进一步恶化，导致多只债券发生连环违约。与之类似的还有珠海中富实业股份有限公司，因实际控制人发生变更导致银团不新增贷款、不释放抵押物，使得公司资金流动性迅速恶化。另外，"ST 湘鄂债"的发行人中科云网因盲目将业务逐步转向大数据等领域而使得财务状况进一步恶化；雨润食品在实际控制人被监视居住后，其资金链一度处于高度紧张状态。结合这几起信用事件可以看出，企业管理层内部决策以及治理结构对其偿债能力的影响不容忽视，且企业在管理上做出不理性的战略决策，或者出现严重的治理结构漏洞，不但会对企业的正常经营造成不利影响，还可能导致外部融资环境的迅速恶化。

第三，低偿债意愿引发的信用风险。在政策面力推国有企业结构性改革的背景下，国有企业清退落后产能的进程加快，在企业内部资源重新整合的过程中就不可避免地会选择性地放弃对部分债务的兜底。国内首只违约国企债券的发行人保定天威集团在违约事件发生前曾向其母公司中国兵器装备集团请求援助，而后者作为实力较强的大型中央企业集团，并未对保定天威集团的债务采取救助措施，从中可以看出中国兵器装备集团已经在战略上放弃了经营困难、财务恶化的保定天威集团。

第四，触发回售或交叉违约等投资者保护条款。除以上三类导致债券实质性违约的因素外，债券还可能由于个别发行人因贷款逾期等原因触发募集说明书中的提前回售条款或交叉违约条款而实质性违约。云峰集团因资产负债率超过85%而触发提前回售条款；武汉国裕物流产业集团有限公司因贷款逾期触发交叉违约；大连机床集团有限责任公司分别因银行汇票发生垫款以及债券违约多次触发了两只超短期融资券交叉违约，且豁免期内未及时采取承诺的救济措施最终导致交叉违约。

以上四类因素并非相互独立的，债券违约事件的发生还可能由多个因素共同导致。保定天威集团的违约固然很大程度上是由于中国兵器装备集团在权衡利弊的基础上放弃援助，但新能源产业的持续亏损也正是母公司在战略上选择放弃的重要原因。另外，山东山水水泥集团违约也是由公司治理漏洞和水泥行业景气度下降叠加所致。总之，随着违约及信用风险事件的增多，影响个券兑付风险的因素也愈加复杂化。

（二）中国债券市场不同类型发行人的风险分析

1. 地方政府债务风险分析

地方政府的债务风险由两大方面决定：其一，地方政府内在的、个体的经济实力；其二，当该层级地方政府出现财政困难或危机时，获得第三方信用支持的可能性。综合来看，主要考虑地方经济、财政实力、偿债能力、体制环境和外部支持五个因素。

地方经济主要体现在资源禀赋及发展条件、经济规模及结构、经济增长弹性三个方面。资源禀赋及发展条件是地方经济社会发展的重要前提，一个地区的经济除受宏观经济环境等外部因素影响外，内部的资源禀赋及其触发的条件也十分重要。中国的地方政府，面临着基本相似的宏观环境，但各地区的资源禀赋和市场意识有明显的差异，从而导致经济和社会发展程度的不同。经济规模及结构构成了一个地区的经济基础，是决定地方财政实力的主要因素，反映了地方政府获取税源或收入的程度和潜力。中国各地经济发展速度、结构和程度差异很大，一般来说经济较为发达的地区，政府财政实力较强，偿债保障程度相对较高。除考虑经济总量和结构外，还考察其增长弹性，包括当地国内生产总值（Gross Domestic Product，GDP）增速、支柱产业发展潜力以及资源利用的可持续性等。

财政实力是综合判断地方政府信用水平和偿债能力的基础和依据。预算分为公共预算、政府性基金预算、国有资本经营预算、社会保障预算，相应的地方政府收入也包括上述几个方面。现阶段公共财政预算和政府性基金预算已形成相对完善的体系，国有资本经营预算尚未完全铺开，社会保障收入相对独立，对地方政府信用水平影响大的主要是公共财政预算和政府性基金预算。考虑的角度主要包括规模、结构、稳定性、财政平衡率以及财政灵活度。

偿债能力是反映地方政府财政状况和运转效率的重要标志，体现出其偿还到期债务的能力或保障程度。地方政府的负债水平和负债结构直接决定了其信用风险的大小。对地方债务的评估，要综合考虑债务规模、债务负担以及流动性。其中政府性债务规模包含政府负有偿还责任的债务、政府负有担保责任的债务及政府可能承担一定救助责任的债务。债务负担主要体现为负债率和债务率两个指标：前者是年末债务余额与当年 GDP 的比率，衡量的是经济整体对政府债务的承受能力；后者是年末债务余额与当年综合财力的比率，衡量的是债务相对规模的大小。而流动性主要考察地方政府当年可支配财力及可动用的资产对当期债务以及当期利息的保障程度。

体制环境因素主要包含四个方面：地方政府财政级次、地方金融发展水平、地方政府治理水平、地方的体制和政策。从预算级次来看，级次越高的地方，财政的集中度和控制力越强，对省级政府和省级以下政府要分别考量。金融是现代经济发展的核心，地方政府所在地区的金融发展程度、融资结构和便利程度，以及地方政府在必要时期的融资能力都关系到其信用质量。在治理水平上，行政效率高、财政透明度高、法治化程度高的"三高"地方政府，对控制信用风险有利。除以上因素之外，部分地方政府会享受特殊行业政策、地区发展政策等，也对地方政府信用质量有一定的影响。

外部支持是指在中国的行政体制下，上级政府会不同程度地在政策、财力和物力等方面对下属地方政府给予支持。同时，当下属地方政府出现违约风险时，上级政府会采取一定的措施来对此进行干预。下属地方政府获取上级政府支持主要表现在三个方面：重要程度、支持能力、支持意愿。

2. 融资平台公司信用风险分析

融资平台公司的信用水平受两大因素影响：一是平台公司所属地方政府的基础信用；二是平台公司自身的信用。

地方政府信用衡量的是平台公司所属地方政府偿还所负担债务的能力和意愿。鉴于平台公司自身的功能、定位、业务类别以及与地方政府的关系，地方政府信用构成了平台公司信用的基础。平台公司所处地方政府的基础信用可以从地方经济、财政实力、偿债能力、体制环境和外部支持五个方面来考察。

平台公司自身的信用，主要有三个考量因素：财务表现、重要性和公司治理。

财务表现是从一般企业的角度来考察平台公司的资本结构、盈利能力、偿债能力以及现金流等指标；重要性则是从平台公司与地方政府的关联度和支持度的角度来判断平台公司在偿债出现困难或危机时，从地方政府获取相应支持的可能性、支持程度，以及平台公司违约与地方政府信用违约的关联概率；公司治理主要考察平台运营管理的规范性、合规性。与一般的企业类似，平台公司在会计上有完整的资产负债表、利润表和现金流量表，采用权责发生制的核算方法。因此，平台公司具备财务分析的基础。需要考量的指标包括总资产、总资本化比率、总债务/税息折旧及摊销前利润、再融资能力、资产质量和流动性。其中，平台公司的再融资能力取决于平台公司与银行等金融机构的关系，以及平台公司发行债券的便利程度等方面，比如授信额度、银行的流动性支持、以往发行债券情况等。对于平台公司资产质量来说，部分资产可能是准公益性的或盈利能力不强的，比如公用事业类资产或基础设施类的在建工程，另外，土地价值受市场状况的影响，变现存在一定的不确定性。资产质量和流动性主要表现在经营性资产的比重及盈利能力、土地及优质国有股权的变现能力和增值程度等方面。

平台公司对地方政府的重要性主要考量的是平台公司与其背后的地方政府的关系和地方政府对平台公司的支持程度。实践中主要选取收入依赖性和平台地位两个方面来考量。通常情况下，如果平台公司收入的绝大部分均来自地方政府时，一旦地方政府出现违约，该平台公司随后也出现违约的可能性就很大。例如，政府采取建设–经营–转让（Build-Operate-Transfer，BOT）或建设–转让（Build-Transfer，BT）方式运营的项目，平台公司往往以政府定期支付的回购资金作为偿还债务的主要来源。如果地方政府出现违约，资金未能如期到位，平台公司也很可能出现违约，这种情况下，两者违约的相关性很高。而对于收入来源对地方政府依赖度较低的企业，如果地方政府出现违约，对其现金流不形成重大影响，则两者违约的相关性较低。平台公司的地位往往是决定其获得地方政府支持力度大小的一个重要因素。一般而言，如果一个地区的地方政府成立了多家平台公司，这些平台公司分别执行不同的业务或业务重叠，那么平台公司在地方政府中的地位和排序是分析其信用水平时考量的重要因素。

良好的公司治理结构有助于提升企业经营决策的科学性及合理性，同样有助于企业管理政策的执行和经营目标的实现。而治理结构的不完善可能会使经营决策的制定和执行缺乏科学性、规范性以及有效性，进而增加经营风险。同时，反映公司治理水平的战略规划合理性、财务报告质量和关联交易等情况也是分析企业信用水平时应重点考虑的风险因素。平台公司的公司治理水平一定程度上反映了平台公司运营管理的规范性、合规性，主要从管控能力和信息披露来考量。平台公司的管控能力主要从财务战略和运营等方面来考量，体现在其对子公司的管理控制能力、自身运营的独立性和有效性、财务和资金的独立性和规范性等方面。管控能力是平台公司治理能力的重要表现。平台具有较强的管控能力，意味着自身风险把控得当，公司治理程度较好。信息披露主要是指平台以募集说明书、公告以及定期财务报告和临时报告等形式，把公司及与公司相关的信息，向投资者和社会公众公开披露的行为。平台公司的信息披露的质量、及时性和有效性十分重要。信息披露较为完备的平台，意味着其公司治理较为规范。分析财务报表的质量，包括对报表的真实性、审计机构的资质、会计政策及会计估计调整的合理性等方面的判断。另外，关联交易情况主要关注关联交易的规模和定价方式等。

3. 一般企业信用风险分析

对企业信用风险影响因素的分析包括外部影响因素分析和内部影响因素分析两个部分。

外部影响因素是指影响公司经营的外部条件，包括所在国家及行业的发展趋势。

在信用评级过程中,对这一因素进行分析时,一方面要考虑国家的趋势,另一方面要考虑公司所在行业的发展趋势。对跨行业经营的公司进行这一因素的分析时,应该分别分析其各个专业部门所在行业的趋势。而对从事跨国经营或市场遍布全球的公司进行信用评级时,应对其分公司或子公司所在国家的趋势进行认真分析。对行业和国家的趋势这一因素的具体分析,一般应从以下几个方面予以考虑:宏观(区域)风险测评以及行业风险测评,后者包括行业政策、行业发展与生命周期、行业竞争环境等。

内部影响因素主要包括以下九个方面:

(1) 竞争地位。一是分析产品的主要竞争焦点;二是分析公司在竞争中的优势和劣势、产品的市场竞争力及市场占有率;三是对市场的分布区域、主要客户的依赖度和风险进行分析。对于公司的竞争力,还可以参考一些技术经济指标进行有关分析,如单位能耗、管理费用率、设备完好率、能力利用率、安全达标率等。

(2) 战略与管理。在战略方面,主要考察发行人的战略定位、战略规划与战略部署以及战略实施的可能性,其中重点关注配合发行人战略的资本支出规划。在管理方面,应从公司的组织机构设置是否完备、管理职责是否明确、规章制度是否健全、内部制约是否得力、人事管理是否有效、激励措施是否得当等角度,对公司的整体管理进行全面考察。

(3) 运营模式。主要考察发行人主要业务板块的采购、生产和销售等方面的运营模式。包括是否能够在保证质量可靠的前提下,从适当的供应厂商,以适当的价格,适时购入必需数量的物品或服务;是否能够充分动员和组织企业全体人员,在保证产品质量的前提下,对企业生产经营过程的各个环节进行科学合理的管理,力求以最少的生产耗费取得最大的生产成果;是否能够通过计划、执行及控制企业的销售活动,以达到企业的销售目标。

(4) 规模与分散化。规模主要从收入、资产和利润等方面考察,公司规模的大小在一定意义上反映了公司抵御风险能力的强弱。分散化则主要从风险分布的角度考虑,业务多元化、地域分布多元化、生产多元化及产品多元化等方面均是重点考虑的因素。

(5) 会计政策。主要包括会计政策变更、对各期会计信息真实性和可比性的影响、信息的披露程度以及审计意见,同时关注发行人对下属子公司的财务和资金管理能力。包括合并报表、收入确认、折旧、库存估值、准备计提、摊销和表外负债的处理等是否符合相关规定及近三年会计政策变化趋势;如已采用新的会计准则,应分析由核算基础发生变化而导致经营成果、合并报表的变化以及对财务指标比率的影响;根据一般会计政策,对特定会计政策下财务数据的失真程度进行评估。

(6) 盈利能力。主要从收入、盈利能力、收入质量三方面进行分析。

一是收入分析。对公司收入和盈利的分析,一方面要关注收入和利润的增长变动情况,另一方面要考察收入和利润的来源。评级人员应对销售收入的总量、构成、稳定性及变化趋势进行考察和分析。公司投资收益的来源和稳定性能够反映出公司投资决策水平的高低，投资项目获利能力的强弱。在各项收入状况明了的情况下，评级人员应对各项业务的成本、费用支出情况加以考察和分析，其重点是考察收入与成本、费用是否匹配，成本、费用变动趋势及支出的原则，并由此分析和判断公司的盈利水平的可靠性和盈利结构的合理性。

二是盈利能力分析。在公司财务紧张的情况下，对公司是否具有获得外部资金的能力的评价，成为信用分析的主要参考依据。盈利能力的强弱反映了公司通过持续的经营活动获取现金的能力，它可以从两个方面加以分析：一是收益增长的变化趋势；二是成本费用的约束程度。衡量公司的盈利能力的指标主要包括销售利润率、总资产盈利率、净资产收益率、总资本盈利率等。

三是收入质量分析。对公司现金流量的分析是评级机构工作的重点所在，因为现金流量是清偿债务的基础，而公司从未来收益中获取的现金，以及股票资产等流动性较强的现金来源可作为偿债的手段。

衡量公司收入质量的主要指标为现金收入比率，公式如下：

$$现金收入比率 = 销售商品、提供劳务收到的现金 / 主营业务收入 \times 100\%$$

此外，对公司财务状况变化趋势的分析和未来预测的判断也十分重要。以往的发展轨迹，对公司未来趋势的判断有着较大的作用，而对未来一个时期公司可能出现情况的把握，是评级机构工作的重点所在。

（7）资本结构。主要是对公司资金来源结构的考察和分析，主要包括资金来源的构成、来源的稳定性、资金成本高低、债务的期限结构等。具体包含：主要科目的调查与分析，或有负债、重大诉讼等的调查与分析，所有者权益以及对债务资本化比率、资产负债率等指标的分析。

（8）财务实力。主要考察发行人的税息折旧及摊销前利润及各种现金流指标对总债务、利息支出的覆盖程度，这些指标是考察发行人未来偿债能力并评价其信用质量的关键因素。反映公司偿债能力的指标有很多种，常用的反映公司偿债能力的指标包括以下几个：流动比率、速动比率、利息保护倍数、债务保护倍数、筹资活动前现金流量净额、到期债务偿还倍数、经营活动产生的现金流量净额与总债务比值等。

（9）流动性。主要考察发行人未来12个月内现金来源对现金支出的覆盖程度。这里的现金来源包括发行人自身经营活动产生的现金流入，投资活动带来的现金流入，银行授信、权益融资及计划内的资产处置。另外，发行人的资产质量、资产变现能力以及应付其他突发事件的经验与能力等因素也是考察流动性时的分析要点。

4. 中小企业信用风险分析

中小企业的信用水平主要受四个方面的因素影响：企业所属行业特性、企业的规模及资本实力、企业自身营运能力以及企业的财务政策和财务实力。除此以外，公司治理和外部支持也对中小企业的信用水平有一定程度的影响。

一是行业特性。行业特性是影响中小企业信用状况的重要因素之一。一个企业所处行业的经济运行状况、竞争程度和格局、在国民经济中的地位、未来发展趋势以及行业政策等因素都会对企业的经营和发展产生影响。如果一个行业波动性较大、竞争非常激烈，那么行业内规模较小、业务品种较单一的中小企业就面临着更大的经营压力和风险。

行业波动性和竞争程度是反映行业特性的重要指标。由于中小企业规模小，对外部经营环境的变化更敏感，因此，如果中小企业所处的行业波动性较大、竞争程度较高，且市场需求弹性较大，那么企业经营面临的挑战和风险也较大。上下游客户的稳定性影响着中小企业经营的稳定性。稳定的上下游客户关系保证了中小企业正常的生产和经营，长期的市场深耕细作和客户关系的积累也有助于增强企业的经营稳定性。此外，如果中小企业上下游行业市场化程度较高，那么中小企业对上下游的议价能力就相对较强，这在一定程度上也增强了中小企业的盈利能力。

二是规模及资本实力。中小企业的规模及资本实力是反映中小企业信用风险大小最直接的指标。企业的规模和资本实力既是其竞争地位和发展稳定性的具体体现，也反映了其在经营低谷期抵御风险的能力。规模越大、资本实力越强的企业发展越稳定，抗风险能力越强。

营业总收入是用来考察中小企业经营规模的指标。企业的营业总收入规模越大，竞争实力就越强。

所有者权益是衡量企业资本规模和实力的一个重要指标。企业所有者权益规模越大，企业对债权人的保障能力就越强，偿还债务的能力也就越强。

三是营运能力。营运能力是中小企业经营模式、产品结构、成本控制能力的综合反映，而这些均是信用品质的重要因素。营运能力较强的企业能够更好地从内部积累资本，具有较强的能力来吸引外部资金，并且在行业低谷期能够保持相对有利的竞争地位，也利于保持相对稳定的信用品质。总资产收益率（Return on Total Assets，ROTA），等于息税前利润除以总资产平均余额，是反映一个企业营运能力的基本指标。一般而言，ROTA 越高的企业，其信用水平通常也越高。利润率等于息税前利润除以营业总收入（主营业务收入），主要衡量一个企业的盈利能力。与净利润相比，息税前利润剔除了不同企业之间资本结构和所得税政策的差异，因此更具可比性。拥有较高利润率的企业通常有更好的信用质量。

四是财务政策及财务实力。财务政策和财务实力是评价中小企业信用风险时考虑的重要因素。一方面，它可以反映管理层的财务政策；另一方面，它能够反映企业在周期性谷底时渡过难关的能力。同时，对中国融资渠道有限的中小企业来说，保持较低负债水平和较高偿债能力将在未来发展中具有更大的融资空间以及保证流动性，从而有利于其长期发展。

除上述主要因素之外，公司治理和外部支持也从一定程度上影响中小企业的信用水平。由于大多数中小企业缺乏现代企业管理和财务制度，因此在对其进行信用风险分析时要专门分析其公司治理状况。在考察中小企业公司治理时，要关注法人治理结构、内部控制、管理层专业背景等方面的情况，评价其财务报告质量，并重点分析股权关系、关联方关系及交易、资金管理、对外担保等容易产生风险的关键环节。通常情况下，公司治理能力较强的企业信用质量更好。

中小企业获得的外部支持主要来自股东和银行，优质的中小企业通常也会获得当地政府的支持。股东支持方面，可以从股东的发展战略、公司业务在股东所有业务中的地位、股东实力等方面来评价股东对中小企业的支持意愿和能力。同时，银行等金融机构与企业的合作通常也能够为企业提供一定的外部支持，主要体现在企业流动资金和项目资金的融资方面。良好的银企合作关系能够为企业的融资提供很大便利，也有利于企业使用较低的成本获得所需资金。通过企业获得的银行授信金额及种类、与企业合作的金融机构数量及规模等方面的情况可以分析企业获得金融机构外部支持的力度。通常情况下，获得外部支持越多、支持力度越大的企业，其信用水平越好。

（三）处置突发事件，化解市场风险

在此，我们以某民营企业发生突发事件并出现违约风险为例进行分析。2006年，某民营企业B控股有限公司（以下简称B公司）备案发行了短期融资券。债券发行4个月后，经有关主管部门调查发现，2002—2005年B公司及其股东F投资有限公司（以下简称F公司）违规拆借巨额公共资金，董事长及主要高管人员涉嫌违法犯罪行为。为保全其违规拆借的公共资金，法院冻结了B公司所属资产，公司生产经营陷入停滞，相关短期融资券立即面临严重的违约风险。其后几个月，投资者、主承销商、评级机构和相关主管部门开展了一场紧锣密鼓的应急处置行动，在此过程中反映出市场制度建设、市场成员责任意识等方面的一系列问题，并在以后的市场发展中受到重视，直接或间接地推动了债务融资工具市场的制度完善和市场化理念的进步。从这个意义上来说，B公司短期融资违约风险事件对中国初生的企业信用债券市场来说是一场深刻的洗礼。

1. B公司短期融资券发行及交易流通情况

B公司成立于2002年2月7日，截至2004年12月，公司股东为以张xx为主的三个自然人和F公司，其中张xx持股比例为60%，是B公司的实际控制人。B公司核心业务为高速公路、金融保险、电气装备制造投资。截至2006年6月底，B公司总资产为130.22亿元，负债为70.4亿元，净资产为59.82亿元。

2006年1月，B公司发行"06B公司CP01"债券，金额为10亿元，由H银行主承销，C评级公司评级，评级结果为A-1级。"06B公司CP01"采用贴现方式发行，募集资金9.65亿元。其中3.6亿元用于投资D发展公司、E公路公司，其余资金以搭桥贷款方式存在B公司的银行账户中。

2. 深陷资金拆借案导致资产冻结

2006年7月，有关部门对某市资金挪用案进行调查，发现2002—2005年B公司向该市有关部门违规拆借公共资金达3亿元。7月23日，B公司向市场公告其董事长张

xx 正协助有关部门进行调查。相关消息一经流出，立即在债务融资工具市场引起轩然大波，关于"06B 公司 CP01"可能违约的舆论迅速蔓延。

2006 年 8 月，该市第一中级人民法院应该市企业年金管理部门诉前保全申请，冻结 B 公司持有的 D 发展公司股权、E 公路公司股权、该市电气集团股份有限公司股权、B 公司现代工业园区等资产，以保全 B 公司违规拆借的资金足额偿还。8 月 21 日，该市第一中级人民法院正式受理企业年金管理部门与 B 公司委托合同纠纷和借款合同纠纷案。该市企业年金管理部门系该市劳动和社会保障局下属事业单位，负责管理运营该市企业年金。2002—2005 年，该市企业年金管理部门通过《资金运营协议》和《委托贷款协议》共计向张 xx 控制的 F 公司贷款 34.5 亿元，前述贷款由 B 公司提供连带责任担保。根据起诉书，该市企业年金管理部门要求 B 公司就 F 公司的 34.5 亿元债务承担连带偿还责任和抵押担保责任。

2006 年 9 月，B 公司发布公告，其董事长张 xx 因涉嫌违法违规被司法机关拘捕。同时 B 公司接连发布公告，称公司由于接受有关部门的刑事调查，无法按时编制和披露 2006 年三季度和年度财务报表相关信息，明确表明公司正常生产经营活动已经停止。至此，B 公司面临巨额挪用资金的偿还责任，再加上其主要负责人涉嫌严重违法违规行为，接下来的破产清算前景已十分明显，"06B 公司 CP01"违约在即。

3. 投资者恐慌情绪蔓延

伴随着新闻舆论对 B 公司涉嫌违法违规和可能出现违约风险相关情况的报道，投资者群体中悲观情绪迅速蔓延。2006 年 7 月 23 日，信用评级公司对 B 公司实施跟踪评级程序相关公告发布后，"06B 公司 CP01"交易价格出现下跌，受其影响，一些机构开始在二级市场抛售有民营企业背景的短期融资券。

2006 年 7 月中旬，"06B 公司 CP01"的二级市场收益率达到 3.81%，为 4 个多月以来最高。7 月底，C 评级公司突然宣布撤销"06B 公司 CP01"的 A－1 信用等级，此举造成投资者情绪受到巨大震动，直接引起多家机构开始抛售"06B 公司 CP01"，B 公司短期融资券收益率由上一交易日的 3.82% 跃至 4.21%，一日上升 40 个基点。此后尽管 B 公司短期融资券持有者的卖出报价没有中断过，且收益率基本上处在 3.8% 至 5% 之间，但由于投资者对其信用风险的担忧，市场上再也没有出现过成交记录。直至 2006 年 9 月，"06B 公司 CP01"完成了两笔交易。其中一笔成交单价为 98 元，成交金额为 2100 万元；另一笔成交金额同样为 2100 万元，但成交单价竟低至 60 元，年化收益率高达 138%。此后出于对该债券的违约预期，市场再次呈现有价无市的状态。此外，2006 年的中国企业信用债券市场正处于起步阶段，投资者市场意识和风险意识尚不成熟，在 B 公司信用风险显现后，部分投资者受到恐慌情绪影响，不但未积极采取措施授权主承销商开展代理维权工作，反而不顾投资者独立进行投资价值判断并自行承担投资风险的市场原则，向主承销商施压要求主承销商代偿，这种行为给 B 公司事件按市场化原则解决带来了不应有的阻力。

4. 各方联动保障投资者权益

上述事件发生后,通过中介机构及媒体舆情反映,当时负责监管短期融资券市场的有关部门立即组织启动了 B 公司短期融资券应急保障工作,包括实时监测"06B 公司 CP01"二级市场价格变化和交易情况,防止价格剧烈波动以及市场恐慌抛售引发系统性风险;与该市政府建立工作联系,掌握案件调查进展对 B 公司偿债能力的影响;先后 8 次召集主承销商、评级机构等中介机构会商应急措施,建立信息沟通机制,取得了应急工作上的主动权。

在信息披露方面,B 公司在主承销商的督导下,按照《短期融资券管理办法》《短期融资券信息披露规程》的相关信息披露要求,对公司高管接受公安机关调查(7 月)、重大财产被司法冻结(8 月)、涉及重大诉讼(8 月)和董事长被逮捕(10 月)等重大事项均及时予以披露,对由于公司无法正常经营不能按期披露三、四季度财务报表的情况也分别提前发布公告向市场说明。

主承销商 H 银行在 B 公司短期融资券风险显现后,迅速成立应急工作组,通过信息披露督导、协调其他中介机构、担任维权代理人等多种方式履行主承销商职责,一是密切关注事件进展,在重大进展时间点及时督导企业披露信息;二是协调促进评级公司提高跟踪评级频率以提示市场潜在风险;三是主动发布主承销商履责情况公告,向投资者通报发行人运营状况及主承销商为应对信用风险所采取的措施。

C 评级公司在获悉 B 公司董事长张 xx 因涉及相关案件接受公安机关调查后,及时联系发行人核实相关情况,启动跟踪评级程序,与主承销商进行沟通事件进展,在事件发生初期采取了恰当的行动。然而,当发行人董事长张 xx 正在接受调查、事件本身尚未明朗之时,C 评级公司突然宣称撤销"06B 公司 CP01"的 A-1 评级,随后在督导下重新出具评级意见,又将评级调整至垃圾级,直接引发部分投资者恐慌并抛售债券,对风险处置造成了负面影响。

5. 主承代理维权推动最终成功兑付

根据《短期融资券管理办法》,在发行人不履行债务时,主承销商有义务代投资者进行追偿。尽管 B 公司尚未构成实际违约,但由于其被诉承担巨额连带担保责任,且面临严重的法律风险,违约概率极大,为避免信用风险事件恶化为实际违约,H 银行以负责任的态度积极开展代理维权工作。

B 公司于 2006 年 8 月披露其受到起诉的事实。同月,H 银行在中国货币网和中国债券信息网上发布《关于召开 B 公司控股有限公司短期融资券持有人会议的公告》,通知 B 公司短期融资券持有人将于 8 月下旬召开持有人会议。8 月下旬,持有人会议如期召开,发行人代表向投资者介绍了公司经营情况和短期融资券募集资金使用情况,H 银行向投资者介绍了督导发行人披露信息、加强发行人账户监管和制订应急预案等工作,会议还决定成立"B 公司短期融资券债权人委员会"作为全体持有人利益的代表机构,并委托 H 银行担任维权代理人,代理投资者开展债权维护工作。9 月上旬,"B 公司短期融资券债权人委员会"第一次会议召开,会议通过《B 公司融资券债权人委员会章程及议事规程》《专项委托协议书》等文件,"B公司短期融资券债权人委员会"(以下简称"委员会")正式成立。

H银行作为维权代理人,于2006年10月至2007年2月期间,先后组织召开了四次债权人会议,及时向委员会成员通报维权工作进展,澄清市场有关传言。与此同时,H银行同中国人民银行、该市市政府、发行人、投资者积极协商,按照市场化原则制订了"以股权变现偿债"的偿债保障方案。

2007年2月,经过前期系列工作的铺垫,张xx全权委托其妻按照"以股权变现偿债"方案处理"06B公司CP01"兑付事宜。根据方案,通过处置B公司持有的某市高速公路有限公司股权以及四项保险公司股权,为"06B公司CP01"提供偿付资金。为确保按时足额偿付,H银行代表短期融资券持有人首先以诉前保全方式查封了上述资产,随即与B公司进行多轮谈判,就处置时间节点、处置方式、处置原则、处置资金划付等方面的事项签订协议书。同时,积极与意向购买方沟通协调,力促交易达成,并配合购买方做好股权解冻、质押等有关手续。通过上述工作,股权资产快速变现,基本上为短期融资券偿付筹集了足额资金,有效保护了投资者权益。

2007年3月,B公司发布《关于B公司短期融资券到期兑付的公告》,表示"06B公司CP01"已按期完成兑付。

6. B公司事件风险成因分析

B公司事件发生后,相关各方的积极应对、妥善处置共同促成了B公司短期融资券偿付风险按市场化方式顺利化解。在应对处置风险的同时,深入剖析B公司事件风险形成路径,将有助于更好地把握市场风险因素,推动市场防范化解风险的制度建设和环境培育。B公司事件发生的主要原因包括以下三个方面:

一是发行人违规资本运作酿成信用风险。B公司的核心业务是高速公路的投资、建设、运营和管理,并在金融保险及装备制造行业进行策略性投资。在相关案件发生之前,根据公司公开披露的信息,公司投资形成的资产质量优良,经营状况和偿债能力未见异常。然而在背后,公司控制人张xx却通过B公司控股股东F公司违规拆借该市企业年金管理部门运营管理的资金,并由B公司为贷款提供连带担保,且在"06B公司CP01"相关披露文件中故意隐瞒了这一巨额或有负债,影响了市场合理判断B公司的信用状况,这是导致其后信用危机的最主要原因。

二是不当评级操作放大风险效应。在相关案件发生、董事长张xx被带走协助调查的情况下,"06B公司CP01"二级市场收益率有所上升,但由于发行人资产质量良好,市场认为如果案件处理及时,企业尽快进行财务重组,那么B公司短期融资券偿付问题不大,因此收益率在上升后基本维持稳定,市场交易基本正常。但此时,C评级公司突然发布公告宣称撤销"06B公司CP01" A-1评级,随后在督导下重新出具评级意见,又将评级调整至垃圾级,引发了市场恐慌情绪,促使部分投资者抛售,"06B公司CP01"次日收益率暴涨40个基点,严重影响了市场稳定。

三是投资者市场风险意识有待提高。B公司信用风险显现后,部分B公司短期融资券持有人不能保持理性,向主承销商施压要求主承销商代偿,严重违反了市场运行的基本准则,扰乱了市场正常的运行秩序,给 B 公司事件按市场化原则解决带来了不应有的阻力。这种在出现风险时寄希望于主承销商"兜底"的行为,体现出投资者市场风险意识不足,理性、成熟的投资理念仍需培育。

7. B 公司事件对银行间债券市场发展的启示

B 公司事件是短期融资券在债务融资工具市场推出后第一次真正经历信用风险考验的事件。尽管 B 公司事件发生时,短期融资券采用备案审核制,与当前债务融资工具注册制有所不同,但注册制脱胎于备案审核制,延续了市场化发展的理念。因此以 B 公司事件为契机,深入总结其应急管理经验,对在注册制下推动债务融资工具市场制度完善、功能提升具有很大的借鉴意义。

首先应坚持市场化发展方向。在 B 公司事件中,相关主管部门作为监管者秉持"政府不埋单、主承不垫资"的风险处置原则,督导主承销商履行代理维权职责,协调有关部门营造良好外部环境,最终投资者和主承销商通过市场手段促成 B 公司通过股权变现偿债,证明了坚持市场化理念是发展市场的正确方向。风险与收益并存是市场的固有特征。市场管理的重点在于完善市场化风险分散分担机制,市场监管者集中精力于系统性风险防控,由市场依照市场化原则自发消纳个体性风险。按照市场化风险处置理念,发行人应履行披露义务,充分披露风险因素;中介机构应尽职履责,发挥风险揭示作用;投资者应独立进行决策,自行承担相应风险;市场监管者更要解放思想,理性应对,容忍市场存在一定程度的风险。

其次应提高对信息披露制度建设的重视程度。B 公司事件的直接原因之一是 B 公司短期融资券募集说明书中对 F 公司拆借资金所承担的巨额连带责任担保未履行披露义务,存在严重的故意欺诈行为。因此,在风险事件出现后,监管部门、主承销商高度重视信息披露,要求发行人严格按照真实、准确、完整、及时的原则披露事件进展等重要信息,使投资者能够充分了解事件进展并理性判断债务融资工具的风险变化,在很大程度上缓解了市场的恐慌情绪,有助于保障投资者权益和维护市场秩序。B 公司事件鲜明地反映了信息披露在风险防范化解中的重要作用。微观层面,只有发行人充分披露信息,投资者"用脚投票"的市场约束机制才能得以实现,促使不同风险的金融产品匹配不同的收益;宏观层面,发行人群体披露信息能够提升市场信息质量,增加市场透明度,使风险得到必要和及时的揭示,引导金融资源有效配置,避免发生系统性风险。

再次应提升评级行业公信力。评级机构是债务资本市场重要的中介机构。评级的主要功能是风险预警,衍生功能为作为债券定价的标准,对投资者交易决策有重要影响。在 B 公司事件中,C 评级公司一度给予"06B 公司 CP01"极高评级 A−1 级,在风险发生后贸然撤销评级,在督导后又突然大幅降级,不但未能给予市场准确的风险提示信息,反而加剧了市场的担忧情绪,引发部分投资者抛售债券,严重损害了评级行业公信力和市场的正常秩序。C 评级公司的行为警示我们在今后的债券市场发展中,应大力推动实力雄厚、运作规范、公信力高的评级机构的构建，为市场提供客观、准确的评级信息，充分发挥评级的风险预警作用，引导投资者理性决策。

从次应完善市场风险分散分担机制，引导风险合理配置。B公司事件对债务投资工具市场参与者进行了一次深刻的洗礼，使参与各方充分认识到金融市场风险与收益并存的基本规律。同时，参与各方还应该认识到，有效的金融市场并非没有风险，而是能够依照市场化原则，通过有效的制度设计和产品创新，实现风险的有效分担和有序处置。完善债务融资工具市场的风险分担机制，要做好两方面的工作：一方面是通过引入风险偏好型投资者，引导风险流向有能力、有意愿承担风险的投资者群体，实现风险合理配置；另一方面，通过开发风险管理工具、发展信用增级机构，完善市场风险分散分担机制，为投资者提供更多的风险管理工具和风险控制机制，提升市场风险承受能力和风险管理能力。

最后应建立健全后续管理和应急处置制度。B公司兑付风险的顺利化解，主承销商的后续督导和应急协调工作发挥了重要的作用。B公司事件反映出主承销商处于连接发行人和投资者、中介机构和监管部门的枢纽位置，具备天然的信息优势，且为了维护自身声誉有做好后续督导和应急管理的主观意愿，同时具备成熟的操作经验、人力资源、监控系统等硬件条件，能够较好地协调各方履行后续管理和应急处置职能，因此从主客观来说，在今后的市场发展中还应继续坚持以主承销商为后续管理和应急处置的主体。但同时，B公司事件发生时，债务融资工具市场尚没有统一规范的后续管理制度和应急处置制度，H银行的应急管理工作实质上是特殊情形下的特殊处理，不具备市场统一适用性。应从B公司事件中看出，建立健全债务融资工具市场统一的主承销商后续管理制度和应急事件处置制度应成为下一步市场基础制度建设的重要内容，以形成制度化的后续管理和应急管理体系，促进市场规范发展。

总之，本节着重强调了债券市场上的两大必不可少的因素：利率与风险。首先，通过介绍官方基准利率、货币市场基准利率和债券市场利率各自的种类、特点，阐明三者之间的密切联系，进而分析中国债券市场上的利率传导机制，这是尤为重要的。其次，通过引入具体违约案例，详细说明了在考察发行方的信用风险时，应具体关注其外部因素（所处行业的波动情况、国家政策扶持等）和内部因素（主要通过财务指标来衡量），从而衡量其发行的债券是否具有投资价值。最后，针对越来越多的违约事件，本节也给出了具体的解决方法，希冀能对中国债券市场的发展提供有益的参考。

本章小结

1. 就中国债券市场的总体而言，无论是从发行情况、存量情况还是交易情况来看，都呈现一种逐年上涨的趋势。

2. 近年来，债券市场相关制度继续完善，保证了市场的稳健有序运行。

3. 面对外资冲击以及内部条件的双重制约，为把中国债券市场做大做强，还须砥砺前行。

4. 中国的利率债市场，依然以国债和政策性金融债券为主，其他形式利率债为辅。

5. 在信用债市场上，企业债、公司债及中期票据等则作为主要工具，为助力中国金融发展，解决中国企业融资问题做出了巨大贡献。

6. 债券市场利率的形成与货币市场利率、官方基准利率是密切相关的，通过把握三者之间的关系，读者能够对中国债券市场的利率形成机制有进一步的认识。

7. 在衡量发行方违约风险时，应重点考察其外部影响因素和内部影响因素。

8. 引入具体的违约案例来阐述信用风险的成因和处置，希望各位读者能够对此有一个更深入的理解。

习 题

1. 简述中国债券市场发展的主要特点。
2. 面对外部和内部制约因素的冲击，中国债券市场若想良好发展，应该怎么做，谈谈你的看法。
3. 简述中国债券市场中的利率债种类。
4. 简述中国债券市场中的信用债种类。
5. 利率债与信用债之间存在什么样的区别与联系？请简要说明。
6. 阐述中国债券市场利率的形成机制。
7. 衡量企业的信用风险时，应该考察哪些因素？请简要说明。

教辅申请说明

北京大学出版社本着"教材优先、学术为本"的出版宗旨,竭诚为广大高等院校师生服务。为更有针对性地提供服务,请您按照以下步骤在微信后台提交教辅申请,我们会在1~2个工作日内将配套教辅资料,发送到您的邮箱。

◎手机扫描下方二维码,或直接微信搜索公众号"北京大学经管书苑",进行关注;

◎点击菜单栏"在线申请"—"教辅申请",出现如右下界面:

◎将表格上的信息填写准确、完整后,点击提交;

◎信息核对无误后,教辅资源会及时发送给您;如果填写有问题,工作人员会同您联系。

温馨提示:如果您不使用微信,您可以通过下方的联系方式(任选其一),将您的姓名、院校、邮箱及教材使用信息反馈给我们,工作人员会同您进一步联系。

我们的联系方式:
北京大学出版社经济与管理图书事业部
通信地址:北京市海淀区成府路205号,100871
电子邮件:em@pup.cn
电　　话:010-62767312 / 62757146
微　　信:北京大学经管书苑(pupembook)
网　　址:www.pup.cn